知られざる朝鮮戦争

——日系米兵に捧げるレクイエム

前川 惠司
Keiji Maekawa

公益財団法人 新聞通信調査会

はじめに

太平洋戦争敗戦から5年後の朝鮮戦争の特需で、日本が戦後復興を果たしたことはよく知られている。しかし、日本にルーツを持つ５０００人を超える日系米将兵が朝鮮半島に派兵され、少なくとも２５６人が戦死・行方不明（Robert M. Wada, *American of Japanese Ancestry in the Korean War*）となった事実はほとんど知られていない。

朝鮮戦争当時、日本の支配から解放されて間もない朝鮮社会で、日本語はまだ生きている言葉だった。南北両軍の多くの将校が日本語に不自由せず、捕虜の尋問も日本語で行われるなど、米軍の戦争遂行のうえで日本語は重要な役割を果たした。日本語を操る日系情報将兵が戦場で太平洋戦争以上に貢献した。また、多くの日系将兵が第２次世界大戦での欧州戦線の日系部隊、通称４４２部隊（第４４２連隊戦闘団）に劣らない武功をたたえられ、名誉勲章も授与されている。

しかしながら、朝鮮戦争での日系米兵の存在と貢献は米国社会にも日本社会にも４４２部隊ほど広く共有されていない。理由の一つは、第2次世界大戦の米軍では４４２部隊のような民族別編成部隊が存在し、奮闘ぶりが注目を浴びやすかったことがある。日系人の強制収容と奮闘のコントラストは、戦争終了後も多くの人々に米国とは何かを考えさせることになった。

民族別の編成部隊ではなくなった朝鮮戦争では、日系米兵の貢献がそのまま部隊の武勲となって脚光を浴びる機会がほぼなくなった。しかし、一番の理由は、第2次世界大戦後の米国社会で朝鮮戦争が「忘れられた戦争」と言われるほどの無関心にさらされたからだろう。

一方、朝鮮半島の分断を固定化した朝鮮戦争は韓国では決して「忘れられた戦争」でなく、本書でも簡単に触れたが、同族が殺し合った傷痕は今でも韓国の社会と政治や人々の意識や行動に影を落としている。しかし、朝鮮戦争における日系米兵の存在を伝える書物を韓国の書店で私は目にしたことがない。開戦記念日などの節目で韓国メディアが日系米兵について語ることも私の知る限りなかった。日本に支配されたわだかまりが消えない「反日情緒(筆者注/韓国人の行動を支配する情念のようなもの)」の中で、「触らぬ神に祟《たた》りなし」の気分が韓国の自由のために日本人の血を引く米国兵が血を流した事実に触れさせないのだろう。日本でも米国でも韓国でも、朝鮮戦争での日系米兵の貢献は、「消えた星条旗」のように見える。

進駐軍という言葉が生きている時代に育った私には、「2世さん」はとてもなじみがある言葉だ。私は広大な練兵場と、レイテ島でほぼ全滅した陸軍野砲兵第1連隊の兵営があった世田谷の町で生まれた。敗戦後、引き揚げ者や復員兵らが勝手に住み着いた兵営に時々、米騎兵師団の部隊が取り締まりに来ていた。米軍がいる町などではどこでも見られた光景だが、赤ん坊の私は騎兵部隊が出入りするゲート前で誰かに抱っこされ、米兵からハーシーのチョコレートやガムをもらっていた。たぶん、その甘い味を口にしたことはなかっただろう。チョコレートはつかむやいなや取り上げられ、渋谷の闇市に流れていたはずだ。ちょっと離れた今の代々木公園一帯は、米軍住宅地「ワシントンハイツ」になっていた。金網の向こうに並ぶ真っ白い家の列が、子ども心にもまぶしかった。トニー谷という片言英語の、キザで何か大騒ぎするばかりの「2世さん」もどきの芸人が一世を風靡《ふうび》したこともあった。ただし、私も多くの日系米兵が朝鮮戦争に派兵されていたことやチョコレートをもらった米騎兵師団が朝鮮戦争勃発で玄界灘を渡ったことはこれまで知らなかった。

１９９０年代、日本の新聞社のソウル特派員だった時、ソウルから中央アジアにも出掛けカレイツイ（ソ連系朝鮮人）に出会った。１９３０年代にスターリンによって沿海州から中央アジアに強制移住させられた人々だ。ソ連式社会主義の先兵として日本から解放された両親の祖国、北朝鮮に送られ、北朝鮮とソ連、「二つの祖国」のために朝鮮戦争を戦ったと話した。しかし、金王朝の独裁国家となった北朝鮮から追われ、冷戦終了後、競って自分たちを招いた韓国は異郷にすぎず、自分たちの祖国は朝鮮半島にはないと静かに語った。その頃、朝鮮戦争戦没国連軍兵士を慰霊する釜山のＵＮ記念公園の碑に日本名の戦没者が刻まれていると、耳にした。

人々はそのルーツがどうであれ、「大家」である国家という巨大な力から逃れることはできない。振り払えない宿命の中で血を流した「2世さん」たちを知るために、ＵＮ記念公園に一度行かなければと思っているうちにソウルを離れ、そして新聞社を定年退職した。かつてインタビューしたカレイツイは次々に世を去っていった。残された時間は少ない。やり残していた、朝鮮戦争を体験した日系米兵の取材を始めようと２０１７年5月、ロサンゼルス（ロス）のリトル・トーキョーを訪ねた。

本書は、ロスでインタビューした12人の退役日系米将兵の証言と手記を柱に、*American of Japanese*

*Ancestry in the Korean War*などに収録された手記、日米韓の新聞、関連書籍などの刊行物、米国公文書館、米軍の関連サイトなどから得た資料をもとに描いた日系人米軍将兵たちが体験した朝鮮戦争の実相だ。日本にルーツを持っていたがために米国内の強制収容所で少年時代を送った多数の若者が、将来の人生の夢を抱きつつ朝鮮戦争を戦い、南北の朝鮮半島の地に眠っていることを本書を通じて日本社会に知ってもらうことが私の望みだ。

目次

第2章 仁川上陸、中共軍参戦

第3章 山岳戦

知られざる朝鮮戦争

——日系米兵に捧げるレクイエム

▶ 朝鮮戦争の概略

1950年6月25日未明、「赤化統一」を狙い北朝鮮軍が北緯38度線を越えて韓国に攻め入った。不意打ちされた韓国軍は3日で首都ソウルを明け渡したが、米国は軍事介入に踏み切り、空海軍に続いて、国連軍として地上軍を派遣した。米軍の参戦にもかかわらず、北朝鮮軍は破竹の勢いで進撃し、8月には米韓両軍を釜山橋頭堡に押し込めた。しかし、米軍仁川上陸作戦成功で北朝鮮軍は10月に38度線からも追われ、北朝鮮の首都平壌を放棄、金日成らは中国に逃げ、逆に韓国による統一が目前となった。国連軍が中朝国境に迫る中で中共軍が参戦、国連軍は敗退し、以後ソウルの奪い合いとなり、戦線は38度線一帯での一進一退の状況に陥った。

①軍事境界線（休戦ライン）の策定、②捕虜交換問題を主テーマとする国連側と中朝側との休戦会談は1951年7月から始まった。最終的な合意がつかない中で1953年に共産圏の巨魁といえたスターリンが死去、米国でアイゼンハワー政権が発足。冷戦下の東西陣営の政治的変化の中で同年7月27日、南北どちらかによる統一は実現しないまま、最前線をほぼ境界線とする休戦協定が板門店で調印された。南侵前と比較し、北緯38度線よりも東海岸側が韓国領、西海岸側がやや北朝鮮領となる軍事境界線で対峙する「休戦」は2023年7月で70年を迎えた。1945年、日本の敗戦による解放後の米ソ分割統治から始まった南北分断はすでに、日韓併合期の倍を超える歳月となっている。

▶朝鮮戦争に関する主な出来事

年	月日	出来事
1945	8月15日	日本はポツダム宣言を受諾し連合国に降伏、朝鮮は解放 ＊以降、朝鮮半島は北緯38度線を境に北部をソ連軍、南部を米軍が分割占領
1948	6月24日	ソ連による西ベルリン封鎖
	8月15日	大韓民国の成立（韓国）
	9月9日	朝鮮民主主義人民共和国の成立（北朝鮮）
1950	6月25日	北朝鮮軍が38度線を越えて韓国に侵攻
	6月27日	国連安保理、北朝鮮軍の南侵を侵略と規定
	6月28日	北朝鮮軍がソウルを占領
	7月1日	米陸軍先遣隊スミス支隊釜山上陸
	8～9月	釜山橋頭堡の戦い（米軍を主力とする国連軍 vs 北朝鮮軍）
	9月10日	仁川上陸作戦開始
	9月28日	国連軍がソウルを奪還
	10月～	国連軍38度線越境
	10月中旬～	中国軍が鴨緑江を渡り、参戦
	10月19日	国連軍平壌占領
	10月25日	中共軍第1次攻勢開始
	12月5日	中朝軍平壌奪回
	12月14日	米軍、興南から海上撤退、避難民を海上輸送
1951	1月4日	中朝軍ソウルを再度奪回
	3月14日	国連軍ソウルを再度奪回 ＊以降、戦況は38度線付近で膠着状態となる
	4月11日	マッカーサー最高司令官解任
	7月10日～	開城において休戦会談が断続的に繰り返される
	8～10月	中部戦線、血の稜線、パンチボール、断腸の稜線での戦闘が続く
	9月8日	日本、サンフランシスコ平和条約調印
	10月25日	板門店で休戦会談再開
1952	2月18日	巨済島捕虜収容所暴動事件
1953	4月20日	板門店で傷病捕虜交換始まる
	6月18日	李承晩、反共捕虜釈放
	7月27・28日	国連軍と中朝軍で朝鮮戦争休戦協定に署名、休戦
	10月1日	米韓相互防衛条約、正式調印

▶ 朝鮮戦争当時の朝鮮半島①（行政区画・主な都市など）

＊両江道は1954年に咸鏡南道（一部咸鏡北道および慈江道）より独立

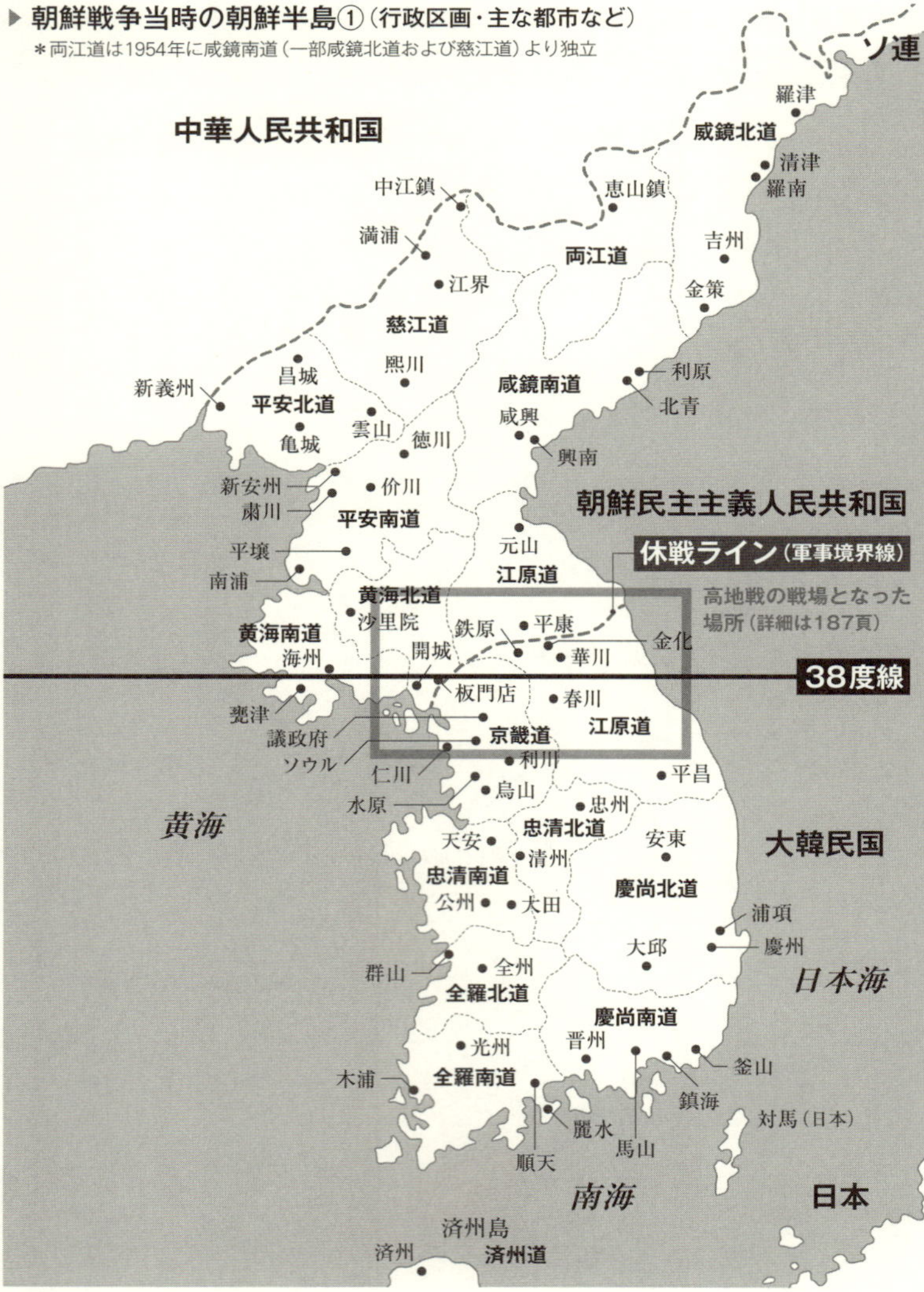

▶ 朝鮮戦争当時の朝鮮半島②（山脈・河川・湖など）

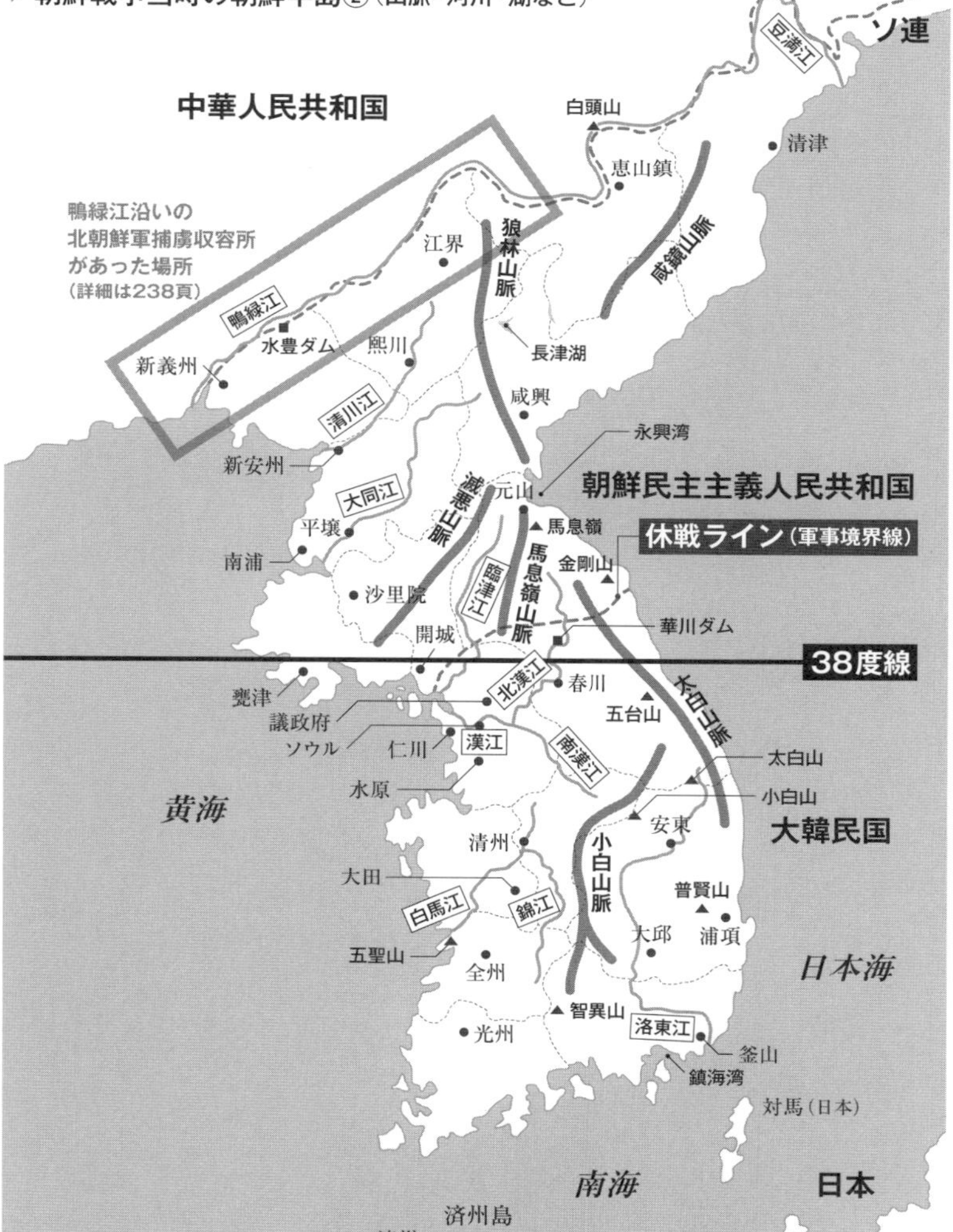

注

・現在では不適切な差別語や差別的表現、会話も、当時の社会的な差別状況を理解していただくためにそのまま使用しています。文中敬称略。

・本書では北朝鮮軍と中共軍を合わせた軍勢力を「共産軍」と表記しています。

第1章

開戦

2週間のピクニックの敗北

「えーと、韓国っていったいどこだったっけ」
1950年6月25日朝。米軍が接収していた東京駅前「丸の内ホテル」の下士官クラブで、キャンプ・コクラ（現・陸上自衛隊小倉駐屯地）の米陸軍第24師団司令部通信部隊上等兵、リチャード・トクジ・イセリ＝井芹徳次（20歳）は朝食の手を止め、頭を巡らした。[1]
下士官クラブに流れる米軍ラジオ放送FENが
「今朝4時頃、共産軍が韓国に侵攻しました」
と伝えるのを小耳に挟んだからだ。小倉から玄界灘を渡れば、そこは韓国だが、イセリは韓国がどこにあるのか、考えてもまるで思いつかなかった。

朝鮮半島を南北に分断する38度線の山野が小雨に濡れる同日午前4時。北朝鮮軍の野砲6100門と迫撃砲1000門が朝靄《あさもや》を引き裂き、同時に7個師団1戦車旅団約10万人がソ連製T－34戦車を先頭に38度線の全域を突破、韓国へ侵攻した。朝鮮戦争の勃発だった。
しかし、イセリだけでなく、インタビューした朝鮮戦争を戦い退役した日系米将兵のほとんどが、戦場に送られる以前は韓国がどこにあるのかを知らなかったと答えた。米国民の目は前年1949年春、ソ連の脅威に対抗するため米、英、仏などが北大西洋条約機構（NATO）を結成した欧州での冷戦に向いていた。極東の片隅、朝鮮半島での事態への関心は薄かった。

イセリは、走り幅跳びでの駐日米軍代表選手だった。28日から明治神宮外苑競技場で始まる3日間の「全極東米軍陸上競技大会」出場のため、4日前に小倉から上京していた。駐日米軍、沖縄、韓国、台湾、フィリピンに駐屯する陸・空・海軍、海兵隊や、香港の英国軍の代表選手が競う大掛かりな大会は、目と鼻の先での戦争勃発にもかかわらず、予定通りに開催された。朝鮮での戦火を当初、その程度と米軍は見ていたわけだ。大会でイセリは2位だった。

試合翌日に連合国軍総司令部（GHQ）の、第一生命館最上階の米軍専用映画館に出掛けた。上映されたニュース映画で第24師団長ウィリアム・ディーンが、ソウルにいる米国人婦女子約1000人の避難を指揮している様子が映し出された。羽田空港には彼女らを帰還させる米軍輸送機4機が待機していた。朝鮮半島の戦火はひとごとではないと初めてイセリは悟った。

北朝鮮軍はソウルを攻め落とし、30日にソウルから約34キロの水原《スウォン》など北緯37度線地域を占領する第2次侵攻を開始、漢江《ハンガン》を渡った。連合国軍最高司令官ダグラス・マッカーサーは同日、ワシントンに米地上軍の投入を進言し、九州の第24師団に出撃命令を出した。「丸の内ホテル」のイセリにも「直ちに帰隊せよ」とのテレックスが届いた。かくしてイセリは米国が韓国防衛のために最初に投入した米地上軍、第24師団「スミス支隊」540人の一員となり、朝鮮戦争を戦うことになった。汽車に20時間揺られ小倉に戻ると、すでに出発準備を終えた軍用トラックが並んでいた。古参の軍曹に、

「さあ、さっさと荷物を背嚢《はいのう》に詰めろ。朝鮮に行くぞ。2週間で戻るからな」

とハッパを掛けられた。

7月1日朝に熊本のキャンプ・ウッド（現・陸上自衛隊北熊本駐屯地）の同師団第21連隊第一大隊中佐チャールズ・スミスが指揮するスミス支隊４０６人が47輸送機6機で朝鮮半島に向かい、釜山《プサン》に着陸した。到着したスミス支隊を群衆は歓声で迎えた。翌2日、福岡県春日市の春日原ベース（現・航空自衛隊春日基地）の第52野砲大隊A中隊、イセリら同師団通信兵など１３４人が、博多から漁船に分乗、釜山でスミス支隊に合流した。その夜は釜山の駐韓臨時米国大使館ホールに宿営した。赤十字の便箋と封筒をもらうとカリフォルニア州ロングビーチの妹に送る手紙を書いた。

「俺は今、韓国の釜山にいると母に教えてあげてくれ。たぶんここに2週間ぐらいいる。日本に戻ったらまた手紙を書くから。何も分からないんだ、俺は」

戦争は2週間で終わるとの軍曹のハッパをうのみにしていた。イセリだけでなく、スミス支隊の皆が北朝鮮軍の実力も本当の戦争の実相も知らないまま、俺たち米軍の精鋭がはせ参じればすぐにけりがつくさ、と思っていた。兵たちだけではない。米政府も外電も朝鮮での戦乱を楽観していた。

スミス支隊は翌3日、無蓋貨車で釜山から２００キロ先の大田《テジョン》へ京釜本線《キョンプ》（ソウル－釜山、１９０５年開業）を北上した。避難民が屋根にしがみつき、窓にぶら下がっている下り列車と次々にすれ違った。米兵はトンネルをくぐるたびに「ワン、ツー」と大声で声を合わせて数えては歓声をあげはしゃいだ。2週間のピクニック気分の高揚感に包まれていた。26まで数え終えると大田駅だった。

大田はソウルからは約１４０キロ南。鉄道や主要道路が大田から東南の釜山方面と全羅南道《チョルラナムド》の光州《カンジュ》、木浦《モッポ》方面に分かれる。今も昔も韓国の交通網のへそである戦略的重要都市だった。スミス支隊を追って主力兵力の第24師団第34連隊も佐世保港から釜山に渡り、前線司令部が置かれた大田に向かった。

第24師団長ディーンは、南下する北朝鮮軍主力兵力は2万５０００人と判断した。スミス支隊の５４０人でどう北朝鮮軍の南下を食い止めるか。大田の北約90キロの丘陵地、烏山《オサン》の京釜道でスミス支隊が北朝鮮軍を待ち伏せ、第一撃を加える。さらに南の平沢《ピョンテク》とその東約15キロの安城《アンソン》までの約18キロで主力第34連隊１９８１人が北朝鮮軍を阻止する作戦を決めた。

５日深夜、イセリは重さ15キロの軍用通信機を背負うや情報参謀の将校とともに勢いよくジープに飛び乗り、前線司令部から烏山の丘陵に向かった。誰も止めることができない、国道を埋めて南下する避難民と敗走する韓国兵の群れに前進を阻まれ、スミス支隊が丘陵地に着いたのは午前３時だった。予想外に時間を食われ、北朝鮮軍のT－34戦車の進撃を食い止める戦車溝はまだ掘

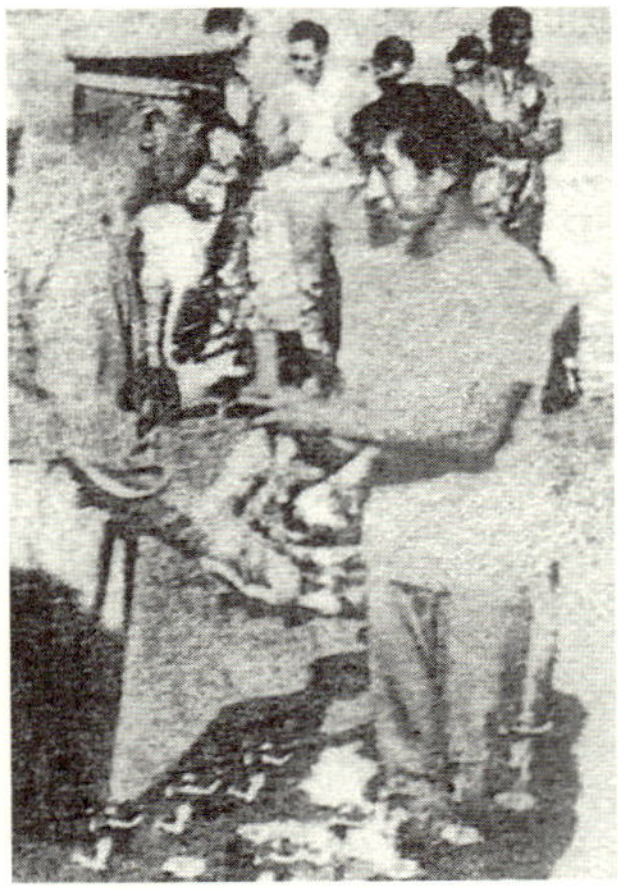

イセリ（20歳）は走り幅跳びの
駐日米陸軍代表選手だった

全極東大会が終わり、7月2日に
イセリは釜山に上陸した

り終えていなかった。丘の上で若い兵士何人かがバズーカ砲の撃ち方を古参兵から習っていた。駐日米軍は、米政府の軍縮方針に加え占領体制であることや日本国内の演習場不足などで、本来1万7003人の第24師団の兵力はこの時、1万2197人、充足率72%だった。しかも兵たちの多くは第2次世界大戦の戦場を知らず、訓練も足りない脆弱《ぜいじゃく》な若者ばかりだった。

1950年7月5日の夜が明けた。

イセリは頂の陣地から京釜道を凝視していた。時折、ヘルメットを濡《ぬ》らして頬を伝わる小雨の粒が、初めて迎える戦場の高揚を幾分か鎮めてくれた。

午前7時。田園のはるかかなたの霞《かすみ》の中から北朝鮮軍第4師団の先陣部隊が現れた。30分ほどすると、8台のT－34戦車を先頭にしているのが分かるほどに近づいてきた。

8時16分。距離3600メートル。朝鮮戦争での米軍の第一撃がT－34めがけて放たれた。初砲命中。ところが、雨空に舞った粉じんが鎮まるとなんと、T－34戦車はかすり傷一つ負わずに平然と向かってきているではないか。

「バズーカ砲やマシンガン、ライフルで武装した我々の部隊は20人ほどでした。私はマシンガンと弾倉三つを持っていました。敵の33台のT－34戦車部隊の後にはたくさんの歩兵とトラック部隊が続いていました。それでも我々はまだ、あいつらは俺ら米兵を見たらすぐに逃げ出すと見くびっていました。ところが口径2・36インチのバズーカ砲は装甲の厚いT－34にまったく役立たずでした。それに俺たちは仰天し、なんということかと口をただあんぐりさせているうちに、T－34が目の前の峠をぐんぐん登ってきて通り抜けていきました」

降り続く雨で、米空軍機による空からのスミス支隊支援ができなかった。この時、第24師団全体で保有していた対戦車砲弾は12発だけだった。そのうちの6発をスミス支隊は持って来ていた。米占領軍が重視していたのはソ連に接した北海道や東北海域の守りと日本国内の治安だった。九州に駐屯する米部隊さえも、目と鼻の先で南北の小競り合いが続いていた朝鮮半島への備えは薄かったのだ。それもまた歴史的に朝鮮半島には無関心な米国が生んだ油断の表れだ。

峠の下の砲兵部隊が500メートル前後の近距離から撃った対戦車砲で先頭の2台をやっと破壊した。すると3台目のT－34がその2台を押しのけ峠を下り、砲兵陣地と道路に停めていた輸送トラックを押しつぶし平然と南下した。先頭のT－34がイセリたちの陣地を突破したのが午前8時半だった。30分後には最後の戦車が米兵のタコつぼ（戦場に掘った一人用のたて壕）の前を通り過ぎた。

アジアで最も近代的で強力だった日本軍を消滅させた勝利体験が、アジアに敵は存在しないとの傲慢《ごうまん》と、煙草をくわえて歩哨する軍紀の緩みを駐日部隊にもたらしていた。基地周辺の歓楽街でドル札を振れば、かなえられないことはない勝者の日々を過ごしていた10代の若い兵たちは、気楽な気分で玄界灘を渡った。突撃してくる戦車群に気勢をそがれるや、パニックに襲われ一目散に逃げ出したのだ。第2次世界大戦を体験した将校や下士官たちが踏みとどまり、自ら弾を詰めて北朝鮮軍を迎え撃った。

午後2時。スミス支隊は撤退を開始した。北の兵士が鍛え抜かれて俊敏だったのも意外だった。

「北朝鮮兵に丘の側面に回られて退路を断たれました。圧倒的に優勢な敵を前に装備を捨てて逃げるのが精いっぱいでした。無線機を背負い、雨で滑る丘につまずきながら必死で戦友の後を追いました」

重く赤茶色の泥にイセリの足は取られた。転びかけよろめきながら、自分たち米占領軍の兵士はとても一人前とはいえないとイセリは悟った。イセリは森林地帯のワシントン州で、5歳の時から森で狩りをして銃の扱いや射撃には慣れていた。

「それでも自分を狙い撃ちする弾丸がどんなに速く飛んでくるか初めて知り、震えがきました」

予想していなかった撤退は混乱を増幅させた。この日戦死した第52野砲大隊上等兵ロドニー・ノリユキ・ハマグチが、朝鮮戦争での日系米兵の最初の戦死者と記録されている。22歳の105ミリ砲兵だった。五つの勲章を贈られた彼は故郷ホノルルの国立追悼墓地に眠る。

南の天安《チョナン》に後退した第34連隊第3大隊L中隊上等兵でホノルル出身のツギオ・サイトウ（23歳）が7日深夜から8日にかけての天安市街戦で戦死した。国連では7日、安保理が国連軍[2]の結成を決議した。米国内の動きは慌ただしさを増した。第2次世界大戦後は休眠状態だった米国徴兵法が発動され、米軍の総兵力規模が137万人から216万7000人になった。8日、マッカーサーは日本政府に7万5000人の警察予備隊の創設を求める書簡を送った。日本再軍備の胎動だった。

朝鮮半島南部を東西に分ける小白《ソベク》山脈の天安と鳥致院《チョチウォン》の間の小部落、全義《チョニ》で10日、第21連隊第1大隊A中隊ビックスラー小隊1等軍曹でホノルル出身のリチャード・M・ワタナベ（21歳）が戦死した。12日、同連隊第3大隊I中隊上等兵でハワイ・マウイ島出身のススム・クロサワ(21歳)が戦死。同大隊本部付中隊伍長でハワイ・オアフ島出身のイサム・イズは捕虜となりソウルの捕虜収容所に送られた。イズは23歳の誕生日を目前にした翌51年7月8日に鴨緑江《アムノッカン》(790・4キロ)沿いの慈江道《チャガンド》中江鎮《チュンガンジン》の捕虜収容所で死亡した。

お前はジャップ、慟哭《どうこく》の夏

ところでイセリは、ワシントン州太平洋岸のタコマ近郊で生まれた。父ナオキは19歳の1910(明治43)年、熊本県上益城郡白旗村(現・熊本県上益城郡甲佐町)から同州に渡った。苗木づくりや農園仕事に精を出し、次男のイセリら男女7人の子どもに恵まれた。当時の日本での「産めよ! 増やせよ!」の大号令は、そのまま米国の日系社会に伝播《でんぱ》し、日系移民も子だくさんだった。オレゴン州ポートランドで暮らしていた時、太平洋戦争下の日系人強制収容が始まった。日系人強制収容についての説明は後述するが、一家は1942年9月、ワイオミング州ハートマウンテン日系人強制収容所(1万767人収容)に送られた。12歳だった。家族番号が記入されたタグを首からぶら下げてゲートをくぐると、バラックは6世帯分に区切られていた。脇に積まれた干し草を布袋に詰め込み、ベッドにした。冬は吹雪が吹き荒れた。夏は猛烈な砂嵐が舞った。板の隙間から入り込む砂で部屋中がざらざらになった。

日本が敗れ、1945年9月に強制収容所を去る時、1人25ドルが渡された。それがいわば退所祝い金だった。ゲート脇で収容所の職員らが朗らかに、

「グッドラック、バイバイ」

と繰り返し手を振っていた。何家族かと一緒に隣州のアイダホ州に向かい、クリスマスを終えてから同州境のオレゴン州ナイッサに落ち着いた。

イセリは町の南にあるナイッサ高校に2年生で編入した。生まれ育った、東洋人の移民が多い太平洋沿岸からは遠い内陸の町で、イセリは風貌から自分が一目で東洋人と分かることを悟った。それはアメリカの中での自分たちの生きにくさを知ることだった。

高校そばの公園には広いグラウンドがあった。日系人になじみがない町に一番手っ取り早く溶け込む方法は、みんなとスポーツをして遊ぶことだ。町での初めての春が来るやいなやグラウンドで1日を目いっぱい過ごした。いつの間にかハードルと走り幅跳びで注目を集めるようになった。5月に太平洋側の都市コーバリスのオレゴン州立大学で実施されるインターハイ州陸上大会のナイッサ高校代表選手に選ばれた。そのうえ州スポーツ奨学金で高校に通えるようになった。

ほかのスポーツにも挑戦したが、サッカーはすぐに無理と悟った。選手の体格がみな並外れていた。ユニホームの短パンをはくと足元まで隠れてしまった。膝あてもくるぶしまで覆った。体重240ポンドもの選手にぶつかるとひとたまりもなく飛ばされた。野球チームでは大活躍だった。グラウンドでの時間は走り幅跳びと野球の二足のわらじで練習を続けた。翌年に野球チームも州大会決勝進出を決めた。陸上は2年連続で決勝に出場した。

編入した年に高校の校長が太平洋戦争で日本と戦った退役海軍大佐に替わった。校長室に呼ばれるたびに必ず、校長は面と向かって平気でののしった。

「おまえはジャップ」

だが、イセリは黙って我慢するしかなかった。

5月のインターハイ州陸上大会では、校長が3人の出場選手とコーチを自分の車に乗せて、630キロも離れたコーバリスまで連れて行ってくれることになった。

校長は戦争中の思い出話を上機嫌にしゃべりながら運転を続けた。イセリは、砲丸投げと円盤投げに出場する2人と後部座席で静かに聞いていた。校長がバックミラー越しに自分を一瞥《いちべつ》した。次の瞬間、はっきりと一語一語を区切りながら校長室でのいつものせりふを言い放った。

「おまえはジ、ャ、ッ、プ、」

無意識に助手席に座っているコーチの顔をサイドミラー越しにうかがった。コーチは何も聞こえなかったかのように走り去る光景を眺めていた。両脇のチームメイトは落ち着きなく、体を揺すると意味もなく手をぶらぶらと振り始めた。

「自分以上にみなが気分を害しているのが手を取るように分かった」

2017年にロサンゼルス（ロス）郊外で会ったイセリはかすれ声で語った。

オレゴン州立大学に通う従兄が大会本番前の練習を見にグラウンドに来た。顔を見るなりこう言った。

「目立たないようにしていろ」

翌年に校長は学校を去った。その理由は分からない。

高校最後の年の州大会は、5月というのに雪が降りしきる中だった。成績は3位だった。幼少時代を過ごした、懐かしいポートランドでの野球の決勝戦は卒業式と重なった。卒業式前日の土曜日に、学校が野球チームの卒業生だけのための卒業式を特別に開いてくれた。前触れもなく、イセリに「今年のオールラウンド生徒特別賞」が贈られた。

「学業の成績はそれほど良くなかったかもしれない。でも走り幅跳びや野球で頑張っただけでなく、学校新聞でもスポーツ欄を担当して記事を書いていました。学校の年報のデザインも一生懸命やった。それで特別賞がいただけたのです」

少し笑みを浮かべた。学校新聞の記者の経験を通じて、観察力と文章で記録する大切さ、そして物を書く人間の心情を学んだそうだ。


高校を卒業すると陸軍に志願した。それには訳があった。高血圧で農作業ができなくなった母シゲコの養生のために、イセリが高校を卒業次第、一家は気候の良いロングビーチに移る手はずになっていたからだ。他州に引っ越せばオレゴン州のスポーツ奨学金で大学に進学することはできない。しかし別の道があった。軍への志願だ。そうすれば、軍務終了後はGIビル(復員軍人援護法)[3]による手厚い福利厚生で大学進学が保証される。イセリは家族の引っ越しに合わせ、1948年11月、陸軍に入隊した。18歳の決断だった。

父母が強制収容で無一文になり、進学資金がない日系2世の多くの若者にとって、GIビルはアメリカ社会で自由に自立して生きていく人生への道を権利として獲得できる魅力的な制度だった。同じ境遇に身を置く日系2世の若者の多くが、イセリと同じ決断から軍務に就いた。むろん、予想もしていなかった戦場の日々がその後に待ち受けていることをその時は知る由もなかった。

イセリは米軍内でも走り幅跳びで頭角を現した。本国の部隊から第24師団に転属となり1950年4月に横浜港に着いた。横浜から九州に向かう車窓から景色を眺めても、父母の祖国に来た感慨はなかった。敗戦からすでに5年の小倉にビルといえるビルはなかった。小倉に着いて4日後に駐日米軍陸上競技チームが結成された。軍隊内のスポーツ振興は、選抜された選手の向上心を刺激しただけではなかった。グラウンドでの戦友の活躍は、多民族国家の米軍で人種や民族、出身地を超えた一体感を高めた。小倉城にあった同師団司令部の師団長室に呼ばれ、師団長のディーンから選手に選ばれたことを告げられた。直々に励まされた感激をイセリは今も忘れることはない。

師団で選ばれた選手は12人だった。午後からの部隊訓練は免除となった。12時に軍用バスで駐屯地を出発し、八幡製鉄所（現・日本製鉄九州製鉄所八幡地区の一部）陸上グラウンドで夕方5時までトレーニングに励んだ。グラウンドでは八幡製鉄所所属の日本のオリンピック選手も練習していた。くじ引きで4人ずつ3組に分けたリレー競争が毎日の練習の仕上げだった。短距離選手と砲丸投げ選手が、抜いては抜かれて駆ける姿に笑い転げていると、代表試合へのストレスが自然と消えた。イセリは5月中旬の別府での九州大会、京都での全日本大会と順調な成績をあげ、全極東米軍陸上競技大会へ進んだのだった。

戦場に戻ろう。

鳥致院北方の陣地を守った第21連隊第1大隊とスミス支隊は7月12日昼、古都公州《コンジュ》を流れる錦江《クムガン》（402キロ）まで後退すると、錦江南岸の北と西の2カ所に防衛線を築いた。公州周辺での錦江の流水幅は70メートルから100メートル、深さは2メートルから5メートル。大田の天然の外堀だった。

日本と公州を結ぶ縁が有田焼だ。始祖となる陶工李参平《イサムピョン》が公州出身といわれているためだ。李参平は、豊臣秀吉が朝鮮に攻め込んだ文禄・慶長の役で、撤退する鍋島軍とともに玄界灘を渡った（単身で日本に逃げてきたとの説もある）。有田近郊で白磁をつくり有田焼の隆盛をもたらした。戦役後に日本に来た朝鮮通信使が帰国を促した。しかし応じなかった。朝鮮に戻っても元の奴婢《ぬひ》（男奴隷が奴、女奴隷が婢）の身分に戻されるだけだったからだ。

白服を常用する朝鮮民族は昔から「白衣の民族」と呼ばれていた。米軍は白い木綿のパジ（ズボン）とチョゴリ（裾が短い上着）の下に武器を隠している農民姿の「白衣の兵士」が潜んでいるのを知った。

余談だが、染色技術が未熟だった李朝時代、朝鮮の女性のほとんどは白い綿布を仕立てたままの木綿のチマ（巻きスカート）とチョゴリ姿だった。色柄の生地は朝貢《ちょうこう》貿易で手にできる貴重品だった。韓流ドラマに登場する彩り豊かなチマ・チョゴリを着こなす女性は、宮廷の特権階級の女性とか中国への貢物《こうぶつ》になった女性たちぐらいだった。化粧品の類いも同じで、朝鮮半島のほとんどの女性には無縁だった。中国は染色技術を朝鮮に教えなかった。今でいう先端技術で、輸出商品というだけでなく支配の道具として独り占めしておく必要からだろう。

李朝時代、10万人単位で「貢物」「性奴隷」として中国に連れて行かれたといわれる朝鮮人女性の中には、そうした身であっても豊かな中国での生活に魅せられていた女性もいたかもしれない。脱線するが、李朝時代、奴婢であった女性の多くの人生は悲惨だった。主人からも正妻らからもいたぶられた。日本人の弁護士たちが「元日本軍慰安婦は性奴隷」との言い回しを韓国社会に売り込んだ時、侮蔑的な物言いだとの反発が韓国内からほとんど出なかった背景には、奴婢の女性史の存在があったからだ。李氏朝鮮末期の農民の反乱事件、東学党の乱（1894年）で掲げられた要求の一つが、奴婢解放だ。李朝と同時代の江戸に遊郭や女郎、夜鷹はいたが、女奴隷はいなかった。元慰安婦の「証言」や慰安婦問題に絡んだ韓国映画には、女奴婢の人生をなぞったかのようなストーリー性が感じられる。日韓の歴史と社会の根にある違いをスルーした「朝鮮問題」「歴史認識」は不毛ではないか。

イセリはこう振り返った。

「韓国の村には北の兵士が潜入していた。昼は農民の格好をして何食わぬ顔をして米兵の様子を眺めていて夜になると銃で不意打ちをしてきた」

避難民を装った白衣の兵士が警備隊の目を盗み、道路脇に敷設された米軍の前線と連隊本部などを結ぶ軍事電話回線を寸断した。通信・連絡網をずたずたにされた米軍指揮所は前線の戦況をつかめず、有効な反撃を阻まれた。北朝鮮軍は捕獲した米軍のジープの無線を使って米軍指揮所に偽戦況を伝えてさらに混乱させた。加えて連絡ミスや錯覚、

木陰で踊る（ソウル、1969年）

思い込みなどの細かな錯誤が米軍に重なった。

朝鮮戦争での白衣のゲリラは、ベトナム戦争ではベトコンとなって再現した。昼は政府軍が、夜はベトコンが支配した。北朝鮮が再び戦争を起こした時は、日本各地に多数の偽装難民が送り込まれ、「平服の兵士」が跋扈《ばっこ》するだろう。国境を越えたサイバー攻撃などの電子戦は21世紀の都市ゲリラだ。付け加えると、1950年7月7日の国連安保理決議に基づき東京に（朝鮮）国連軍司令部が置かれ、東京の米軍横田基地には国連軍後方司令部が今も存続している。朝鮮半島有事に備え、在日米軍を朝鮮半島に投入する仕組みは維持されている。だからこそ、北朝鮮が通信・連絡システムをまひさせ偽情報を流す先制攻撃で日本を無力化しようとする恐れは常にある。

北朝鮮軍は錦江南岸の米第19連隊に6日未明、襲い掛かった。川沿いの防衛線は崩壊し、川岸から約6キロ離れた丘の民家に設営した連隊本部が襲われた。連隊本部の将校や炊事兵がいったんは押し返した。銃弾を撃ち尽くし、第19連隊本部守備隊3等軍曹でハワイ・カウアイ島出身の炊事兵ミツユキ・オオタ（30歳）、重迫撃砲中隊上等兵でハワイ・カウアイ島出身のダニエル・T・ミヤシロ（20歳）が戦死した。

ミヤシロは10歳で母を亡くした。父は砂糖会社に21年勤め、4人の息子と2人の娘を育てた。長兄は第2次世界大戦で沖縄に通訳特別派遣隊として進駐した。下の3人はみな朝鮮戦争を戦った。双子の次男トモヨシ・ミヤシロは7月末に上陸した第5連隊戦闘団第2大隊G中隊伍長だった。ゲリラが闊歩《かっぽ》する智異山《チリ》（1915メートル）、南東部の夜半山《ヤバン》（＝狐高地342メートル）攻略戦で8月に重傷を負い、9月15日に原隊復帰したが、23歳になったばかりの10月2日、北朝鮮ゲリラが跋扈する大邱《テグ》南西約20キロの陽里《ヤンリ》で戦死した。兄弟2人の戦死で、双子の三男ヤイチ・ミヤシロは後方勤務を命じられ故郷に戻った。1995年3月に67歳で両親や兄を追った。

ロス出身で21歳のケネス・アイジロウ・タシロは同連隊司令部C中隊の運転兵兼IPW(捕虜尋問)要員の伍長だった。日本語学校への通学歴はないが、日本語の読み書きはできると軍の記録にある。連隊本部から離れた塹壕《ざんごう》で16日の早朝にうとうとしていて誰かに肩をたたかれた。分隊長の少尉で、「何か、外で物音がする」と耳元でささやいた。カービン銃をつかんで塹壕からはい出て周囲をゆっくりと眺め渡した。異常はなかった。少尉は前日の北朝鮮軍の攻撃ですっかりおじけづいていた。1時間ほどして遠くで銃撃音がした。

日がすっかり昇ると食事許可が出た。井戸のそばで戦友のボブと裸になってヘルメットをバケツ代わりにして水を浴びてつかの間はしゃいだ。すぐ近くで迫撃砲弾が破裂した。急いで服を着直しヘルメットをかぶった。幾時間が過ぎ、少尉が2人に日系第442部隊だった軍曹のマサと3人で最前線が見える山の稜線脇まで登り戦況を連絡せよと命じた。稜線の茂みから眺めると、紺碧《こんぺき》の空にたなびく砲煙の向こうで、ひどくやられた様子で錦江河岸からどんどん後退している連隊が見えた。急にボブが便意を催した。マサが、

「さっさと下に降りて済ませてこい。お前のクソの臭いなんか嗅ぎたくない」

と怒鳴ってボブを追いやった時、藪《やぶ》の向こう側に白衣の男2人が見えた。

「Ｇｏｏｋ[4]が２人だ」

とタシロが叫ぶと同時にマサが「前の２人を撃て」と叫んだ。ダッダー、ダッダーと撃った銃弾は敵兵の手前で跳ね、撃ちそこなった。

「ばか野郎！　俺たちアメリカ兵は今、急いで逃げなきゃならないんだぞ。ぴしっとできないなら貴様もここからとっとと消えろ」

　マサは怒鳴ると戻ってきたボブに連隊本部に状況を伝えに行けと命じた。


　日はさらに高くなった。蒸し暑さも一段と増した。風に乗って遠くの銃撃音が切れ切れに聞こえた。ボブは連隊本部に無事に着いただろうかと２人で心配し始めた時に、後ろの丘から不意に機関銃を浴びせられた。

「とんずらだ」

　藪から飛び出すマサの後を追い、敵の掃射の目を縫ってやっと連隊本部の民家まで戻ると空っぽだった。１台のジープもなかった。「俺たちを置いてずらかりやがった」。機関銃の弾幕を再びすり抜け国道に向かって一目散に走った。低い丘にたどり着くと敗残の兵たちが集まっていた。疲れ切っていた。中尉の１人が兵を集めると命令した。

「敵の機関銃は１台だけだ。丘の上に登ってあれをつぶせ。さあ行くぞ」

　兵士たちは肩をすぼめ合うと、丘を登った。頂上からは、小走りで国道を南に逃げる戦友たちが見えた。向かいの丘の上の敵兵が米兵の群れを狙って機関銃を掃射していた。マサと敵の機関銃手に照準を合わせて撃っていると、後ろからブローニングM1918自動小銃をぶら下げた男が「どこを狙っているんだ」と声を掛けてきた。「向こうの丘だ」と顎をしゃくるや2人の真後ろから自動小銃を撃ち出した。ヒューン、ヒューンと耳元をかすめて飛んでいく弾音で生きた心地がしなかった。はいずって男の背後に回って眺めると、国道に放置されたぐちゃぐちゃのジープや軍用トラックの先に田が広がっていた。その奥の丘の麓を錦江の支流がゆっくりと蛇行しながら流れていた。

「あっちだ」。独りうなずいた軍曹マサと一緒に丘を駆け下りた。畑でほかの兵と一緒になった。機関銃の射程からようやく逃げ切り、支流の土手にたどり着いた。ほっと一息つくかつかないかのうちに、「タシロ、助けてくれ」。しゃがれ声が足元から聞こえた。

曹長のハスキングスだった。ヘルメットもかぶらずにコルトの拳銃を握りしめて倒れていた。

「撃たれたのか」

「そうじゃない。足がつった。もう歩けない。怖い……誰も助けてくれない。頼む、俺を置き去りにしないでくれ」

2人は見合った。どうやればわが身を守れるかという切羽詰まった最中なのだ。他人を心配する余裕はない。それが本当だ。そうであってもハスキングスは、3月に2人が第19連隊に移ってきた折にとても親切にしてくれた男だ。ハスキングスのおかげで2人ともなんの気兼ねもしないで新しい部隊に慣れることができたようなものだ。いいやつだ。

「おう、一緒に行こうぜ」

ハスキングスを引っ張り上げると肩を貸した。デブのハスキングスは見た目以上に重かった。足取りも定まらないままにゆらゆらと3人は支流を渡って土手をあがった。

飛んできた戦闘機が土手を狙って機銃掃射を始めた。土手に伏せ爆音が去った後に顔を持ちあげると白い星マークを輝かせた友軍機だった。兵士たちはこの友軍機に向かって銃を頭上で振って合図した。友軍機は宙を舞って戻ってくるやなんと再び米兵に向かって機銃を浴びせた。タシロは身をひるがえして岩陰に逃れた。三度目の攻撃に来た戦闘機にカービン銃で反撃した。四度目に備えて弾倉を取り換え終えた時に現れた白い星の機体はそのまま北に向かって飛び去った。

「あれは北に奪われた米軍機かもしれない」。瞬間そう考えた。北朝鮮軍にソウルを占領された時に、戦闘機数機を全部壊せずに撤退したという話を耳にしたのを思い出したのだ。脇に背中を撃ち抜かれた若い兵が死んでいた。

あちこちで銃撃音が続く中を3人は南の方向にとぼとぼと歩いた。気が付くとハスキングスは1人で歩いていた。2、3時間歩くとまた国道に行き当たり、しばらくして先に進めなくなった。少し先の曲がり角の向こうは北朝鮮軍に制圧されていた。国道は足止めを食らった敗残兵たちであふれていた。連隊長は負傷して戦車ですでに後送されていた。夜9時になる頃、連隊長代理の大尉フェンスター・マッハが兵を集め命令した。

「車両を放棄して撤退する。5分以内に車両を(北朝鮮軍に使われないために)処置しろ。60人が2人1組になって戦傷兵を担架で運べ。残りは交代要員とする。10分後に再招集」

100台ほどあった車両の中に愛車だったジープがあった。別府の駐屯地から釜山、錦江、そして北朝鮮軍に襲われた塹壕のそばまでずうっとタシロが運転してきた、いわば戦友だった。

「誰がこれを運転していたんだ」。居合わせた運転兵に尋ねて愕然《がくぜん》とした。

「おまえの少尉だ」。タシロは後にこう述べている。「(北朝鮮軍に攻められ)丘を下りると自分たちのジープはなくなっていた。少尉は(偵察を命じると)自分でジープを運転して逃げたのだ」

その夜、19歳ぐらいの胸を撃たれ苦痛で顔をゆがめた兵を担架に載せて運んだ。手当てしても、途中で目をやるとその兵の胸はまた血だらけになっていた。駆け付けた医務兵がモルヒネを注射して、「明日には少し良くなるから。お休み」と励まして別の負傷兵の元に飛んで行った。

山中につくられたバンカーの下で

担架の脇に体を横たえた。耳元で飛び回る蚊の羽音がしているうちに眠りに落ちた。連隊と行動をともにして戦死者に祈りを捧げていた従軍牧師ハーマン・G・フェルホェルターは、山中で戦傷兵や医務兵とともに北朝鮮兵に捕まるとその場で虐殺された。

退役後、「軍隊経験からあなたが得た、最も重要なこと」という質問にケネス・アイジロウ・タシロはこう答えている。

「戦争は地獄だ。私は目の前で戦友が殺されるのだけでなく北朝鮮兵に殺された韓国市民の死体も見た——人の人に対する残酷な仕打ち」

イセリは錦江から大田の連隊本部に7月14日に撤収していた。

体の半分が死んだように困憊《こんぱい》していた。平和な日本から生き残るか死ぬかしかない戦場に放り込まれて生き残ってきた自分の肉体が、ほかの戦友よりわずかでも頑強だったことに感謝した。

朝飯をかき込もうと、軍帽もかぶらず眠たい目を半ば閉じ、ぶら下げた飯盒《はんごう》がガチャガチャ鳴っているのにもお構いなしで体を引きずり、食堂に向かった。レンガ造りの建物の間で将校が1人、向こう側から歩いてきた。自分は歩くのも精いっぱいなのに姿勢よく背中を真っすぐに伸ばして近づいてくるあいつはきっととびきり戦場運に恵まれた男に違いないと、いまいましく腹で決めつけた時、師団長の将軍ウィリアム・ディーンだと気づいた。

心臓がどきどきと音を立てたのが分かった。ディーンはグラウンドまで練習を見に足を運んでくれた。全極東大会で上京する時も小倉駅までわざわざ激励に来て、日系人であるがゆえに強制収容所に追われ、「ジャップ」とさげすまれた肩に手を置いて励ましてくれた。それは3週間前のことだったが、遠い昔の出来事だったようにも昨日のことのようにも思えた。

しかし、ここは戦場だ。戦火のただ中だ。しかも戦況は厳しい。全軍の指揮を執る将軍が過ぎ去った些事《さじ》を覚えているはずがない。そのまま1メートル半ぐらい離れて黙ってすれ違い、前に2歩ほど進んだイセリの背に大声がかぶさってきた。

「リチャードじゃないか?」

思わず振り返った。将軍がびっくり顔で仁王立ちになっていた。近づいてくるなり、

「探したよ。でも(生死について)はっきりしたことは分からなかった」とイセリの手を握った。

ほんの短い立ち話しかできなかった。将軍はもう一度柔らかくイセリの手を握ると、「グッドラッ

ク」と言い残して去った。将軍の後姿が涙でにじんだ。

キャンプ・コクラでの平穏な日々に再び戻ることができるのならば、と痛切な想念がこみ上げてきた。涙が異国の初夏の強い日差しを浴びて乾いた土ぼこりをぬらして鎮めた。

一人宿営地から離れ、ツツジの花が咲く丘を奥へ奥へと入った。思いっ切り大声で泣き叫んだ。ただ狂いそうだった。何度か繰り返して泣き叫ぶうちに、混乱した頭に正気が戻ってきた。

朝鮮半島に残った資産、灰燼《かいじん》と化す

その慟哭の日まで、朝鮮半島で日々刻々と何が起きていたのか。カレンダーを少し戻して整理してみよう。北朝鮮軍の大規模奇襲は予期されていた。1949年12月27日付の韓国陸軍本部情報総合報告はこう分析していた。

「最近の敵情(北朝鮮)と諸般の情勢を総合して判断すれば、来年春を契機として敵情に急激な変化が予期され、(略)三八度線一帯にわたる全面的攻勢をとり、一挙に大韓民国の転覆を企図している」

奇襲前日、1950年6月24日にも「(北朝鮮軍)将校らしき集団

瓦礫の都市となったソウル

が、わが方に向かって地形偵察を行っているようだ」との報告が前線から届き、陸軍本部状況室は「今日、明日に侵攻があるかもしれない」と緊迫した。若手将校が全軍に休暇・外出中止、営内待機命令を出すように最上層部に建議した。だが、日本の陸軍士官学校出身の陸軍参謀総長、少将蔡秉徳《チェビョンドク》らは建議を無視し、米軍事顧問団と夜が更けるまで酒宴を続けた。

25日朝6時に38度線最西部から突き出した黄海南道甕津《ファンヘナムドオンジン》半島の韓国軍前線部隊から北朝鮮軍奇襲の第一報が陸軍本部に入った。蔡秉徳は就眠中に緊急報告を受け、7時に国防部長官申性模《シンソンモ》の官邸に出向いた。申性模は「見当はついていたが日曜日に奇襲をかけてくるとは思わなかった」とうろたえた。蔡秉徳は参謀総長を開戦4日後に解任された。

同時刻に大韓放送協会（現・韓国放送公社＝KBS）ラジオニュースは、国防部の要請通りに北朝鮮侵攻を報じ、「10万の国軍は健在であり、全国民は心配しないように」と付け加えた。

朝8時、ソウル北東部の防衛の要、北方約22キロの議政府《ウィジョンブ》の前線部隊が北朝鮮軍に突破された。

1時間半後に、ソウル北方70キロの開城《ケソン》（現・北朝鮮域）が北朝鮮軍に占領された。

午前10時頃、ソウルの故宮、秘苑《ピウォン》で釣りをしていた韓国大統領李承晩《イスンマン》（1875〜1965。1960年の学生革命でハワイに亡命）は北朝鮮軍の南侵報告を受け、すぐに大統領官邸に戻った。市内を走り回る軍用ジープが、マイクで外泊中の将兵に原隊復帰命令を怒鳴っていた。

当時の韓国軍は、土曜から日曜にかけての休暇や外出をどんどん許していた。この朝の兵力が、通常の半分しかない最前線部隊もあった。当時の韓国陸軍本部人事局長・姜英勳《カンヨンフン》（1922〜2016、後に韓国首相）は、そうなったのは「食料難が深刻だったから、土・日の兵士を少なくして兵営の食糧節約を図る事情があった」ためだと説明した。

姜英勲の故郷は北朝鮮平安北道。日本が支配していた満州の首都新京（現・長春）に1938年に開校した「満州の東大」建国大学に入学し、学徒出陣した。「8月15日」は青森県鯵ヶ沢の陸軍第8師団の部隊で迎えた。少尉だった姜英勲は朝鮮半島出身の兵らを引率して朝鮮半島に戻ったが、社会主義になった故郷を捨て韓国に逃れ、韓国軍の幹部候補生学校に入学した。姜英勲のような旧日本軍経験者や満州軍出身者が韓国軍の屋台骨になり、朝鮮戦争を戦い、韓国の自由と民主主義を守った。旧日本軍、満州国軍と無縁の韓国陸軍総参謀長は1972年、第20代盧載鉉《ノジェヒョン》総参謀長からだ。

韓国軍第6師団は軍事境界線下の江原道春川《カンウォンドチュンチョン》を死守し続けていた。同師団は休暇や外出を認めず、25日朝も将兵全員が通常配置だった。北朝鮮空軍ヤク戦闘機3機が午後3時、ソウルの金浦《キンポ》飛行場（現・金浦国際空港）を銃爆撃し、米軍輸送機が炎上した。

ワシントンに第一報が入ったのは午前9時半（ワシントン時間、24日）だった。午後1時20分に米国務長官ディーン・アチソンが週末休暇中の大統領トルーマンに国連安全保障理事会の招集を要請した。

26日午前3時頃にマッカーサーは李承晩からの電話を受けた。李承晩はこう言った。

「今日この事態が起こったのはどなたの責任ですか？　貴国がもう少し関心と誠意を持っていれば、このような事態までには至らなかったのではありませんか？　我々が幾度となく警告したではありませんか？　どうか、韓国を救っていただきたい」

非は米国にありと抗議するがごとき口調だった。

砲声が耳に届くほどまで北朝鮮軍はソウルに迫っていた。しかし26日の「東亜日報」は、

「傀儡《かいらい》軍突然南侵を企図　38度線全域に非常事態　精鋭国軍敵を邀《よう》撃中」「国軍防衛体制万全　敵の神経戦に動揺するな」

と余裕を見せていた。ラジオは、「国軍の一部は38度線から20キロも北進した」と軍発表の戦果を流した。胸をなで下ろした人々の頭上にヤク戦闘機が再び現れ、駅や市場を機銃掃射した。ニューヨークの国連本部安保理は、「共産侵略行為停止要請に対する決議文」を賛成9、反対0、棄権1（ユーゴスラビア）で可決した（ニューヨーク時間では25日）。米国は韓国に調査団を派遣するとともに軍事支援を決めた。

急襲から3日目。27日午前6時のラジオがいきなり「政府と国会は臨時に水原に移る」と伝えた。午前7時。北朝鮮軍の戦車が不気味なごう音とともにソウル市内に突入した。青色の戦闘服を着た兵士が、戦車の天蓋から身を乗り出して歓声をあげ、空に向けて小銃をぶっ放した。韓国軍の優勢を信じていた市民はうろたえ、ソウルから避難を始めた。マッカーサーは「ソウルは間もなく陥落しそうだ」とワシントンに報告した。この日から「東亜日報」は発行を停止した。

韓国救援のために最初に米海空軍が出動した。28日朝に福岡の米軍基地から飛び立ったF80ジェット戦闘機などがソウル上空でヤク戦闘機を撃墜し、制空権を確保した。米軍艦が東海岸を砲撃し、北朝鮮軍の南下を阻んだ。7月3日、米軍機が北朝鮮の首都平壌《ピョンヤン》を初空襲した。

韓国の政治思想家、池明観《チミョンガン》（1924〜2022、韓国の軍事政権時代、岩波書店発行の月刊誌『世界』に「T・

K生」名で「韓国からの通信」を載せ、日本での韓国民主化運動の世論を高めた）はソウル大学の学生で、姜英勲と同じく共産主義の北を嫌って南に逃げた「越南者」だった。池明観は東京でのインタビューでこう振り返った。

「北朝鮮軍にソウルが占領されたら、北から逃げた私の身は無事では済まないと恐ろしくなりました。ごった返す街を抜け、その日のうちに漢江の畔《ほとり》から渡し船に乗り、ソウルから逃げました」

夜に強い雨が降った。開戦初期にソウルを捨てた約40万人の8割は、北が故郷の越南者だった。

ソウルに突入した北朝鮮軍は、西大門刑務所の囚人全員を釈放した。たくさんの市民が赤旗を手に北朝鮮軍を歓迎した。池明観は続けた。

「あの当時の朝鮮半島情勢を一口で言えば、社会主義の北の人々は自由を求めて南に憧れ、自由主義の南の人たちは、理想を求めて北の社会主義に憧れていたのです」

そして、語った。

「朝鮮戦争は、起こるべくして起きた戦争でした」

半生を語る池明観（東京、2015年）

どうして起こるべくして起きた戦争だったのか。池明観は日本の敗戦まで、故郷、北朝鮮・定州《チョンジュ》の小学校教師だった。ソ連軍は、１９４５年８月末までに朝鮮半島北部全域を占領、ソ連首相スターリン（１８７９～１９５３）が後ろ楯の金日成《キムイルソン》（１９１２～１９９４）は、人々の反抗を許さないスターリン式共産独裁国家建設を進めた。１９４６

年2月には、事実上の政府組織である北朝鮮人民委員会をつくった。解放の熱気はすでに冷めていた。解放前は天皇をほめちぎった学校が、金日成礼賛一色に変わっただけだった。池明観は何をしたいかも分からないまま1946年10月に開校した平壌の金日成総合大学に入学したがなじめなかった。翌年3月に東海岸からの密航船で38度線を越え、南朝鮮へ逃げた。南の実相は池明観が北で耳にしていた様子とは違った。どう違ったのだろうか。

38度線以南の南朝鮮には、1945年9月8日に沖縄戦を戦った米第24軍団計7万7600人が仁川《インチョン》に上陸した。軍政を敷いた米軍はもともと朝鮮に無知だった。ソウルの政治勢力は、ある日いきなり空から落ちてきた解放と自由の興奮の中で、人々の暮らしを守ることより党派抗争に明け暮れた。疫病がはやり物価が高騰した。朝鮮半島南部、大邱で翌年10月に起きた米軍政への抗議デモは、全国的な暴動事件に拡大、136人の死者が出た。その年11月には共産主義政党の南朝鮮労働党(南労党)[5]が結成された。一方で、ソ連支配に対抗する北からの越南者らを中心にした反共青年団体などが結成され、「アカ狩り」が始まった。

1948年春には南端の島、済州島《チェジュ》での単独選挙反対デモが、島ぐるみの暴動「済州島四・三事件」[6]になった。済州島暴動から4カ月後の8月に大韓民国(韓国)が、9月に朝鮮民主主義人民共和国(北朝鮮)が成立。同時に韓国内での北朝鮮ゲリラや同調者の地下活動がさらに活発化した。北から逃亡して韓国軍に入った元北朝鮮軍幹部が、南労党に入党した韓国軍幹部に北朝鮮の実態を赤裸々に語っていさめるほど韓国軍内部は赤化した。池明観はその年秋にソウル大学に入学した。ソウル大生のほとんどが左翼学生なのに驚いた。それが池明観の知った解放後の朝鮮の姿だった。

1948年10月19日、全羅南道の麗水《ヨス》と隣町の順天《スンチョン》で済州島鎮圧に向かう部隊の約2000人が反乱を起こした。赤化していた国軍幹部の1人が1961年のクーデターで政権を握った朴正熙《パクチョンヒ》(1917〜1979)だ。反乱事件で南労党の秘密党員だったことが露呈した朴正熙は、軍事裁判で死刑判決を受けたが、満州軍出身者らの尽力で赦免された。

ソ連首相スターリンは代理人、金日成を支える幹部として、かつて沿海州から強制移住させた中央アジアのソ連系朝鮮人カレイツィを軍事面のみならず各分野の要所を固めるために北朝鮮に派遣した。ロシア語と朝鮮語の二つの母国語を操るカレイツィの存在は北朝鮮の急速なソ連化と軍事体制化を可能とした。ソ連は、1947年9月末に「南北朝鮮の占領軍は翌年初めに同時撤退しよう」と米国に平和攻勢をかけた。南朝鮮の米軍無力化が狙いだった。長い第2次世界大戦を終え、戦争という言葉にうんざりしていた米国民の気分をこうして巧みに突いた。一方で金日成は約2000人のソ連の軍事顧問団の下で1948年9月9日の建国よりほぼ7カ月前に、ソ連製の近代的装備を操る正規軍、3個師団約3万人の朝鮮人民軍を創軍した。北朝鮮の先軍政治はここから始まる。

同年12月16日にソ連は、北朝鮮からのソ連軍撤退を完了したと発表した。実際は「ソ連軍将兵は撤退したが、武装はそっくり北朝鮮軍に渡して近代化させた」ということだったが、財政面からも大戦で大膨張した米軍の縮小が求められていた米国もそれに引きずられ、翌年6月に軍事顧問団500人を残して米軍は韓国から撤退した。ソウルでは「北朝鮮が攻めてくる」とのうわさで持ち切りとなった。

北朝鮮軍と中国人民解放軍（中共軍）は歴史的に切っても切れない関係だ。1946年、中国大陸で第2次国共内戦が始まると、日本の敗戦で解放された旧満州の朝鮮人が中共軍に入り、国民党軍と戦った。帰趨《きすう》がはっきりした1949年夏から密かに北朝鮮に戻り、中共軍164師（＝師団）の朝鮮人部隊は北朝鮮軍第5師団に、同166師は同第6師団に再編された。さらに同年10月1日、中共軍が第2次国共内戦で勝利し国民党政府を大陸から駆逐、中華人民共和国建国を宣言すると、北へ戻った朝鮮人兵で北朝鮮軍第7師団が編成され、保安部隊を含め10個師団の北朝鮮陸上部隊が揃った。うち2万5000人以上の国共内戦を戦い抜いた「中共帰り」の精鋭である朝鮮人兵こそが毛沢東が送った「南朝鮮解放の戦士」ともいえる。朝鮮戦争が金日成、スターリン、毛沢東の合作であり「中国の責任は明確」（「朝鮮日報」2020年10月24日社説）とされるゆえんだ。

北朝鮮が着々と南侵を可能にする軍備を整えているのに、米国務長官ディーン・アチソンは1950年1月、フィリピン－沖縄－日本－アリューシャン列島を米国の防衛ラインとし、韓国を外す「アチソンライン」を表明した。南侵直前の50年5月12日現在で、韓国軍が把握していた北朝鮮軍兵力は、陸軍9万3500人をはじめとする総兵力18万2400人。戦車173両、警備艇30隻、戦闘機など192機。一方、韓国軍は朝鮮戦争勃発時では陸軍9万4000人など計10万5752人。戦車と戦闘機はゼロだった。先の姜英勳は生前、当時の韓国軍内の雰囲気をこう語った。

「38度線一帯で頻発していた小競り合いでは北が優勢でした。私らは米軍払い下げの105ミリ砲も使えるのは47門だけ。北はもっと射程の長い大砲をざっと600門持っていました」

「情報員が北朝鮮に潜り込み、T−34戦車がずらりと並んでいる写真を写してきて、大騒ぎになりました。しかし、米軍事顧問団の若い将校は、ソ連の世界戦略から分析すれば極東政策は平和主義だから北朝鮮が攻めてくるはずはないと頭から決め込んでいました。北朝鮮が攻めてくることは間違いないと訴えても耳を貸しませんでした」

米軍が武器供与をためらったのはそれ以上に、太平を願う米国を不安にさせた李承晩が繰り返す無謀な「北進統一」の叫びだったのではないか。加えて、韓国軍内部にまで南労党秘密組織が浸透していては、最新兵器を安心して渡せなかったのも無理はない。１９４９年10月に韓国は米軍事顧問団に戦車１９３両の供与を申し入れた。顧問団は、①韓国の山は40度から60度の傾斜が多く戦車は登れない、②山間の河は深く抉《えぐ》られており戦車は渡れないから不要と応じなかった。

50年６月になって顧問団は「韓国軍戦闘部隊の補給率と装備は必要最小限度であり、すべての種類の部品が不足している。北朝鮮軍が南侵した場合に15日以上持ちこたえるのは不可能」と装備の充実の必要性をようやく認めた。「だが、すでに時遅かった」。姜英勳は無念を漏らした。

朝鮮半島では、日本支配下の１９３５年の１人当たり国民総生産（推計値）は94・23ドルだった（袁堂軍・深尾京司「１９３０年代における日本・朝鮮・台湾間の購買力平価　表１」独立行政法人経済産業研究所、２００２年）。最終的には日本のためであっても、事実として日韓併合期の朝鮮には近代的工場が次々につくられた。日本帝国主義が築いた遺産はそっくり、１９４５年８月15日の日本敗戦による無血解放で朝鮮の人々の手に渡った。しかし、朝鮮戦争が休戦した53年の韓国の国民総生産は67ドル（韓国経済

朝鮮総督府とその周辺（朝鮮・京城で1931年頃）
©毎日新聞社／時事通信フォト

企画院）だった。植民地被支配で得た有形の膨大な対価と遺産は、新生国家建設のために生かされることなく朝鮮戦争で灰燼と化したのだ。韓国は世界の最貧国になった。さらに国連軍16カ国の将兵約54万人、韓国軍約63万人、韓国民間人約99万人が死亡・負傷・行方不明（人数は資料によってやや異なる。共産軍被害約１７５万人、北民間人被害約１５０万人といわれる）という人的被害を強いた北朝鮮の南侵に、言うまでもないが正義はどこにもない。

逃避行で気づいた星空

大阪府和泉町のキャンプ・シノダヤマ（現・陸上自衛隊信太山駐屯地）の第25師団第27連隊が、鉄路で門司に移動し7月10日に釜山に上陸した。サイパンで旧日本軍と戦い、「狼部隊」が異名の部隊だった。大阪を発つ時には誰もどこに行くのかを知らなかった。門司に着くとキャバレーの女たちが駅でずらっと待ち構えていた。釜山に上陸すると、大邱北方から東にかけての中東部戦線の韓国軍支援に投入された。

全義《チョニ》の狼部隊本部中隊偵察小隊は19日、北朝鮮軍の激しい銃撃を受けた。ハワイ・マウイ島出身の伍長ヒデオ・ナカマは重機関銃で応戦しようとジープに飛び乗ったところを銃撃され戦死した。

同連隊の朝鮮戦争で最初の戦死者だった。倒れたヒデオ・ナカマに代わって銃座に立ったケンタッキー出身の1等軍曹ジョン・リトルも撃たれ戦死した。2人とも31歳だった。442部隊名簿にもヒデオ・ナカマの名がある。狼部隊のヒデオ・ナカマと同一人物なのかは確定できなかった。

北朝鮮軍のT－34戦車は18日に錦江を渡河し、米軍の最大防衛拠点で師団長ディーンが陣頭指揮する大田周辺をじわじわと包囲した。第34連隊が大田防衛の主軸だった。大田飛行場西方の高地を守っていた同連隊第3大隊本部中隊上等兵のギルバート・マサノリ・グシケンが19日、戦死した。ハワイ・カウアイ島出身の20歳の偵察兵だった。

第34連隊の兵力は半減しており、第24師団は大田から撤退して当然だった。だが、同師団の任務は本国からの増援部隊が揃い反撃体制が整うまでの時間稼ぎだ。しかも連敗続き。やすやすと逃げ出すわけにはいかなかっただろう。20日午前3時、北朝鮮軍第3、第4師団が総攻撃を開始した。市街戦の炎で夜空が燃えた。米軍はカリフォルニアから届いた最新の89ミリバズーカ砲を初使用、交差点でT－34戦車3台を破壊した。ディーンも自ら撃って1台を破壊した。市街戦を続ける第34連隊と市外の部隊との連絡は途絶えた。敵味方の誤認も重なり、第34連隊は四方から次第に追いつめられた。午後6時過ぎに第34連隊は撤退を開始した。大田市外の陣地はすでに蹂躙《じゅうりん》されていた。

大田市外東方の京釜道脇で北朝鮮軍が2キロ手前に迫ってきた時、イセリは退去命令を受けた。

「自分ができる最善の方法を選んで南方に向かえ」

朝霞のキャンプ・ドレイクで兵力を増強した米第1騎兵師団が18日朝、朝鮮半島東海岸の迎日湾《ヨンイル》に面した浦項《ポハン》に上陸した。9月の仁川上陸作戦に投入予定だったが、米軍劣勢の中で大田防衛のため急きょ横浜港を出発した。上陸に使われたＬＳＴ（戦車揚陸艦）の一部は日本人船長だった。先遣隊は大田の東南東約40キロの永同《ヨンドン》に進出していたが、大田からの京釜道はすでに北朝鮮軍に制圧されていた。

撤退命令を受け、夕闇の京釜本線の土手を身を低くして走った。前方に北朝鮮兵の一団が見えた。瞬時に土手から滑り降り、腹ばいで脇の水田にもぐり込み、頭から泥の中に身を隠した。水は胸の高さぐらいだった。顔を泥に埋めてじっとしていた。1分か2分か。北朝鮮の兵士たちは、泥に埋まったイセリに気づかずに歓声をあげて土手の上を走り去った。ほっとして喜ぶよりも生きている自分を不思議に感じた。映画のようなことが実際に自分の身に起きた。狐につままれた気分だった。

日が暮れても線路より３００メートルほど高い山の中をひたすら南の永同に向かった。じめじめと蒸し暑く、強い雨が続く、日本の梅雨に当たる長雨《チャンマ》の季節が明けたばかりの夜だった。群がりまとわりつく蚊を手で払い進んだ。すぐ目の前が見えない、漆黒の闇のどこかで不意に大声が響いた。敗残の米兵を探す北朝鮮兵たちに違いない。その一瞬、20歳のイセリの足はすくみ震えた。隙間のない闇と静寂に再び包まれた。一歩先も定かでない山谷を銃を離さず、生き残ることだけに精神を集中させて歩いた。

ふと見上げた空には埋まるほどの星が輝いていた。朝鮮半島で初めて、星空を眺めたことに気づいた。

「この星空を明日も自分は見ることができるのだろうか。明後日は、来週の今日はどうだろうか」

しばらく見つめた。永同の友軍まで無事にたどり着けるかどうか。五分五分ぐらいだ。もしもこの戦争を生き抜くことができたら、と考えた。

「生き抜いたら、ずうっと人さまの役に立つことをしていこう。役に立つことを80歳になってもやっていくんだ」

心が少し緩んだ。昼は身が隠れる場所を探して歩いた。米兵の落ち武者を追い、山中で呼応し合う北朝鮮兵の声が幾度となくこだまして遠ざかった。山の頂からそっと麓の街道をうかがった。どうにか車がすれ違える街道を牛車に所帯道具を山積みし、大きな風呂敷を背負い、汚れた白衣を着た避難民の群れが砂ぼこりの中を南下していた。群れの両側を挟んで武装した北朝鮮兵が一緒に歩いていた。北朝鮮兵はとても軍靴とは思えないちゃちなテニスシューズみたいな靴を履いていた。北朝鮮兵の一人が何事かを命令するように、避難民たちをきつい口調で叱りつけた。「近くに米兵が潜んでいるぞ、気づいたら捕まえろ、ぼやぼやするな」と叫んでいるに違いない。

韓国軍の兵士や雇った韓国人労務者が日本語でしゃべっていたことを思い出した。

「米軍は日本軍の兵隊を連れてきている。そいつらは北に捕まったら最後、拷問されたうえで殺される」

日本軍の兵隊とは自分たち日系米兵のことなのだ。拷問される前に自分は自決すると覚悟を決めた。

敗走以来、何も食べていなかった。2日目の夜にそっと里に下りた。豚を飼っている農家の軒先に乾燥中のトウモロコシがぶら下がっていた。一つ盗んで食べた。3日目の夜はつらい出来事があっ

た。山中に大けがをした幼女が倒れていたのだ。抱き上げると体が震えていた。苦しそうに、

「オンマ（お母さん）オンマ」

とあえいでいた。敗残兵の自分が幼女の命を救うためにできることは何もなかった。できることといえば、里の村人のもとにこの子を託すことだけだった。幼女を村にそっと置きに行こうと谷を下り始めた。どうして、そんな危険な選択をしたのか、自分でも判然としなかった。里まで半分ほどの途中で腕の中の幼女の息は絶えた。岩に横たわらせ、闇の獣道に戻った。

翌日、藪の中をはうように進んでいるとようやく友軍のざわめきが聞こえた。永同の第1騎兵師団の陣地に着いたのだ。生き延びたのだ。1秒でも早く友軍のところに駆け込みたいと焦る衝動を必死に抑え藪に身を再び隠した。幼き日の戦争ごっこの遊び場ではない。ここは本物の戦場なのだ。

「見た目に朝鮮人と変わらない私が米兵の前に不用意に飛び出したらどうなりますか。北朝鮮兵と間違えられ撃たれ、一発でおしまいだったでしょう。米兵は日本人と朝鮮人を見分けられません」

北朝鮮兵と韓国兵の区別ができなかった米兵が、北朝鮮兵を韓国兵と間違えてしまった結果は凄惨《せいさん》だった。慶尚南道馬山《キョンサンナムドマサン》西方約15キロの鎮東里《チンドンリ》で8月2日、米第27連隊の歩哨隊が、何気なく近づいてくる北朝鮮兵たちを隣陣地の韓国兵と見誤り、全滅した。それに気づかなかった露営中の本隊は翌朝、頭上の高地から突然、北朝鮮軍の一斉射撃を浴び53人が戦死傷した。

鎮東里は世界の歴史を変えたひなびた漁村だ。日韓併合（1910年）直前、ロシアがこの漁村を大韓帝国から租借し、極東艦隊基地に変えようと目論んだ。日本は一足早く一帯を「鎮東里」と名付け、

影響力をロシアに誇示することで軍港化を阻止した。日露戦争でロシア・バルチック艦隊を日本海の対島沖で撃破した連合艦隊が出撃したのは、鎮東里東約20キロの鎮海《チネ》湾からだ。鎮東里がロシアの軍港になったら、日本海海戦の勝利はなかったかもしれないのだ。軍港都市に整備した鎮海は今も韓国海軍の本拠地であり、桜の有数の名所として知られている。

藪の中でイセリは3時間待った。後ろから朝鮮語が聞こえた。北朝鮮兵ではないかと体が硬直した。ようやく英語が聞こえた。アメリカンアクセントだった。岩陰からのぞくと、5人の米兵が一団となって上から下って来た。藪からゆっくりと立ちあがっておもむろに待った。大田から自力で逃げてきた一団だった。彼らに交じって下の陣地に入った。

軍曹が半日遅れで陣地に着いた。入れ歯が外れてなくなっていた。

軍曹は逃避行の最中に喉が渇きに渇いて沢に下りるや、北朝鮮兵に見つかった。全速力で下流に逃げる途中でつまずき頭ごと流れに突っ込んだ。飛び起きて走り続け逃げ切った。我に返ると入れ歯がなくなっていたと、身振り手振りでいきさつをしゃべりまくり口元を開けっ放しで笑った。屈託ない笑い声が軍曹も自分も、また今夜も星空を眺められるという安堵《あんど》を実感させた。

九死に一生を得た幸運な軍曹は新しい入れ歯をつくるために日本に向かった。

大田防衛戦での米軍の全戦死・行方不明者は20日だけで586人に達した。日系米兵の戦死・行方不明者は11人だった。この日、朝鮮戦争の全期間を通じて日系米兵が最も多く戦死した。

第34連隊第3大隊K中隊上等兵のジョージ・ヒロシ・タノナカ（21歳）、同連隊本部諜報偵察小隊通信士の上等兵ホーラス・S・タブサ（20歳）。同連隊本部中隊上等兵のウォレス・キヨミ・イシカワ（21歳）。ジャック・セイジ・カネシロ（21歳）。愛する息子が戻る日を信じているカネシロの両親はDNAを軍当局に登録した。同連隊本部中隊斥候兵の上等兵サトシ・ナカサト（24歳）。第3戦闘工兵大隊C中隊上等兵のクマジ・ロナルド・マツダ（19歳）。この6人はホノルル出身だ。同連隊第3大隊M中隊上等兵でハワイ・マウイ島出身のミノル・カヤ（19歳）。同大隊I中隊2等兵でハワイ・オアフ島ハレイワ出身のエドワード・ケンイチ・ヒラカワ（23歳）。師団本部1等軍曹でロス出身のアキラ・タムラ（年齢不詳）。第2次世界大戦では陸軍情報部（MIS）で第34連隊第1大隊本部通訳中尉だったニューヨーク出身のサム・オサム・タカハラ（31歳）が行方不明。第19連隊第2大隊H中隊伍長でサクラメント出身のヒロシ・シバオ（25歳）戦死。7月21日までに第24師団は兵力7305人と装備の6割を失った。

ディーンは行方不明になった。撤退中に道を間違えて山中に迷い、負傷した部下に水を飲ませようと、独りで沢を下りる途中で転落した。意識が回復すると山野を36日間さ迷い、北朝鮮軍に捕まった。米陸軍省はディーンが戦死したものと思い、翌年冬には名誉勲章を授与した。ディーンは休戦後の53年9月初めに解放された。板門店《バンムンジョム》から帰国したディーンは米国民のヒーローとなった。

釜山橋頭堡防衛、砲兵の墓場

金日成は大田を陥落させるや、檄《げき》を飛ばした。

「洛東江《ナクトンガン》（525キロ）を一気に越え、大邱で国連軍を壊滅させ、釜山を落とし、8月15日の解放記念日を勝利の歓喜とともに迎えよう」。北朝鮮軍は小白山脈を突破する第4次侵攻作戦を開始した。

7月23日、第545憲兵中隊上等兵でコロラド州デンバー出身のミツル・ゴトウ（20歳）が戦傷死した。25日、永同で第1騎兵師団第15補給連隊軍曹でロス出身のロバート ミノル・シンデ（33歳）が行方不明になった。北朝鮮軍の捕虜となり、3カ月後の10月20日に殺害されたことがその後、判明した。父の故郷は広島県高田郡向原町（現・安芸高田市）だった。同じく25日、第1騎兵師団第8連隊第2大隊H中隊軍曹のイッサク・フルカワ（24歳）が道路に妨害物を置き、北朝鮮軍の進路を妨げようとして戦死した。イッサクはシアトルの洗濯屋の四男。母はイッサクが4歳だった1930年の暮れに32歳で永眠した。父コシロウが育て上げた息子5人のうち4人が欧州戦線の442部隊。退役後、長兄は医者、次兄は歯科医になった。三男フレッドは公認会計士になり米国内国歳入庁に勤務した。

四男イッサクはワシントン州立大学とエジソンテクニカル学校で学んでいた48年4月に陸軍に再志願して第1騎兵師団に配属された。フレッドも陸軍に再志願し、第24師団第34連隊の機関銃分隊長に任命され、兄弟は日本から韓国の戦場に発った。家業の洗濯屋は末っ子のベンが継いだ。

イッサク・フルカワの戦死を報じる1950年8月23日の「ノースウエスト・タイムズ」

イッサクが戦死した6日後の31日、慶尚南道の居昌《コチャン》から南の晋州《チンジュ》にかけての戦域でフレッドの分隊は、北朝鮮軍に包囲された。銃弾も撃ち尽くした。フレッドは太ももを撃たれたが、冷静な指揮でほかに戦傷者を出さずに分隊を敵包囲から脱出させ、64キロ先の友軍まで率いただけでなく、途中で北朝鮮軍に撃墜されたB－29乗員を救出した。戦闘経験のない兵を率いた在日米軍の下士官の多くが、この兄弟のように第2次世界大戦の戦場をくぐり抜けてきた猛者だった。兄弟は「アメリカ合衆国への勇敢な貢献は、米陸軍の最高の伝統によるものである」と、銀星勲章を授与された。フレッドは9月15日に原隊復帰し、翌51年7月にシアトルに帰還した。フレッドは生涯独身だった。地元紙は2007年、「静かな男は2つの戦争の英雄だった」とフレッドの死を報じた。

7月27日、晋州でロス出身の第24師団第19連隊支援中隊3等軍曹ホリー・タダオ・マツダが事故死した。愛称はハリー、22歳。太平洋戦争中は父コージと母ヤスコとともにヒラリバー日系人強制収容所で過ごした。ホノルル生まれで第2世界次大戦の日系人部隊第100大隊C中隊出身の軍曹マサアキ・サイトウ(28歳)も戦死した。朝鮮戦争での所属部隊はつかめなかった。

永同北東の尚州《サンジュ》戦域で28日、第90砲兵大隊3等軍曹でホノルル出身のケイシー・ノブオ・トリカワ(23歳)が戦死。29日、第35連隊第1大隊A中隊上等兵でロス出身のハルオ・トミタ(27歳)が戦死した。居昌で第24師団第34連隊第1大隊300人が同日未明、ゲリラに襲われ、ハワイ・オアフ島出身でB中隊2等兵のハルオ・マエダ(21歳)が戦死。翌30日、洛東江西側で同師団第3戦闘工兵大隊上等兵でホノルル出身のハンフォード・ケンジ・マエダ(19歳)が戦死した。30日、行方不明となったディーンに代わり、少将ジョン・H・チャーチが第24師団長になった。

米軍は初戦の惨敗ショックから立ち直れずにいただけでなく、北朝鮮軍南侵兵力の全貌を把握しきれずにいた。北朝鮮軍第4師団だけが韓国西南部に進出していると見ていたが、本当は第4、6

師団が展開していた。誤認は米兵の犠牲者を増大させた。

米軍は北朝鮮軍第6師団が晋州正面から馬山を突いて釜山に一気に攻め込もうとしているのにようやく気づいた。同師団は、満州の関東軍から逃亡した朝鮮人兵士が集まった朝鮮義勇軍が前身だった。日本敗戦翌年の46年2月に中朝国境地域の鴨緑江の北岸にある通化市を占領すると残留日本人3000人を虐殺、あるいは強姦して殺した「通化事件」の主犯として知られる。

北朝鮮軍第6師団が狙う馬山と釜山の距離は約45キロ。東京駅からだと東海道線戸塚駅までと同じだ。北が釜山をとるか、米軍増援部隊が間に合うかの瀬戸際の7月31日、ハワイから第5連隊戦闘団が到着した。連隊戦闘団とは、普通はバラバラに編成される歩兵部隊や砲兵、戦車部隊などをひとまとめにして指揮系統を一元化することで効率的に戦えるように編成した部隊だ。歩兵、戦車、砲兵、工兵が一緒に訓練をしているので団結心が強固だった。ハワイが本拠地の同連隊戦闘団には第2次世界大戦以来の古参日系米兵も多かった。後述するが、朝鮮戦争における同部隊の日系米兵隊員の戦死・行方不明者は26人。参戦米軍部隊の中で犠牲者が最も多い部隊となった。

ハワイ・カウアイ島生まれの新兵ラリー・ヨシキ・ヤマグチ（22歳）は2カ月前に同連隊戦闘団に配属されたばかりだった。

「州兵として徴兵されたが、（米国は）どこでも戦争をしておらず、自分は若く、ハワイを離れて外国に行きたい年頃だった。それで陸軍に再入隊したが、欧州駐屯部隊にも日本の進駐軍にも空きはなく、オアフ島のスコフィールドバラックス基地の第5連隊戦闘団で日を送っている時に朝鮮戦争になった。10日ほどで朝鮮に行くと決まった。俺はまだ戦闘訓練を受けていなかった。

艦上で海に向かい射撃訓練をしながら釜山に向かった。釜山に着くや司令官が、君らをここで降ろす、どんなことが起きても、いかなる時も諸君を撤退させることはないと訓示した。死か死守しかないと覚悟した」

下船すると目の前の丘で銃声が響いていた。馬山戦線に即時投入され、夕方に汽車で最前線に送られると、北朝鮮軍を少し押し返した。宿営地で大尉に呼ばれた。

「お前は日本語が少しできるのだから、ちょっと通訳をやってくれ」

韓国兵に何か用事を頼みたいのだろうと思った。韓国兵が周りを囲み終わると大尉が言い出した。

「何だ、このすごい臭いは？　俺は立ってもいられない。向こうに行かせろ。なんでもいいから遠くに行けと言え」

韓国兵のキムチとニンニクの強烈な臭いは第2次世界大戦の猛者にも耐えきれない爆弾だったのだ。

現地の全米軍部隊の司令官中将ウォルトン・ウォーカーは8月1日、釜山を中心に東は東海岸の浦項から大邱まで、そこから朝鮮半島東部を南北に走る太白《テベク》山脈を源として南海岸まで流れる洛東江沿いに馬山までを結んだ総延長約225キロの防衛線を構築して、内側に全軍を撤退させた。「釜山橋頭堡」だ。

「釜山が陥落したら韓国はなくなる」

イセリもそう実感していた。釜山橋頭堡内に70万人から80万人の避難民が押し寄せ、1日に2万人以上増えていた。旅館や一般住宅、掘っ立て小屋で寝泊まりし、国連からの食糧や医療品頼りで暮らしていた。多数の北の偽装兵やゲリラたちも侵入していたが、大騒動を起こせなかった。警察隊の取り締まりや軍の掃討作戦に加え、北朝鮮なまりですぐに見破られたからだ。

7月下旬以来、尚州で北朝鮮軍の猛攻をしのぎ反撃した第25師団第8野砲大隊A砲兵中隊の2等兵でハワイ・マウイ島出身のフレッド・トシハル・カネクラが、転戦した馬山で8月2日未明に戦死した。25歳だった。

摂氏44度を記録する30年ぶりの酷暑だった。米兵は次々と日射病で倒れた。異常気象に苦しんだのは北朝鮮軍も同じだが、洛東江の水深は例年の半分になり、渡岸の成否に賭ける北朝鮮軍にとってそれは願ってもない僥倖《ぎょうこう》だった。第24師団は再編された。イセリは8月初めに第19連隊に転属となり、洛東江の流れが象の鼻のようにくねる霊山《ヨンサン》西方、九陣山《クジン》(308メートル)の麓の防衛に就いた。京釜本線が走り、大邱と釜山、南海岸の昌原《チャンウォン》の三方に街道がつながる霊山攻防戦は西部戦線の「関ケ原の戦い」となった。

蒸し暑さをひととき忘れるそよ風が吹いた夜だった。洛東江の流れを三日月が照らし、タバコ畑でコオロギがころころと鳴いていた。真夜中を過ぎた頃、背をかがめ畑の端を動く人影が見えた。イセリの全身が硬直した。反射的に指が銃の引き金にかかる。ひょっとしたら、風に揺れるタバコの葉を人影と錯覚しただけかもしれない。もっと目と耳を澄ませ。

「Don't shoot until you see the whites of their eyes.(引き付けて撃つんだ)」

自分にそう言い聞かせ、唾を飲み込んだ瞬間、畑のどこからか1発、銃音が響いた。コオロギの鳴き声が一瞬で消え、友軍の射撃が火を噴くと北朝鮮兵は闇に消えた。イセリたちの反応を探るだけの偵察だった。

8月7日夜、米軍や韓国軍の陣地を次第に包囲した北朝鮮軍約9万8000人が「象の鼻」の第24師団を奇襲した。第34連隊第3大隊のI中隊2等兵でハワイ・パパアロア島出身のハーバート・ヒデアキ・スズキが戦死した。前年11月8日に入隊した18歳だった。11日朝、第24師団は残った全戦力で反撃したが、逆に霊山南側まで攻め込まれた。西部劇のごとく敵味方が入り乱れ、血で血を洗う死闘の戦場で4人の日系米兵が戦死した。

同連隊3等軍曹でカリフォルニア州オークランド出身のシゲトシ・クスダ(34歳)は、太平洋戦争では陸軍情報部隊。父ジュウキチは3歳の時に他界。戦地に二度息子を見送った母コマは1970年に76歳で亡くなった。同師団第3戦闘工兵大隊伍長でロス出身のルイス・ミツル・ヒラタ(25歳)、同連隊偵察隊上等兵でホノルル出身のタカシ・シシド(20歳)、同連隊に並立していた第21連隊本部中隊上等兵でハワイ・オアフ島出身のトシハル・ヨシカワ(25歳)も戦死した。

仁川上陸作戦に投入される予定だった臨時第1海兵旅団が8月2日に釜山に到着した。同海兵旅団は海兵隊を中核として砲兵部隊や戦車部隊と支援航空隊が揃った約4000人の強力な部隊だった。17日から急ぎ西部戦線に投入されると、戦況は逆転した。イセリに当時の戦況を聞いた。

「結果的には北を食い止めることができましたが、北は強く、米兵の兵力は北朝鮮軍と比べてあまりにも少な過ぎました。そのうえ、あちこちの戦闘で少ない兵力がさらに分散されました。装備も十分でなく、日本から送られてくるのを待つだけで、犠牲を大きくしました」

ただし、負けるはずはないと思った。空軍力がまったく違ったからだ。米軍は沖縄・嘉手納、東京・立川、横田、福岡・板付、大阪・伊丹などの在日本空軍基地にF80ジェット戦闘機から爆撃機、偵察機、輸送機など約1200機を配備して制空権を保ち、地上軍を支援し、北朝鮮軍の南下を遅らせ、北朝鮮軍部隊や兵站《へいたん》基地を攻撃していた。

北朝鮮軍第4師団は2カ月弱に及ぶ戦闘で、兵力は南侵時1万1000人からわずか1500人になって戦闘能力を失っていた。同師団はその後、中共軍の参戦まで戦場に現れることはなかった。

圧倒的だった米空軍力が北朝鮮軍を抑えた

北朝鮮軍は占拠した町で通りがかりの若者を兵力の穴埋めに無理やり徴兵した。こうした兵隊狩りにあった韓国の若者は延べ約47万人に及ぶが、約4割が脱走したといわれる。当時は徴兵制でなかった韓国軍も街頭募集で新兵を集めた。実態はかなり力ずくだった。大田陥落2日後の7月22日に非常郷土防衛令を公布して14歳以上の男子を第二国民兵として募集した。有力者の子は地方ごとの青年防衛隊に率先して入隊し、即戦地に送られる兵隊狩りから逃れていた。

池明観は8月ごろに馬山で韓国軍の兵隊狩りにあった。捕まって殴られた揚げ句、釜山の防衛軍訓練所に送られた。ところが、所長がソウル大学の同期生の叔父で、池明観を炊事係に回してくれた。幸運なのに忸怩《じくじ》たる思いが先に立った。

「北朝鮮軍が洛東江一帯に押し寄せて大邱まで11キロに迫っている非常時に、俺は炊事当番。みじめではないか。堂々と死ぬことも悔いなき人生だ」

と、池明観は「消耗将校」になろうと決意した。8月2日に韓国軍は不足する下級将校を補うため陸軍将校補充令を発令していた。40歳以下で5年制中学以上の学歴者は、まともな士官教育なしに少尉で任官すると、そのまま前線に送られる新制度だった。1年以上の勤務で中尉に昇進できたが巷《ちまた》では消耗品扱いの消耗将校といわれた。「洛東江で敵を食い止めればソウルは奪還できる。今は辛抱しろ」と池明観は所長らに諭され、炊事班に甘んじる毎日が続いた。


鎮東里で9日、第5連隊戦闘団第2大隊F中隊上等兵でハワイ・マウイ島カフルイ出身のオサム・イワミ(19歳)が戦死した。同戦闘団で最初の日系米兵の戦死だった。晋州を一望する晋州峠(483メートル)を制圧した11日、同戦闘団第3大隊I中隊軍曹でホノルル出身のアルバート・アキラ・イシモト(27歳)が戦死。442連隊第2大隊G中隊だった。

12日未明、第5連隊戦闘団2個砲兵大隊などが晋州峠から撤収中、近くの鳳岩《ポンアム》渓谷で待ち伏せの北朝鮮軍に三方から攻撃され、第555野砲兵大隊と第90野砲兵大隊各100人が戦死、270人が戦傷した。以来、米兵は鳳岩渓谷を「砲兵の墓場」「血の渓谷」と呼んで恐れるようになった。

日系米兵は7人が戦死、1人が行方不明となった。第555野砲兵大隊1等軍曹でホノルル出身のデビッド・T・カネシロ(23歳)、太平洋戦争では陸軍情報部だった第5連隊戦闘団第1大隊C中隊伍長で同じくホノルル出身のハルオ・フカミズ（26歳）、ハワイ・マウイ島出身で1942年にハワイで編成された日系人部隊第100大隊だった古参兵で第5連隊戦闘団同中隊3等軍曹のヨシオ・イケダ（28歳）、同戦闘団同中隊伍長でハワイ・オアフ島出身のチャールズ・キヨシ・ニシムラ（24歳）、第2次世界大戦の442部隊第2大隊本部中隊だった同戦闘団同中隊上等兵で同じくハワイ・オアフ島出身のジェームス・ノボル・サカモト（24歳）。同戦闘団同中隊2等兵で同じくハワイ・オアフ島出身のセイゾー・ナカマ（20歳）、同戦闘団本部中隊上等兵でロス出身のケンイチ・ハマグチ＝濱口謙一（25歳）。濱口の父、覺藏は和歌山県東牟婁《ひがしむろ》郡太地町生まれだ。同戦闘団砲兵本部大隊軍曹でマウイ島出身のクラレンス・ハロナ・アキ（26歳）が行方不明になった。

切り立つ韓国の岩山（ソウル近郊）

「砲兵の墓場」は、北朝鮮軍の大部隊が渓谷に潜んでいるのを察知できなかったことや、北朝鮮軍の攻勢に焦った第25師団長キーンが現地部隊の判断を軽視した結果だったといわれている。であっても、朝鮮半島の岩山の多くは低くても山頂に近づくにつれ切り立つ岩盤になり、綱や鎖につかまらないと登れないほど険しい。ソウル特派員時代、休日に登山に出掛けるたびに難所をハイヒールや革靴で軽々と登る韓国の若者の身体能力にいつも驚かされたものだ。岩場に育った北朝鮮兵と、そうでない米兵の差は大きかっただろう。岩場での夜間戦となれば米兵が太刀打ちできるはずはない。

翌13日、救援のため砲兵の墓場へ反転した第5連隊戦闘団第2大隊G中隊伍長でホノルル出身のトーマス・ノブト・オタグロ（21歳）が戦死した。

米軍は鳳岩里より西、慶尚南道咸安《ハマン》近くから南の鎮東里まで、十二堂《シビドン》山（271メートル）、戦闘《チョントウ》山（655メートル）、筆峰《ピルボン》（743メートル）、屏風《びょうぶ》のように聳《そび》える西北《ソブク》山、夜半山（狐高地）、王女《ワンニョ》峠（181メートル）の稜線《りょうせん》約21キロを抵抗線とした。昼に米軍が制圧し、夜に北朝鮮軍が奪い返す戦闘が続いた。

8月15日、第5連隊戦闘団第2大隊F中隊伍長でホノルル出身のジョージ・トロ・ジュニア（24歳）、22日、第25師団第35連隊第1大隊D中隊2等兵でハワイ・オアフ島出身のマサヤ・サイトウ（32歳）が戦傷死。23日、同戦闘団第1大隊A中隊上等兵でハワイ・マウイ島出身のサトシ・ゴトウ（26歳）、29日、同中隊上等兵でハワイ・カウアイ島出身のタケシ・フジタ（19歳）、9月1日、西北山南の鎮東里で同戦闘団第2大隊F中隊上等兵でハワイ・オアフ島出身のセイノジョウ・R・ナカタニ（21歳）が戦死した。

黒地の絵、セントルイスブルースの朝

この山岳連なる戦場に送り込まれた米軍部隊の一つが、岐阜・各務原《かかみがはら》のキャンプ・マジェスティック（現・航空自衛隊岐阜基地）第25師団第24連隊だ。南北戦争後にアフリカ系兵士だけで編成された部隊で、サイパンで日本軍と戦い沖縄に上陸した。人種別部隊制度が第2次世界大戦後の48年7月に廃

止されると、白人部隊の第25師団隷下となりキャンプ・マジェスティックに駐屯していた。連隊長だけが白人だった。

7月10日。その年も小倉市内に祇園祭の太鼓が低く高くとどろいていた。中心部から約4キロの城野補給基地に第24連隊が到着した。数日後に小倉から朝鮮半島に向かう手はずだった翌11日夜、自動小銃や手榴《りゅう》弾で武装した連隊の黒人将兵200〜250人が排水管を利用して基地の外に脱走した。民家を襲って略奪、暴行、強姦などの乱暴狼藉《ろうぜき》を重ねて米軍2個中隊に鎮圧された。松本清張の小説『黒地の絵』はこの暴動事件を題材にしている。松本清張は北朝鮮軍に追い詰められ、敗色濃い戦場に送られる運命に直面した「黒人兵士たちの胸の深部に鬱積《うっせき》した絶望的な恐怖と、抑圧された衝動とが、太鼓の音に攪拌《かくはん》せられて」自暴自棄になったと心理描写している。佐々木春隆『朝鮮戦争　韓国篇 下』(原書房、1977年)では、「黒人にはなぜアメリカが韓国を助けねばならないのか、なぜ急に韓国で戦わねばならないのか、が分かりにくかったらしい」ために黒人兵の士気が極めて低かったと指摘している。脱走した黒人兵による乱暴狼藉78件が届けられた。実数は不明だ。新聞放送などはGHQの統制下にあった。事件は新聞に載らなかった。松本清張は当時、小倉の朝日新聞西部本社広告部に勤務していた。『黒地の絵』が事件の状況などを細かく描いているのは新聞社内には伝わっていたからだろう。松本清張は黒人兵が「おそらく処罰は受けなかったであろう」と作中で推測している。

事実、鎮圧された同連隊はそのまま朝鮮半島に向かった。釜山に上陸すると北朝鮮軍第2師団の猛攻を受けていた尚州、槐山《クェサン》で戦闘に入った。しかし7月21日には勝手に陣地を放棄して後退、22

日には北朝鮮軍の攻撃を受けるやパニックとなり白人連隊長が駆けつけた。21日から10日間で連隊の戦死・戦傷・行方不明は323人に上り、陣地を放棄した兵が軍法会議にかけられるなど、いわくつきとなった揚げ句、山岳の激戦地に送られたのだ。

戦闘山《チョントウサン》戦闘では8月15日までに同連隊124人が戦死した。同31日には戦死・行方不明者が204人、9月末は397人になった。51年秋、同連隊が朝鮮から撤兵するまでに戦死・行方不明者は1011人。3分の1以上は上陸2カ月半以内の犠牲だった。同連隊と同じ時期に釜山に上陸して53年の休戦まで戦った同師団第27連隊全体の戦死・行方不明者は832人。第24連隊の戦死者の割合ははるかに高かった。それが小倉での『黒地の絵』の代償だったのだ。

中部戦線の要は大邱の北正面約22キロ、洛東江から2キロ南の慶尚北道倭館《ウェグァン》だった。かつて豊臣秀吉軍が洛東江を利用した軍需物資集積地とした町だ。洛東江を渡岸した北朝鮮軍を米第1騎兵師団第7騎兵連隊が撃退した12日、同連隊偵察隊2等兵でカリフォルニア州サクラメント出身のケン・カツヨシ・コンドウ（25歳）が戦傷死。先の「砲兵の墓場」と合わせ、9人の日系米兵が戦死・行方不明になった12日は、1日での日系米兵の犠牲者が2番目に多い日だった。翌日、同連隊第1大隊D中隊2等兵でホノルル出身のジョン・シゲル・エシマ（20歳）が戦死した。

倭館を一望し、麓の京釜線や京釜道を制圧できる鵲嶋山《チャゴ》頂（303メートル）の同師団第5騎兵連隊迫撃砲小隊陣地が15日未明、北朝鮮軍に奪われた。同連隊突撃隊が奪い返すと、26人の米兵が数珠つなぎのまま射殺されていた。捕虜にした北朝鮮兵の供述から、北朝鮮軍に包囲されていた砲兵隊は、陣地に向かって登ってくる北朝鮮部隊を、救援に来る手はずになっていた韓国軍部隊と決め込み、陣地に通してしまったと分かった。北朝鮮兵は捕らえた米兵の軍靴をはぎ取って履いた。靴を奪われた米兵は裸足で山中を歩かされ、かかとは血だらけになり、退却の足手まといだと射殺された。

東海岸の浦項西域が突然、北朝鮮軍に占領され、16日、迎日《ヨンイル》飛行場の守備についていた第2師団第9連隊上等兵でハワイ・ラナイ島出身のドナルド・S・ミヤジマ（20歳）が戦死した。

金日成は20日、「洛東江の国連軍を大邱、永川《ヨンチョン》一帯で壊滅し釜山橋頭堡を掃討する」との第5次侵攻作戦を指令した。一方、在日米軍の軽戦車M4戦車シャーマンの大砲を対T－34戦車用に大口径にした50両で臨時編成した戦車隊が戦場に投入され、米本土からも戦車大隊が続々と到着、米軍の戦車500台が揃った。

ゆっくり曲線を描く鷓鴣山麓の街道を時計の針のようになぞっていくと、13時に当たる谷間の多富洞《タブドン》で尚州からの街道と交差していた。多富洞を制圧すれば大邱までは約20キロしかない。多富洞の戦闘が釜山橋頭堡の帰趨を決めた。多富洞に殺到する北朝鮮軍。死闘を続ける韓国軍支援に西部戦線の第25師団狼部隊が8月17日に投入された。21日、北朝鮮軍の猛攻を受け多富洞の韓国軍第1師団が守る高地が奪われた。同師団長白善燁《ペクソニョプ》は最前線に立ち、高地を再奪取した。夜に再突撃してきた北朝鮮軍を狼部隊が5時間の戦闘で撃退した。両軍の戦車砲が狭い谷間に響き渡った激戦は「ボーリング球場の戦い」として戦史に残る。

第25師団本部中隊上等兵でワシントン州出身のエルマー・ジロー・ヨシハラ（34歳）が25日、北朝鮮軍が埋設した地雷を除去しようと前進した時に迫撃砲を浴び戦死した。ヨシハラはその勇猛ぶりでアメリカ合衆国への貢献をたたえられ、50年9月27日に銀星勲章が授与された。ヨシハラ一家は、太平洋戦争時にカリフォルニア州北部のツールレイク日系人強制収容所(1942年5月27日開設、1万8789人収容)に送られた。そこには、アメリカへの忠誠を拒否し、アメリカ軍人として戦うことを拒み、日章旗、つまり日本に忠誠を示し日本帰還を望むなどで、ほかの強制収容所で反米の烙印《らくいん》を押された日系人が集められていた。日本帰還を望んだのはもちろん、米国への忠誠を拒否すれば米国では生きられないのが自明だったからだ。明治天皇の誕生日である11月3日「明治節」には収容所の広場の真ん中に日章旗が掲揚され、君が代が斉唱された。降りしきる雪のある日、気勢をあげる収容者の一群に警備部隊が突入して収容所に戒厳令を敷いた。騒動の中心人物とみられた収容者が収容所内の刑務所に送られ、夜7時過ぎの外出が禁止になる事態も起きた。

第24師団のイセリは南海岸戦域から北朝鮮軍が攻める古都慶州に転戦した。林檎《りんご》畑には、敵兵の死体が転がっていた。携帯缶詰を開けかけると、向かいの山から迫撃砲が飛んできた。「ランチタイムに派手に撃ってくるな」とイセリは応戦した。軽口と死が隣り合わせの日々の中で台風が釜山沖を通った。土砂降りの雨と猛烈な風が吹きまくり、兵営は洪水となり寝場所もなくなった。衝動に駆られたイセリは、雨外套を着込むやロープを手に幕舎から飛び出し、低い松に体を縛った。荒れ狂う暴風雨に心があおられたのだ。立ったまま朝まで眠り込んだ。

目が覚めるとさわやかな朝日だった。

「俺、ひげを剃《そ》ろう。こんないい朝にさっぱりしたら、もっと気持ちがいい」
戦友は上機嫌にヘルメットで水をくみ、枝に鏡を置くとせっけんの泡を塗りたくってひげ剃りを始めた。

♫ I hate to see that evening sun go down

セントルイスブルースを口ずさみながら。背後から鋭いライフルの発射音が響いた。戦友は頭をガクンと後ろにのけぞらせ、膝から倒れた。50メートルほど離れた茂みで、「白衣の兵士」が身を翻すのが見えた。自分は戦友よりも男が隠れていた藪の近くに立っていた。どうして自分を狙わず、戦友を撃ったのか。米軍に雇われた韓国人労務者に自分が見えたのだろうか。白衣の男も撃ち殺される覚悟で襲うのだから、絶対に米兵に間違いない相手を選んだのだろうか。戦友の幸せそうな歌声が気に入らなかったからか。戦友は笑顔を残したままだった。

7月4日の釜山上陸当時の将兵が184人だけになった第34連隊は8月下旬、解体された。実働部隊が第19連隊だけになった米第24師団は再編され、イセリは第5連隊戦闘団に配置された。

捕虜にした北朝鮮兵のほとんどが栄養失調で、戦死者はやせて衰弱していた。金日成は南侵すれば南の住民に歓迎され、食料が確保できると算段していた。そうはいかなかった。住民から奪った食料も底をつき、餓死者が続出する中で、北朝鮮軍は8月31日夜11時、釜山橋頭堡決戦に出た。

9月1日、西部戦線鎮東里が突破され、中部戦線多富洞に北朝鮮軍が殺到した。奪われた鵲鴣山《チャゴ》と多富洞間に位置する水岩山《スアム》(518メートル)奪還に向かった第1騎兵師団第7連隊の本部中隊1等軍曹でカリフォルニア州ハンチントン出身のジョージ・カオル・タカハシ(28歳)が3日、行方不明になった。タカハシは、太平洋戦争では陸軍日系人部隊第100大隊。家族はアーカンソー州ローワー日系人強制収容所(8475人収容)で過ごした。留守家族は東京に居住とのみ記録には記載されている。

4日、同師団第21連隊第2大隊G中隊伍長でホノルル出身のローレンス・ケアロ・マチダ(19歳)が戦傷死、第11工兵大隊本部後方支援中隊軍曹でホノルル出身のサダト・トサキ(24歳)が昌原で戦死。

5日、米軍司令部と韓国軍陸軍本部は大邱から釜山へ移動した。

「ついに国連軍が玄界灘に叩き落とされる」

との流言が、瞬時に釜山に広まった。当時、米海軍横須賀基地救急隊の運転手だった私の親戚、平泉清太郎(95歳)は、

「朝鮮から羽田に輸送機で届いた遺体を横須賀の海軍病院で処置するために、救急車5台で毎日、引き取りに行った。一度に50体ぐらい運ばれた。5、6回往復する日もあった」

と話していた。第24師団第19連隊第3大隊L中隊上等兵でハワイ島ヒロ出身のハーマン・B・カマイ(27歳)が10日、慶州で戦死した。タイプが上手で、ホノルル聖公会の教会でピアノを奏で、美しい音色で聴く者を魅了した。12日、同大隊K中隊伍長でハワイ・マウイ島ラハイナ出身のアケジ・モリナガ(25歳)が戦死した。

第2章

仁川上陸、中共軍参戦

陸軍情報部言語学校

1950年9月15日午前5時、米軍機の空爆を合図に米第1海兵師団と第7師団が仁川港を急襲した。午前6時27分に第1波の上陸用艦艇が海岸へ向かった。艦船260隻余、兵力6万5000人を動員した仁川上陸作戦の帰趨は、よく知られている通り、翌日を待たずにはっきりした。上陸した第7師団の1人が第31連隊第3大隊偵察小隊軍曹ロイ・シズカ・シラガ(21歳)だ。

ワシントン州東部スポケーン生まれ。両親は大学進学を望み、自分もカメラマンになるのが夢だった。しかし学費が工面できないと分かっていた。高校を卒業したら父の勤めるグレート・ノーザン鉄道に就職すると決め、進学は諦めていた。ところが、陸軍情報部(MIS)部隊から戻ってきた知人が、「軍に入れば除隊後はGIビルで希望する大学に入れる。軍がそこに君を送ってくれる」と教えてくれた。それを知り、高校を卒業した47年夏に陸軍に志願したのだ。

新兵訓練中に、「陸軍情報部言語学校(MISLS)」受験を命じられた。英文を日本語に丸ごと書き直す問題が出た。シラガが1字も訳さないでいるのに気付いた試験官の中尉が、

「キミは試験を受ける気がないのか」と声をかけてきた。

「はい、私はここに入学したくありません。私はフォトグラファー学校に行きたいのです」と返して訓練小隊に戻った。それなのにシラガは、新兵訓練を終えるやMISLSに送られた。

日米開戦を確信した陸軍情報部は、対日情報収集のために1941年夏、日系2世米兵3700

人の日本語能力を調べた。十分な語学能力を持っている日系兵はわずか４％程度と分かると、開戦直後にサンフランシスコの軍基地格納庫に「第４軍情報学校」を開設、日本語情報兵の短期育成に踏み切った。選抜した生徒は60人（日系人58人）。日本の大学を卒業した日系人４人が教師だった。ほとんどの生徒は、家で父母とのやりとりは日本語でも、漢字は読み書きできなかった。生徒はまったく新しい外国語として半年間、日本語を叩き込まれた。授業は午前8時から１日10時間。日常の日本語だけでなく、日本軍用語や多くの日本軍兵士が家族への手紙などで使っていた「何々候」文、草書の読解、日本の法律、社会、文化や風俗、通信傍受や尋問、通訳の技術まで学んだ。

　落伍すれば戦闘兵として前線に送られる身だ。生徒たちは消灯時間後も便所や、ベッドで毛布をかぶり懐中電灯で自習した。１期生の卒業生は45人だった。４分の１が脱落した計算だ（英語サイト Densho Encyclopedia）。その後、学校の所在地は移り、「陸軍情報部言語学校」と改称されたが、学生２００人、教師18人に規模は拡大した。

　戦線が拡大し、日本語情報兵がさらに必要になると、日系２世の中でも日本語の読み書きが堪能な「帰米２世」に目を付けた。「帰米（ＫＩＢＥＩ）２世」とは、少年時代に日本で教育を受けるためなどでいったん日本に戻り、再び米国に「帰国」した日系２世を指す呼称だ。いくつかの米語サイトによると帰米２世の総数は１万１０００人に及んだ。陸軍情報部は、日系人強制

開校した陸軍情報部言語学校
（Minnesota Historical Society H.Pから）

収容所を回って帰米2世を集めた。ただ英語力が足りず、逆に言語学校で英語を鍛えられるケースも多かった。

太平洋戦争のテレビ番組で、洞窟の日本兵に投降を呼びかけ、捕虜の日本兵を尋問している日系米兵が登場する。彼らがそのように鍛えられた日本語使いの日系情報兵だ。捕虜の尋問だけでなく日本軍の暗号解読、日本兵の日記やメモから日本軍の状況、作戦の分析をし、連合艦隊司令長官山本五十六機撃墜などの功績をあげた日系の情報兵は、米軍の勝利に貢献した。しかし近年まで、日系の情報要員の功績が米国社会で語られることはまれだった。ニクソン政権の1972年まで日系情報兵の存在は機密事項だったのだ。オバマ政権の2011年11月に442部隊、第100大隊、日系の情報部隊に米議会名誉黄金勲章が授与され、功績を初めてたたえた。日本でも442部隊の存在は広く知られている。しかし、対日情報戦の「秘密兵器」だった日系情報兵について語られることは少なかった。敗戦国日本の国民感情が絡む問題だからだろう。

日本敗戦後も米軍は日本国内のみならず、日本語が生きていた韓国での占領行政のためにも日本語の読み書きができる要員がさらに必要となった。言語学校の規模は拡大し、卒業生は最終的に6000人を超えた。朝鮮戦争が勃発すると、まだ在米韓国人が少数だった事情も重なり、時間もかかる韓国語の情報兵養成より、生きている言葉であった日本語使いの日本語情報兵の活用を米軍は優先した。学校は休戦後の1954年、「国防省語学学校外国語センター」に改編され、ロシア語や中国語、韓国・朝鮮語に力が注がれるようになった。

同じ米軍でも海軍はどうか。日本人以上に日本を愛したドナルド・キーン（１９２２～２０１９）は、第2次世界大戦で日本語を学んでいた大学を休学、米海軍語学士官として太平洋の戦場で捕虜を尋問し、日本軍の資料を翻訳する中で日本にさらに興味を持つようになった。彼は「海軍は日系人を信用しなかったので、日本語を学ぶ生粋のアメリカ人を集め、情報部隊を運用していた」と、記述している（『ドナルド・キーンの東京下町日記』東京新聞出版局）。

キーンのコロンビア大学教授時代の教え子が、元ハワイ大学准教授で有吉佐和子の『紀ノ川』の英語版を出版したことで知られるミルドレッド・満治子・タハラだ。父のチャールズ・サトル・タハラは太平洋戦争下にＭＩＳ兵となり、ルソン島などを転戦した。朝鮮戦争勃発で再び軍務に就き、51年9月17日に京畿道議政府で脳動脈りゅうのため病死した（39歳）。陸軍５２８情報小隊本部中隊１等軍曹だった。

シラガはＭＩＳＬＳから東京のＧＨＱに派遣された。数カ月後に札幌のキャンプ・クロフォード（現・陸上自衛隊真駒内駐屯地）分遣隊に転属になった。機関銃を備え付けたジープで闇市場を回り、軍物資の横流しを取り締まった。朝鮮戦争が勃発すると、兵役期間が1年延長となり、同連隊情報偵察小隊に配属され、仁川上陸の日を迎えた。

米軍第7師団の将兵は補充兵として五月雨《さみだれ》式に前線に送られ、師団は定員割れだった。穴埋めに米兵と韓国内の街頭で集めた韓国人新兵が半々のカトゥーサ部隊[7]を編成した。シラガはこの韓国人新兵と富士演習場で仁川上陸の実戦訓練をした。

カトゥーサ部隊は今も駐韓米軍に存在する。食事なども韓国軍よりはるかによく、しかも韓国軍のようなシゴキやいじめもないので、今も韓国政財界有力者が徴兵年齢の息子を入隊させようと狙う部隊だ。初の左派学生運動圏出身大統領文在寅《ムンジェイン》政権の女性法務部長官、秋美愛《チュミエ》の息子もこの部隊で過ごしていたが、２０２０年７月、帰隊日に戻らなかったうえ、秋美愛の補佐官が軍上官に電話し、特別扱いで不問にさせた疑惑を韓国紙に報じられた。文在寅政権は疑惑つぶしに動いた。しかし、共産軍と戦い、国を守った韓国人の兵役への関心は格別のものがある。疑惑つぶしは国民感情を刺激し、文政権凋落《ちょうらく》の一里塚となった。朝鮮戦争以来、こうした有力者の子弟の兵役スキャンダルは絶えることがない。韓国の病理の一つだ。

シラガが仁川に向かう輸送船の中で携行していたＭ１カービン銃の撃鉄の芯がざっくりなくなった。消えた芯が何人ものカトゥーサ兵のポケットから見つかった。韓国で集めた新兵に北工作員が紛れ込んでいないはずがなかった。捕まったカトゥーサ兵は嵐の甲板に放り出された。シラガたちの部隊は９月15日夜11時40分ごろに仁川に上陸した。

中央アジアからの旅路の記憶

仁川一帯を守っていた北朝鮮軍第38警備旅団政治部長が、ハバロフスクで生まれ育ったソ連系朝鮮人（カレイツイ）の北朝鮮軍大佐の張学鳳《チャンハクボン》[8]だった。１９９３年の暮れ、ウズベキスタン・タシケントの鉄柵に囲まれた小高い丘で張学鳳に会った。丘には１９３７年に沿海州から強制移住させられ、亡くなった同胞の大理石の墓が並んでいた。みぞれ交じりの風に吹かれ、張学鳳は米軍が仁川に上陸した日の記憶を語った。

「上陸用艦艇が一斉に近づいてくるや、私も足が地面から浮きました。まだアメリカ人を見たことがない新兵たちの目前、完全武装のアメリカ人が山のように上陸してきたのです。動転して震えていました。金日成は最後まで撤兵するなと指令してきましたが、何をしたらいいかも分からないうちに敗走しました。金浦飛行場あたりまで７００人ぐらいが後退できました。負傷した連隊長や参謀に代わって私が部隊を率いました」

「数日前でした。偵察隊から沖合に１００以上の米軍艦が集結していると通報がありました。埠頭裏山の戦闘指揮所に急いで登りました。海が米軍の艦船で埋まっている光景に仰天しました。艦砲射撃が始まり、翌日の砲撃はさらにすさまじくなり、翌日はもっと激烈になり空爆も加わってきました。戦闘経験のない兵隊たちは空爆と艦砲射撃ですっかりおじけづき、もうすでにパニックになっていました」

「私は８月１日に南部戦線から仁川防衛部隊に赴任しました。当初は４個警備旅団で

北朝鮮での張学鳳

張学鳳（1993年）

守っていました。釜山周辺の戦闘が長引き、3個旅団が次々に洛東江戦線に投入され、米軍上陸当時には第38警備旅団とわずかな野砲隊、歩兵中隊だけでした。兵力は7000人ぐらいでした。しかし訓練を十分に受けていない新兵ばかりで戦力といえる兵はわずかでした」

兵站基地日本は、北朝鮮系団体の情報戦最前線でもあった。活動家が在日米軍の動向を懸命に探り、仁川上陸作戦情報もすでに神戸の歓楽街から北朝鮮に伝わっていた。

「仁川上陸作戦の情報は我々にも連絡がありました。しかし8月末になっても補充兵一人来ませんでした。大砲も足りず、防衛隊の配備も沿岸の月尾島《ウォルミド》と海岸、岸壁沿いにしかできませんでした。月尾島に大隊700人を配置してから、なんとなく穏やかな毎日を送っていると秋になっていました。島ではブドウやザクロが採れました」

それにしてもハバロフスク生まれの張学鳳が、仁川でなぜ米軍を迎え撃つことになったのか。張学鳳は同胞が眠る墓石を見つめながら、ハバロフスクから仁川までの長い人生の三つの旅を語り始めた。

「民族学校の中学10年生(＝高校3年生)の夏に、中学の教師30人が理由も分からないまま逮捕されました。その時は何が起きたのか分かりませんでした。9月の半ばに町の映画館で党の会議が開かれ、朝鮮人は4日後、中央アジアに移住しなければならないとの命令が読み上げられたのです。何人かが『なぜ強制移住させられる目にあうのか。それぞれの民族は自由であることが(ソ連邦の)民族政策の原則ではないか』と声を張りあげました。答えはなく壇上のカーテンが閉められました」

沿海州の朝鮮人約18万2000人を襲った中央アジアへの強制移住はかくして始まった。日本の朝鮮併合から7年後の1917年11月7日にロシア革命が起き、1922年社会主義国家ソビエト連邦が成立した。共産主義の国内浸透を阻むため日本とナチス・ドイツは1936年に日独防共協定を結んだ。1932年、中国東北部に日本の傀儡国家満州国が誕生、仮想敵国である日本とソ連が陸続きになったことで、カレイツイが日本のスパイになることをスターリンが恐れたことが強制移住の背景にあった。

強制移住までのわずか4日間でできることは限られていた。その日に衣類、食器、鍋・釜、コメやパンを風呂敷に包みシベリア鉄道の駅に集まった。20両を超える貨車を連結した列車が待っていた。貨車は両端を2段に仕切り、1台に数家族が詰め込まれた。

「貨車に藁《わら》を敷いて寝ました。1937年のシベリア鉄道の光景を想像してください。凍てつくような荒野の中で何日も列車が停まると、燃やすものも食べるものもなくなりました。老人や子どもから病気にかかって死んでいきました」

列車が停まると線路の脇に家族の亡骸《なきがら》を埋めた。突然動き出した列車の扉から子どもが振り落とされても飛び降りて助けることはできなかった。過酷で凄惨な強制移住の旅は1カ月続いた。すべての財産を奪われた旅であったことは、5年後、日系米人が直面した強制収容所への旅と同じだ。

ソ連時代を含め、ロシアではおぞましい強制移住が繰り返されている。第2次世界大戦下では中央アジアとシベリアに300万人を超える北カフカスのチェチェン人やイングーシ人らを強制移住させ、日本敗戦後は日本兵をシベリアなどに強制連行し抑留した。

2022年、ウクライナに侵攻したロシア軍が多数の子どもをロシア国内に誘拐した。ソ連時代には孤児を集め、「君たちを育てた父と母はソ連邦だ」と、ソ連への愛と忠誠、ソ連の正義だけを両親の愛を知らない子どもたちに教え込み、秘密警察要員へと育てた。ウクライナの子どもを誘拐したのも、同じような狙いでロシアに忠誠を誓うウクライナ人に子どもたちを育てたいからだと容易に想像がつく。

第2次世界大戦で満州や朝鮮に攻め込んだソ連兵には囚人兵が多かった。対ウクライナ戦でも囚人兵が使われた。ロシアという国家の発想はいつの時代も変わらない。ロシア兵の強姦も満州、朝鮮、ドイツ、そしてウクライナからも伝えられている。

「強制移住で連れて来られたのがここでした」

と、張学鳳は白ペンキの鉄柵が囲む低い丘を再び眺めた。空は何重もの濃い灰色の冬雲に覆われていた。まるで古いロシア映画に登場するかのような寂寥《せきりょう》とした光景。粉雪が強風に吹かれ、張学鳳の背中で舞った。語り続ける張学鳳の姿は、忘れられない記憶の一つとなった。

「一帯は農家も畑もない、葦《あし》に覆われた沼でした。ウズベキスタン人の墓の土を掘って穴をつくり、葦と小枝でつくった屋根をかぶせて家にしました」

ウズベキスタンソ連系朝鮮人会は、ウズベキスタンに強制連行されたのは約7万4000人だったと話していた。その年の冬はいつもより早く訪れた。

「翌年はとても寒い秋でした。コレラがはやり、ほとんどの家族で2、3人の死者が……ここに連れて来られた1000人ぐらいの半分が死にました」

張学鳳たちカレイツイはパスポート（身分証明書）を与えられず、村から一歩も外に出られなかった。独ソ戦が始まると多くの若者が前線に向かったが、カレイツイの若者は軍需工場などだった。張学鳳は水力発電所建設現場に2年間動員され、父母の協同組合《コルホーズ》で働き大学の通信教育を受けた。普通学部編入が実現した45年8月20日、軍事動員部から北朝鮮を占領したソ連軍第1極東方面軍第25軍団入隊命令が届いた。

「命令がうれしかったです。軍隊に入隊するということは、ソ連邦に自分の忠誠心を認められたということですから」

ウズベキスタンから集められたカレイツイは全部で400人だったと張学鳳は記憶している。理不尽な服従の後に求められた国家への忠誠と貢献。理不尽な巨大権力に憤怒、絶望し、翻弄された後になお、自分の存在を認められることを喜び、忠誠を誓うのはどうしてか。忠誠と忍従、そして未来への期待は表裏一体の生存本能なのだろうか。それを人は帰属感というのかもしれない。もどかしく、屈辱と不安の日々。身を寄せる場所へ手招きされた安堵。きかん気の子どもの面影を残す張学鳳のしわだらけの顔を見つめた。

2年前に結婚した妻と9月初めに父母の祖国、自分の新しい祖国、北朝鮮へ向かった。それは人生で二度目の旅だった。張学鳳は集められたカレイツイの全員が派遣されたわけでなく、ソ連の目的に沿って教師、技師、文芸分野のインテリが送られたと説明した。国境の川、豆満江《トマンガン》（500キロ）。車窓から吹き込む川風の中で2人は誓った。

「解放された北朝鮮をどんな国にも負けない国にするために力を尽くそう」

「強制移住の苦難と屈辱の中で自分たちは生きてきた。祖国もなく、言葉も、財産も、自分の家具一つない暮らしの中で生きてきた。しかし今の私たちにはソ連邦と北朝鮮という二つの祖国がある。父母の祖国朝鮮と自分たちの祖国ソ連邦のために尽くそう。これからは本当の自由を私たちは持つのだと感動しました」

長い抑圧に負けなかった自分たちへの誇りがこみ上げ、落ちる涙を川風が吹き飛ばした。

軍団での最初の任務は政治部通訳だった。伝説の〝金日成将軍〟は相当の年配のはずなのに目の前の金日成がまだ30代なのが予想外だった。通訳の1人が、「あなたは本当の金日成ではないのでは」と尋ねた。〝金日成〟は笑っただけだったのが印象的だった。

軍団民情司令部の指示に沿って北朝鮮の農地改革や産業国有化などを推進した。土地国有化は北朝鮮社会の伝統的上下階層を逆転させ、金日成支配の礎となった。任務は目まぐるしく変わった。46年2月に開設した、北朝鮮空軍の前身となる平壌学院(後の第2軍官学校)に派遣された。同年6月には新設の内閣中央幹部学校(後の第1軍官学校)副校長に任命された。学長が金日成だった。行事などで顔を合わせるたびに、ざっくばらんな性格だと感じ、印象がだんだん良くなった。

朝鮮戦争開戦で北朝鮮軍政治指導員に任命された。南への侵攻は人生三度目の旅だった。平壌でも戦場でも張学鳳らカレイツイは北朝鮮のお目付け役だった。

「米軍は(解放された)南朝鮮を再び植民地にするために来たと叩き込まれました。私もそう信じていました。北と同様に私の祖国である南朝鮮(韓国)を資本主義的差別から解放して自由にするのが生きている私の義務だ、この世での任務だという一念でした。ラジオで国連が朝鮮半島に軍隊を派遣するという情報を聞きました。しかし米軍が前面に出てくるとは思ってもいませんでした」

敗走する米軍を追撃する日々だった。それが一転してソウルへの敗走となった。

「しかし私は戦争に負けたとは思いませんでした」

北朝鮮軍はソウルに戦力を集中して反撃する構えだった。

ソウルを防衛していたカレイツイの1人が、開戦当時の北朝鮮軍第一副総参謀長兼作戦局長中将兪成哲《ユソンチョル》[9]だった。張学鳳へのインタビュー後、タシケントの日本でいう公団住宅で暮らす彼を訪ねた。彼の小柄な妻が脇に座って微笑を絶やさなかった。朝鮮戦争勃発の経緯のほとんどはすでに明らかだが、彼はこう説明した。

兪成哲（1994年）

「朝鮮戦争開戦前の5月には、北朝鮮軍がソウルを占拠するロシア語の先制打撃作戦計画が完成していました。作成したのはソ連軍顧問団です。金日成は中国語はペラペラですが、ロシア語はだめでした。作戦計画をすべて翻訳して渡すと、金日成は同意のサインをしました。金日成はパルチザンのやり方は知っています。しかし軍事理論は理解していないので、正規軍を動かす大掛かりな作戦計画をつくる能力はもとからありませんでした。作戦計画は3日目のソウル占拠でおしまいでした。金日成は作戦計画通りに3日でソウルを落とせる、ソウルさえ落とせば戦争に勝てると信じ込んでいました。私も3日で勝てるかもしれないと思っていました」

そういえば、プーチンのウクライナ侵攻作戦計画も2週間で完了していた。

「金日成は開戦の同意を得るために3月にスターリンの別荘を訪ねました。我々は戦力的に圧倒している。我々が先制攻撃するや南で地下活動をしている南労党20万の党員やパルチザンが一斉蜂起し、すぐに革命政府を樹立して南の権力を握ることができると話しました。一斉蜂起うんぬんは南労党の朴憲永《パクホニョン》(1900~1956)の受け売りでした。自分が描いた戦争シナリオを文書で用意していたのではなく、頭で描いていた構想と見通しを、即席でスターリンに話したのです」

スターリンは「私一人では決定できない」と答えた。平壌に戻った金日成を追いかけて、ソ連軍事顧問団は団長以下全員が実戦を体験している軍人に代わった。それがスターリンの返事だった。

兪成哲はウラジオストクにある民族系新聞社の植字工だった時、カザフスタンに強制移住になった。兄が校長を務めるタシケントの民族中学校に就職が決まった1941年に独ソ戦が起き、ソ連軍の入隊命令が届いた。

「あの頃のソ連軍はカレイツイを徴兵しませんでした。信用していませんでした。ソ連邦に認められたからこそ、自分は徴兵されたと、私も喜びました」

ドイツとの激戦が続く西部戦線に行くつもりで軍営に向かった。送られたのはモスクワのソ連最高司令部直属偵察学校だった。ほかに16人のソ連系朝鮮人や中国人、ドイツ人が入学していた。15カ月の諜報教育を受け少尉に任官。ウラジオストク近くのソ連極東軍偵察部隊に配属された。

43年6月に朝鮮半島東海岸の元山《ウォルサン》潜入命令が下った。日本軍の軍服や電信機、日本円を支給され、豆満江から越境した。出会った村人に一瞬で日本軍人ではないと見破られ、忠告された。

「口をきけばソ連系朝鮮人だと分かります。あなたが朝鮮でスパイをするのは無理です」

忠告をそのまま本部に報告した。活動拠点が満州になった。満州でも街中での諜報活動などできなかった。山中で野宿同然の日々の揚げ句、ウラジオストクに戻ると一兵卒に降格され独房入りだった。

同年9月に、ハバロフスクから車で2時間の村、ピャックチャに宿営中のパルチザン部隊第88特別独立狙撃旅団に再配属された。第1大隊長が元中国共産党員のソ連軍大尉の金日成（31歳）だった。

「旅団といっても朝鮮人パルチザンや中共兵、ソ連兵など600人ぐらいの部隊でした。朝鮮人は60人ほどで、金日成には中国共産党の満州遊撃隊時代からの朝鮮人部下ら25人がいました」

金日成の軍事能力はどれほどだったかと尋ねた。

「ピャックチャで会ってから日本の降伏まで、戦闘はなく、彼の指揮能力は分かりませんでした」

日本降伏で、旅団は武器を返納、朝鮮人隊員は金日成に引率されて北朝鮮に帰国した。通訳の兪成哲も同行した。金日成は平壌では特段の職責もなくソ連軍幹部と妓生《キーセン》ハウスで遊ぶ毎日だった、と兪成哲は語った。[10] ソ連軍が占領後の北朝鮮指導者と見ていたのは独立運動家の曺晩植《チョマンシク》（1883～1950）だったが、ソ連軍の意のままに動かず、金日成が浮上したと付け加えた。

先制打撃作戦計画通りソウルを3日で占領した時、兪成哲は確信した。

「これで戦争は終わった。勝った」

しかし、3日で終わらなかった。旧日本軍出身者が多くを占める韓国軍の抵抗は予想以上だった。民衆蜂起も起こらず、米軍が登場したうえに7月中旬の錦江の戦闘で総参謀長姜康《カンゴン》が戦死。兪成哲は総参謀長代理を1カ月務めた。釜山攻略に手を焼く中で金日成の軍事能力を知った。

「戦略もなしに進軍を命令するだけだった。軍を知らず、兵士を無駄に殺すだけだった」

洛東江戦線を戦い敗退した朱栄福《チュヨンボク》は、「補給のない戦い」「装備のない戦い」「飛行機のない戦い」「軍事道徳のない戦い」「生命を物質と見る戦い」が金日成の戦法だったと書き残している（『朝鮮戦争の真実――元人民軍工兵将校の手記』悠思社、1992年）。朱栄福は満州生まれ。日本軍新兵の時にソ連軍が攻め込んだ朝鮮半島東海岸、咸鏡北道清津《ハムギョンブクトチョンジン》で解放を迎え、翌年にロシア語通訳として北朝鮮軍に入隊した。朝鮮戦争開戦時は北朝鮮軍前線司令部工兵副部長だった。

洛東江戦線の米第1騎兵師団第8連隊は9月14日、攻めあぐんでいた多富洞の南、570高地奪還を命じられた。同連隊戦闘団E中隊軍曹、ホノルル出身で当時20歳のジョイ・フミオ・ヒダノは回想する。

「俺たちは頭上300メートルの北朝鮮軍要塞を攻めろと命令された。撃ちまくってくる敵の弾幕の中を、急こう配の岩山を腹ばいになってはい上がっていく俺たちの姿は、狂気の世界だった。撃たれた兵、起き上がろうともがく兵、そして倒れたままの兵……俺は迫撃砲でやられるより手榴弾を食らうほうがましだと思いながら登っていった。手榴弾ならばまださっと身をかわすことができるからだ」

数時間かけてやっと頂上間近まで迫った。北朝鮮軍はわずか数分間にありったけの手榴弾を投げつけてきた。投げやすいように柄がついていた北朝鮮兵の手榴弾を米兵は「朝鮮のトンカチ」と呼んでいた。ようやく峰を奪うと、北朝鮮兵が斜面を下り、200メートルほど先の丘を登って逃げていくのが見えた。北朝鮮兵を銃撃する戦友たちから離れ、ヒダノは目の前のタコつぼの中に座り込みじっとしていた。死なずに済んだ我が身の幸運を逃がしたくなかった。

田舎の村の虐殺、階層逆転

仁川上陸作戦翌日の9月16日午前9時、釜山橋頭堡の国連軍約15万人が総反撃に出た。土砂降りの雨がヘルメットに跳ね返った。国連軍の仁川上陸を知らされていない北朝鮮兵の戦意はなお高く、国連軍を上回っていた。倭館南の綿舞峰《クンム》（268メートル）に北朝鮮軍は地雷を埋め、戦車を並べて強固な陣地を築いていた。第5連隊戦闘団第3大隊は17日から峰を攻めた。日が変わっても、駆け上ってくる米兵を山頂の1200人を超える北朝鮮兵が頭上から攻撃していた。ムスタング戦闘爆撃機の編隊が綿舞峰をたたいた。筒形のナパーム弾は反転するや勢いを増し、篠突《しのつ》く雨を切って落下した。焼き払われはげ山に変わった山頂を同大隊がようやく奪った。高地に放置された北戦車の周りにも谷間の渓流にも北朝鮮兵の死体が転がっていた。ナパーム弾を浴びた死体は全身がろうそくになったかのようにゆっくりと燃えていた。北朝鮮兵の山頂の遺体は200体を超えていた。300人を失いながらも第5連隊戦闘団は倭館を奪い返した。

20日、鷓鴣山で同連隊第2大隊E中隊は北朝鮮軍の手榴弾と集中砲火攻撃で身動きが取れなくなった。ハワイ・カウアイ島カラヘオ出身の伍長ケネス・カズオ・シモガワ（21歳）は身を敵兵にさらしながら自動小銃を浴びせた。撃ち尽くすと新しい弾倉を手に銃座に戻り、また撃ち続けた。シモガワの強靭《きょうじん》な反撃で、兵力で劣りながらもE中隊は陣地を守り抜いた。増援部隊が到着した直後にシモガワの体を敵弾が貫いた。同年12月12日にシモガワに銀星勲章が与えられた。発電所で働いていた父シゲル（25歳）、母ミツヨ（21歳）が授かった4番目の子だった。同第2大隊は鷓鴣山を奪回した。

同日、倭館西側の高地を制圧した第24師団第19連隊第2大隊G中隊上等兵でハワイ島カーティスタウン出身のコウイチ・モリワキ（20歳）が戦死した。同日夕、国連軍は洛東江を続々と渡った。

21日、北朝鮮軍を放逐した第1騎兵師団第8連隊第2大隊H中隊伍長でハワイ・マウイ島出身のユキオ・ウジモリが戦死した。24日、金泉《キムチョン》で第5連隊戦闘団第2大隊G中隊上等兵でハワイ・オアフ島出身のモーゼス・エリア・クニ（22歳）が戦死した。

28日、第24師団第19連隊は大田を奪還した。同連隊伍長、ロサンゼルス（ロス）出身で当時20歳のアーノルド・リキオ・ヨシザワはこう述懐する。

「（大田市街に入ると）ひどい悪臭がツーンと来た。身構えて進むと、北朝鮮軍に捕まって殺された韓国人政治犯などの死体の臭いだった。長い溝を掘り、土手に政治犯らをワイヤーで後ろ手に縛って並べ、後ろから頭を撃って全員を殺していた。溝から米兵３人の遺体も見つかった。警察署そばの建物で米兵30人が殺されていた。手足が切り落とされていた」

大田市内各所で北朝鮮軍が民間人や捕虜らを１００人単位で虐殺し放棄した壕《ごう》が見つかった。大田飛行場では５００人の韓国兵が殺害されていた。大田で５０００人から７０００人が北朝鮮軍によって殺害されたといわれる。実数は不明だ。韓国軍などが報復で左派約１０００人を殺害した。当時の韓国政府の調査では、北朝鮮占領下のソウルで９５００人が殺された。

北朝鮮軍は忠清北道清州《チュンチョンプクドチョンジュ》でも州刑務所に右翼人士２２０人を収監、撤退時に市内の公園に並べて銃殺し、さらに刑務所に火をつけ14人を焼殺した。全州刑務所では撤退する9月26日から27日にかけて右派人士５００余人を殺害した現場写真が残っている。住民虐殺は粛清だけが目的ではなかった。撤退後、韓国軍や国連軍に協力させなくするための住民への脅しでもあった。

住民虐殺は、李承晩政権も同じだった。イセリはこう語った。

「李承晩政府は開戦前に（暴動を起こした）住民を平気で殺した。そんなことをしたから北朝鮮軍は、住民の抵抗をほとんど受けずに38度線から南の３５０キロの晋州まで一気に進撃できたのです」

解放の混乱期、すでに触れた左派の大暴動事件が相次ぐと李承晩は１９４９年6月、「国民保導連盟」を結成、共産主義者から転向した同盟員には食料配給などで特典を与えて懐柔しようとした。朝鮮戦争が勃発するや李承晩は、同盟員や収監中の政治犯などが北朝鮮軍に呼応するのを恐れ、殺害を指示、全国の刑務所などで軍や警察と民間防諜隊などが実行した。大田刑務所では保導連盟員約

１８００人が殺された。韓国の左派系市民団体などは全国で60万人から１２０万人が虐殺されたと主張している。一般的には20万人以上が殺されたとみられている。

大田と隣接する清原《チョンウォン》では50年６月末から７月中旬にかけて住人ら１６５人が韓国軍などによって殺害された。居昌《コチャン》でも51年２月９日からの３日間に北朝鮮ゲリラ掃討作戦中の韓国軍が子ども３５９人を含む村民７１９人を無差別で殺した。韓国軍は居昌での事件前に隣接地域で１０００人近くの村民を殺害していた。朝鮮戦争は虐殺と虐殺の応酬だった。北も南も、そして米軍も。

朴贊勝『田舎の村の韓国戦争』（ソウル石枕社、２０１０。筆者注／韓国戦争は韓国での朝鮮戦争の呼称）は、朝鮮戦争時に住民同士の虐殺が起きた村を実地調査した報告書だ。右派左派に分かれての住民虐殺は、北朝鮮軍の人民裁判や、韓国軍や警察による蛮行の側面だけではなかった。李朝や日本支配時代までにさかのぼる地域内ぐるみの身分や家系などの対立が絡んでいたと指摘している。

全羅南道のある村は李朝時代から一族が３派に分かれていた。日本支配時代に面長（村長）になれる一族と排除された一族に分かれた。解放後は日本支配時代に排除された一族が右派となった。日本支配時代の主流派一族は左派になった。主流・非主流が逆転した対立が続いた。

朝鮮戦争勃発で左派一族の保導連盟員側がまず殺された。北朝鮮軍が村を占領すると右派一族が殺された。国連軍が村を奪回すると北朝鮮軍に迎合した左派一族が殺された。逆転また逆転だった。

李朝時代からの両班《ヤンバン》村が朝鮮戦争をきっかけに平民村と衝突した。地主や小作人が殺し合った村。同じ村での二つの両班家の対立が呼んだ虐殺……。

左派大統領文在寅は大統領就任1年後の「3・1独立運動記念日」で、右派による虐殺を「親日派が民族主義者をアカと決めつけて虐殺した」と主張したが、各地で起きた村人同士の殺戮《さつりく》がそんな単純な構図からだけで起きたわけではない。

朝鮮王朝時代、わが世の春を謳歌《おうか》していた両班一族が一夜にして追放され、時に家族は奴婢の身分に落ち、没落したのだ。激しく繰り返された政争と、『田舎の村の韓国戦争』の光景が重なって見える。権力の激震とともに今日の忠臣が逆臣になる朝鮮権力史は、恨（ハン＝恨みと憎しみと諦め）と強烈な「階層逆転」願望とが共存する情緒をこの民族にもたらしたのではないか。韓国社会に、『平家物語』が綴る「敗者の美学」はない。守旧派と日本を頼る開化派がせめぎ合った殺戮も、日本敗北後の解放期の、朝鮮半島南部での激しい右派左派の対立、左派暴動、そして暴虐も、単純化すれば今日の盛者が明日は棄民の容赦なき政治風土の中で、階層の逆転を夢見る勢力と阻止する勢力の「仁義なき、敗者の美学なき戦い」だったと言える。

階層逆転を夢見る衝動は今も韓国社会を大きく揺さぶる。1960年代後半からの「漢江の奇跡」は、世界の最貧国だった韓国に繁栄と成功をもたらした。「五賊」と呼ばれた軍事政権と癒着した財閥、官僚、軍閥、国会議員などの「新両班」が生まれる一方、故郷を喪失した大量の貧民がソウルに流れ込んだ。朝鮮戦争休戦時に約100万人だったソウルの人口は、朴正熙のクーデターから5年後の1966年には380万人に膨張した。その3分の1は、板子を打ち付けたような箱バン（板やゴザでつくった箱の家の意味）で埋まるスラム街で暮らしていた。

京畿道のソウルを囲む衛星都市に中小工場団地が造成され、こうした都市難民を吸収した。新興工業地帯は「階層逆転」を目指す左派急進運動のゆりかごとなり、1987年の民主化宣言以後の初の統一地方選（1995年）で道内18市（当時）のうち、野党民主党が10市長（与党民自党4市長、無所属4市長）を獲得。ソウルの衛星都市が左派勢力の牙城であることを印象づけた。

階層逆転願望は、韓国社会を特徴づける渦巻きのような上昇志向と表裏一体の情念のように感じる。2003年に、人権派弁護士の民主化運動家、盧武鉉《ノムヒョン》（1946～2009）が第16代大統領に就任した。貧しい農家出身。バイトをしながら名門高を卒業、日雇い労働者生活を送り、独学で司法試験に合格した盧武鉉は、コリアンドリームの体現者の1人だ。左派大統領盧武鉉は、「真実・和解のための過去史整理委員会」を設置、2008年1月には保導連盟事件について「国家権力が犯した不法行為で犠牲になり、苦痛を受けた方々に心から謝罪する」と国家責任を認定した。2011年9月、ソウル地裁は先の清原事件で犠牲になった遺族ら251人に78億8000万ウォンの国家賠償を命じた。居昌には2004年、居昌事件追慕公園がつくられた。一方で、盧武鉉は2002年の韓国大統領選挙戦で、「妻の権良淑《クォンヤンスク》の父、権五石《クォンオソク》は南朝鮮労働党幹部で昌原《チャンウォン》郡党副委員などを歴任し、朝鮮戦争中には住民ら11人を名指しして処刑させた人物」と対立候補らから攻撃された。池明観が、

「そうした人物の娘と結婚したこと自体が盧武鉉の思想傾向を物語るのではないか」

と話していたことがあった。「和解」を唱えた左派大統領自身が、『田舎の村の韓国戦争』と無縁の関係ではなかった。

朴正煕の愛娘、韓国保守本流の朴槿恵《パククネ》が２０１３年、「国民大統合」を掲げて第18代大統領に就任した。朝鮮戦争休戦から60年を経た韓国はすでに世界11位の経済大国に躍進する一方、「ヘル（地獄）朝鮮」という新造語がはやり、格差と亀裂はさらに深刻化していた。民主化左派勢力の中に「新五賊」ともいえる階層が跋扈し、一方で多くの若者は自分たちを「恋愛、結婚、出産」の三つを諦めた「三放世代」と自嘲し、さらにマイホームと友人らとの人間関係も諦めた「五放」、さらに夢、希望まで持てない「七放」へとバージョンアップしていた。

金持ち生まれの「金のさじ」、貧乏人生まれの「土のさじ」という自虐が若者の口癖となった社会。絶対的に優位な「甲」と奴隷のような「乙」の「甲乙関係」に支配される社会。２０１９年のカンヌ国際映画祭で最高賞を獲得した韓国映画「パラサイト 半地下の家族」はそうしたヘル朝鮮の底辺にあえぐ人々の恨みと「階層逆転」への夢想が織りなすブラックドラマだった。

顔を二色に塗り分けていた
ろうそく集会の参加者（1996年）

ドラマ顔負けの「階層逆転」の企てが、大統領選挙で朴槿恵に敗れた文在寅らによる大規模な「ろうそく集会」だった、といえるだろう。文在寅は盧武鉉政権の秘書室長だった元左派学生運動家。朴正煕時代から公然と語られていた朴槿恵の私的関係を、朴槿恵政権を陰で操っている「秘線（隠された人脈、政治勢力）」だとおぞましい物語に脚色することで、文在寅は「ヘル朝鮮」にあえぐ若者らの情念を揺さぶり、「朴正煕の漢江の奇跡」を否定する、左派勢力による政権転覆に成功したのだ。

２０１７年５月の就任の辞で、文在寅は「この日は真の国民統合が始まった日として歴史に記録されることでしょう」と、保守派市民らによる反撃をけん制した。だが、５年後の大統領選挙で従北左派政権の継続は失敗した。後継候補者李在明《イジェミョン》は、前述した左派労働運動の牙城、京畿道城南市の市長や京畿道知事を歴任した政治家だ。少年工時代、労災で障害６級に認定されるけがを負いながら弁護士になった。彼も上昇志向の渦巻きをバネにコリアンドリームを実現した１人だ。同時に城南市内の再開発事業で特定の業者に便宜を図ったほか、多額の賄賂《わいろ》受領、北朝鮮への不正送金、自分の裁判が有利になるようにする偽証教唆など公判中の７件11容疑（２０２４年６月現在）にとどまらない疑惑とスキャンダルまみれの人物。「他人がすれば不倫。自分がすればロマンス」という「ネロナムブル」政治を実践する韓国「新五賊」政治家の１人でもある。

李在明政権の出現を阻止したのは、もともとは文政権の守護者で朴槿恵疑惑を捜査した元検事総長尹錫悦《ユンソンニョル》だ。保守与党「国民の力」から出馬した尹錫悦の勝利も権力内逆転劇だったといえる。だが、２０２４年総選挙では大統領尹錫悦の与党が大敗し、大統領選挙に敗れた李在明の「共に民主党」と、「ネロナムブル」の元祖と称される文在寅政権下の法相、チョ・グクの「祖国改革党」の勝利という逆転劇を演出した（詳しくは前川惠司「〝三無〟尹錫悦と李在明対決下の２０２４年韓国総選挙の行方」亜細亜大学アジア研究シリーズ１１２）が、逆転劇の連鎖は米国と変わらない深刻な社会の分断を韓国にもたらしている。

韓国でよく知られた昔話がある。

王様が街の民の様子を知るために市中に出た時のこと、出会った乞食に「何か欲しいものがあるのか」と聞きました。男が「王様が履いている鞋(今でいう靴)が欲しい」と言うので、その通り王様は履いていた鞋を与え、「ほかに欲しいものは」と尋ねました。すると男が、「王様がかぶっている笠が欲しい」とねだりました。王様はその通り笠を与え、「ほかに欲しいものがあるか」と聞くと、今度は「王様が着ている服が欲しい」と言うのです。服まで与え、丸裸の王様が「まだ欲しいものがあるのか」と尋ねると、乞食はなんと「王様の命が欲しい」と答えました——。

「恨」の民族といわれる朝鮮民衆の欲深さを表す昔話の一つとして教えてくれたのだが、私には階層逆転願望をもたらす「恨」がなんであるかを感じさせる話だった。

総選挙の尹錫悦の敗因は、尹錫悦の妻の公私混同の不祥事事件への対応で、国民との対話を拒絶したからだ。尹錫悦もまた、「ネロナムブル」政治家の一人であることをあらわにした。

素人大統領尹錫悦は内政面でも国民の期待に応えずだったが、圧倒的多数となった左派野党は「党代表の被疑者・李在明」を守るために、李在明の被疑事件を捜査した検事まで国会で弾劾訴追し、2025年予算案も自党の修正案を一方的に成立させるや補正予算を求めるなど数の横暴をほしいままにした。こうした政況に尹錫悦は我慢しきれず、2024年12月、いきなり非常戒厳令を宣布、政局を一変させようと試みて失敗した。尹錫悦は、朴槿恵追い落としに一役買い、韓国社会の階層逆転のムーブメントを実体験している。それだけに左派主導のろうそく集会で一夜にして朴槿恵と同じ身に転落しかねない不安は大きく、「大統領のクーデター」に走ったのだろう。

尹錫悦の登場で氷河期だった日韓関係は親密な間柄に逆転した。しかし日本社会は、韓国が朝鮮王朝以来の階層逆転願望と上昇志向、憎しみの情緒で揺れがちな社会であることを忘れてはならないだろう。
見逃せないのは、儒教社会だった韓国での女性層の政治意識の変化だ。韓国紙「朝鮮日報」は、2024年総選挙の出口調査データから、全世代の女性層で与党「国民の力」への支持率が落ちており、とりわけ20～40代では前回総選挙時の27～30％から21～25％台に落ちていたと報じた。尹錫悦への逆風の震源地となったのだ。一方、約125万人の「共に民主党」党員のほぼ6分の1を占める、李在明の過激な支持集団「ケッタル（筆者注／개딸＝개혁의딸「改革の娘」の略語、개딸はそのままで「犬娘」の意味となる）」の中心層は40～50代の女性である。韓国女性史は忍従の歴史であると同時に、口先ばかりの亭主に代わって一家を支えた「肝っ玉母ちゃん史」である。韓国の経済発展に伴う社会進出によって表舞台に出た女性層が、「階層逆転」エネルギーと渦巻き型上昇志向を支える新たな担い手になっているのだ。

若者層の政治嗜好の変化も激しい。2022年大統領選挙では下克上の尹錫悦を選び、2年後の総選挙では尹錫悦審判に傾き、保守敗北に加勢した。勢いに乗って左派系全国紙「ハンギョレ」は、「教授新聞」（韓国の大学教授団体を基盤としたソウルの言論機関）が朴槿恵ろうそく弾劾の2016年を表す「四字熟語として『君舟民水』を選定しました。『民は水、王は船。水の力は船を浮かばせるが、川の水が怒れば船をひっくり返すこともできる』という意味です」などと紹介した（2024年7月8日ハンギョレ日本語版サイト）。遠回しの「尹錫悦退陣、第2のろうそく集会」の勧めと読めなくもない。韓国南西部・全羅道と南東部・慶尚道の地域対立、富者と貧者、男と女、若者と年寄り。韓国社会各層の対立と葛藤の絡み合いの中で、国内左派と右派の対立はより激しさを増し、「内戦状態」といわれるほどだ。

「今は、知人や友人と酒を飲んでも、誰も政治の話は口にしない。もし話題にしたら、誰かが誰かの胸ぐらをつかんで怒鳴り合い、殴り合いになることが分かっているからだ」

と、韓国大手新聞の元政治部記者が話していた。朝鮮戦争は休戦となっても、韓国社会の新たなる階層対立がもたらす「内戦」に休戦のめどはない。王様と乞食の昔話と一緒に思い出すのは、北朝鮮の王様、金日成が健在だった80年代、韓国のベテラン記者同士が何かの折に、

「こんなにわがまま勝手なわが民族を30年以上抑えつけている金日成は、大したもんだ。すごいもんだ」

と感嘆し合い、大笑いしていた光景だ。確かに、北朝鮮では金日成の代を継いだ金正日《キムジョンイル》（1941〜2011）と金正恩《キムジョンウン》（1984〜）が国民を抑え込み、デモ騒ぎ一つない。なるほど金王朝は、今も「大したもの」なのだ。

ソ連支配下で北朝鮮は、李朝時代から日本の支配時代に至る階層序列が完全に逆転した。昨日の乞食を村の権力者にした。金日成は、南半部の韓国でも奴婢が両班になる階層逆転をすれば民衆の大喝采を浴び、自分が南北朝鮮の王様になれると錯覚、朝鮮戦争を起こした。北朝鮮を崇《あが》める反米反日派学生活動家だった文在寅が、「田舎の村の韓国戦争」を呼び寄せた金王朝の責任に触れることはない。文在寅が力を注いだのは、金王朝が大喜びする北朝鮮非核化なしの米朝による朝鮮戦争終

戦宣言の実現だった。

GIカットの脱走兵の幸運

舞台を1950年の朝鮮戦争の戦場に戻そう。

ソウルで北朝鮮軍は激しく抵抗した。9月26日に米海兵隊第1連隊がソウル中心部の徳寿宮《トクスグン》前に到達した。28日までの市街戦と空爆でソウルはがれきの街と化した。ソウルから敗退した兪成哲は最高司令部に呼び戻されると、金日成の指示で中共軍の派兵を毛沢東に懇願するために朴憲永(当時北朝鮮外相)とともに北京に行った。張学鳳はソウル陥落前の25日に平壌に向かって撤退した。

張学鳳と兪成哲のその後は、本書では省略する。

ソウルは荒廃し切っていた。コメは北朝鮮軍に奪われて深刻な食料難だった。新米が出回る12月中旬までをしのぐため、日本の緊急貯蔵米375万トンが送られた。この事実も韓国ではあまり知られていない。その頃を知る「東亜日報」幹部がこう教えてくれた。

「軍や政府機関を担当する記者がなんとかコメを確保して、新聞社で分け合い家に持ち帰りました。そこから新聞と権力の癒着が生まれました。韓国社会の底なしの不正や腐敗の原点は朝鮮戦争の混乱です。我先の国民性も増幅させました」

最近はすっかり良くなったとはいえ、列に並ばない、順番を待たない、ぶつかっても謝らないといった我先の行動は、韓国の雑踏や駅で珍しくなかった。もとをただせば、もたついていたら生き残れなかった朝鮮戦争の残したＤＮＡの一つだ。韓国好き日本人におなじみの鍋料理「プデチゲ」は漢字では「部隊鍋」、米軍の残り物をぶち込んだごった煮の鍋だ。朝鮮戦争と駐韓米軍が残した食の遺産である。

余談はともかく、ソウルを奪還した国連軍は38度線を越えて北進を開始した。それが正しかったかは私には判断できないが、もしも38度線以内にとどまる「警察行動」で止めていれば、中共軍は参戦の口実をつくることはできなかったのではないかとも思う。

マッカーサーは9日に金日成への最後通告を突き付けた。

「貴下から即答がないならば、私は国連の命令を実施するのに必要な軍事的措置に直ちに着手するであろう」

韓国軍が10日、北朝鮮東海岸の元山《ウォルサン》を攻め落とした。市西北部の女王山《ニョワンサン》の防空壕に入った韓国軍は4人1組で縛られた３００人以上の虐殺死体を見つけた。金日成はここでも北の解放者ではなく、「北のヒットラー」だった。元山市民は北のヒットラーを追放した韓国軍を熱烈に迎えた。

開城《ケソン》西方、黄海南道白川《ファンヘナムドペチョン》周辺で第1騎兵師団第77野戦砲兵大隊本部中隊伍長でカリフォルニア州オークランド出身のミノル・ササキ（24歳）が13日戦傷死した。この日、ＧＨＱは公職に就くことを禁止していた日本人約25万人のうち1万90人を追放解除（第1次）した。朝鮮戦争は米国に早期対日講和と日本の再軍備、再浮上を急がせた。太平洋上のウェーク島で14日、トルーマンとマッカーサーが会談した。マッカーサーは中共軍の介入の可能性は非常に低いと断言した。それは誤判だった。

先の多富洞を守り切った韓国軍第1師団が10月19日午前11時に大同江《テドンガン》を渡って平壌に突入、一番乗りを果たした。「東亜日報」は「傀儡集団策源地ついに崩壊」と報じた。米軍部隊の一番乗りは第1騎兵師団第5騎兵連隊F中隊の200人だった。7月18日に東海岸浦項に上陸した部隊だが、上陸時からの兵は5人だけで、3人は血のにじんだ包帯を巻いていた。

20日、破壊を免れた教会から平壌解放を喜ぶ鐘が鳴り響いた。韓国軍旗を翻して市内に入った韓国軍第7師団の軍曹が、廃屋同然の民家の庭にいる米軍戦闘服の男5人に気づいた。駆け寄ると、3カ月前の錦江攻防戦で行方不明となり、戦死とされていた第24師団第19連隊C中隊日系上等兵のジャック・チュウイチ・アラカワ（28歳）たちだった。アラカワは442部隊では機関銃兵だった。伊から南仏、独西部と三つの国の戦場を戦い抜き青銅星勲章を与えられた。46年11月にフィレンツェで挙式したイタリア人の新妻とともに帰国して除隊した。

再志願したのは翌年12月だった。48年8月に第19連隊に配属され別府に来た。朝鮮戦争勃発で出撃命令が出ると、髪をGIカットにすっきりと整え上陸用舟艇に乗り込んだ。津波のごとく押し寄せてくる北朝鮮兵をアラカワは機関銃で迎え撃ち続けた。弾が詰まり暴発すると自動小銃で応戦して友軍の退路を守って行方不明になった。そのアラカワが5日前に平壌で脱走し、あばら家に隠れていたのだった。アラカワは捕虜になった経緯をこう書き残している。

「錦江遅延戦で敵の銃弾が胸をかすめ気を失った。意識が戻り丘の陰で傷を確認した。近くの村に隠れようとしているうちに北朝鮮兵に遭遇した。最初、奴らは俺を米兵と思わず捕まえなかった。俺を北朝鮮兵と勘違いしたのだ。東洋人同士の顔つきからだけでなく、髪をＧＩカットで刈り上げていたからだ。韓国兵のほうはほとんどが長髪だったが、北朝鮮兵はみな刈り上げだった。俺も刈り上げだったから最初は見間違えたのだが、すぐに気づかれ捕まった」

「自分は米兵だといくら説明しても奴らは信じなかった。日本兵に違いないと決めつけると、なんで朝鮮に来たのだと繰り返し尋問された。国連が米軍第24師団を朝鮮に送ったから、その一員である俺は来たんだと説明しても、(この戦争で)国連が助けているのは自分たちのほうだと言い張った」

「俺がハワイ出身だと知ると『ハワイ、素晴らしい』と奴らははしゃいだ。一生懸命働けば飛行機でハワイに帰してやるとか言って弾薬運びをさせた」

戦場での弾薬運びを38日間して、小学校らしい捕虜収容所まで歩いて連行された。おそらく漢江南岸の永登浦《ヨンドンポ》周辺だったろう。8月に鉄路で２７０キロ離れた平壌まで水も食料もほとんど与えられずに戦傷兵や病人を担ぎ、１日30キロから50キロを歩いた。落伍者は容赦なく銃殺されるか放置された。３７６人の隊列は平壌にたどり着いた時は２９６人に減っていた。米軍は朝鮮戦争時での最初の「死の行進」としているが、犠牲者がその程度ですんだのは、捕虜になった看護兵９人の献身だった。

ソウルより平壌の人のほうが米軍捕虜に親切だとアラカワは感じた。

「医者はこっそり包帯をくれた。おばあさんは林檎をくれた。労役を終えるとおばあさんが飯《メシ》と玉ネギと肉の混じった料理[11]を食べさせてくれた。普段のメシは麦飯だった」

北の人々の多くが共産主義に内心でうんざりし、嫌悪し解放されることを望んでいたからか。アラカワたち5人は収容所で死亡した米兵を1・6キロ離れたキリスト教徒村の墓地に埋葬する労役をやらされた。墓地で村人が北に米軍が攻め込んできたと耳打ちしてくれた。捕虜は満州まで連れて行かれるといううわさが捕虜収容所で流れていた。厳冬の満州で生き残ることができる体力はもうない。このまま言いなりになっているとアメリカに戻ることはできない。埋葬作業で収容所周辺の土地勘ができた。5人は脱走しか生き残るチャンスはないと覚悟を決めた。

10月14日夜に捕虜全員が収容所前の車道に4人1組で並べられた。隊列は平壌貨物駅に向かった。脱走のチャンスは今だけだ。建物の隙間の小さな路地の前に差しかかるや5人は一気に身を翻して飛び込んだ。袋小路だった。慌てて隊列に戻り何食わぬ顔で進むと少し先の路地にまた逃げ込んだ。ヤモリのように壁に張り付いたまま耳を澄まし、隊列が次第に遠ざかり足音が消えていくのを待った。

「あの時は恐怖で目も開けられなかった。幸運を信じるだけだった」

5人は路地をすり抜けて走った。ことあるごとにさんざん警備兵から浴びせられたことで自然と覚えた短い朝鮮語がとっさに口に出た。

「バリ！　バリ！」。急げ！　急げ！の意味だ。

やみくもに走り回っていると警備隊が並んでいる一角に飛び出してしまった。一斉射撃され賑やかな大通りを逃げ回った。必死に追っ手をかわしていると半分崩れた廃屋の前に出た。後先も構わずに飛び込んだ。室内でパン二つと林檎を見つけた。7キロほどの小麦粉やゴマもあった。小麦粉を水で練りゴマを足して食べてみた。パイに似た風味と味でけっこういけた。

「教会の鐘が鳴り響くのが聞こえました。廃屋の隙間から外をのぞいていると韓国軍旗が見えました。それで思い切って裏から表に出たのです。俺たちを見つけた韓国軍の軍曹が駆け寄ってきました。うれしそうに俺の手を握り締めてくれた時、俺たちは生き抜いて解放されたと実感しました」

福岡の病院に運ばれた。釜山に上陸した時、72キロだった体重は54キロに減っていた。青銅星勲章二つを授与されていた彼に新たに銀星勲章が与えられた。後述するが、捕虜になった日系米兵で収容所に送られてから脱走に成功したのは、アラカワただ一人である。

平壌貨物駅を約300人の米兵捕虜を乗せた貨物列車が17日夜に発った。米軍の爆撃でずたずたになった線路を北上し、20日夕に平壌北の平安南道《ピョンアン》順川《スンチョン》付近のトンネルで停まった。降ろされて貨車の外で夕食を待っていた100人に北朝鮮兵が機関銃を浴びせた。翌日、北上した第1騎兵師団が66人の遺体を見つけた。アラカワたちも脱走していなければ同じ悲運に襲われたかもしれない。

国連軍に追い詰められた北朝鮮軍の一部は慈江道満浦《チャガンドマンポ》から鴨緑江対岸の中国・集安に逃げた。集安には総司令官彭徳懐《ポンドーファイ》が率いる、20万人を超える中国人民義勇軍（中共軍）（筆者注／中国軍の正式名称は「中国人民解放軍」だが、中国は同国の人民が朝鮮人民を助けるために自発的に軍隊をつくったと装う目的で、正規軍を「中国人民義勇軍」という呼称で派遣した）が「抗米援朝」を掲げて集結していた。

毛沢東は仁川上陸作戦で米軍の実力を知った。しかし、10月7日に国連で国連軍の北進が決まると参戦を決めた。首相周恩来（1898～1976）がモスクワに行ったが、スターリンは空軍の出動

前線へ向かう米軍兵士
©AFP＝時事

を拒否した（後に密かに派遣・参戦）。毛沢東は迷った末、北朝鮮が消滅し中朝国境線765キロで米軍と直に対峙《たいじ》する日が来るのを恐れ、出兵を断行した。中国が今も核・ミサイル開発を行う北朝鮮から離れられないのも、金王朝が崩壊し、中朝国境まで米軍が進出する状況となる恐怖感からだ。

日本は朝鮮特需で沸きあがっていた。50年10月25日の「読売新聞」はこう報じた。

「総司令部経済科学局の調査によると、朝鮮動乱以来の特需受注総額は10月15日現在で物資関係七千五百卅《さんじゅう》三万一千ドル、サービス関係五千百卅九万五千ドル、計一億二千六百七十二万六千ドルに上っている。これは当初予想された年内一億ドルの特需予想をはるかに上回っており（略）」

50年10月24日、マッカーサーは「最大限の速度で北朝鮮と中国の国境の川（筆者注／鴨緑江、豆満江）まで進軍せよ」と「感謝祭攻勢」を命令した。「東亜日報」に大活字が躍った。

「国連軍〝終戦総攻撃〟開始」

1941年に完成した、世界最大級の鴨緑江・水豊《スプン》ダムを目指して山間部を進んでいた韓国軍第1師団は10月25日、北朝鮮のほぼ中央部にある平安北道雲山《ウンサン》で正体不明の敵と遭遇した。捕まえた兵士は朝鮮語も日本語もできなかった。中共軍の「第1次攻勢」だった。外電はこう報じた。

【ソウル（京城）にてＩＮＳレヴィーン特派員二十七日発】雲山付近でさる廿《にじゅう》五日捕虜となった中共軍兵士は廿七日朝駐在米軍事顧問団将校に次のように語った。ソ連軍事顧問団が中共軍部隊を統率して鮮満国境を越えている。自分の所属する部隊は八日前に鴨緑（ヤール）江渡河直前に北鮮軍兵士の衣服を給与された。そして十月十九日に約二千名が満州の安東から鴨緑江を越え新義州に侵入した。またさる廿三日には五万人の中共軍が同じく北鮮に侵入しているはずであり、中共は六十万人の兵力を朝鮮に投入すべく準備している。

韓国軍第6師団第2連隊が29日、平安南道温井里《オンジョンニ》で中共軍に大敗した。救援部隊までも壊滅したことはすぐ、戦場の米軍司令部や東京のＧＨＱに報告された。マッカーサーの米軍は鈍感だった。首脳の誰一人として報告を重要視しなかった。鈍感ぶりはそのまま外電に反映されている。

【ＡＰ特約＝東京】総司令部スポークスマンは二十八日、中共軍の北鮮侵入説に関する総司令部筋の見解を次のように語った。

北鮮領内に中共軍が入っているかどうかについては情報部において今のところ確認も否定もできない。しかしこの問題はそれほど心配するに当たらないようだ。北鮮に侵入したといわれる中共軍はたぶん満州生まれの朝鮮人で、中共軍から訓練を受けた部隊であるとみている。

米軍は、一部の中共兵が義勇軍となって参戦しただけと決めつけていた。誤判の背後には英雄マッカーサーの戦況判断があった。誤判は人知を超えたことだったのだろうか。マッカーサーは、太平洋ウェーク島でのトルーマンとの会談でも、中共軍は参戦の時期を失ったと持論を述べた。速やかに鴨緑江から豆満江流域の中朝国境地帯までを確保すべきと主張した。

マッカーサーは、「with one arm tied behind my back（いとも簡単に）」この戦争を片づけてやると豪語していた。幕僚の誰もが英雄マッカーサーにひれ伏していた。国連軍は苦戦の後に反攻し平壌を奪ったが、傲慢はその後の大きな犠牲と直結していた。

中国は今、「第1次攻勢」の10月25日を「抗美援朝義勇軍記念日」としている。70年後の2020年10月23日、国家主席習近平は「抗米援朝戦争の偉大な勝利は中国の歴史から消えない」と強調した。

最初に朝鮮戦争に派兵された米地上軍の1人だった先のイセリは鴨緑江を目指し、京義線《キョンウィ》（1904年開通、ソウル－平壌－新義州《シニジュ》）沿いを北上していた。平壌と鴨緑江のほぼ中間点を横切り黄海に注ぐ清川江《チョンチョンガン》（212・8キロ）河口近くの新安州《シナンジュ》に到達した。気がつけば「2週間で小倉に戻れる」とハッパをかけられてから3カ月を超えていた。26日の米軍準機関紙「星条旗新聞」（STARS AND STRIPES）が、「不測の事態がなければ、米軍部隊の大部分がクリスマス前に撤収する。いくつかの部隊の撤収は感謝祭（毎年11月の第4木曜日）前になり、第24師団が最初の撤収部隊になる」と〝終戦〟が間近いことを伝えた。

「最初に朝鮮で戦ったのは我々じゃないか。誰が何と言おうと最初に日本に戻って当たり前だ」と、イセリは一人うなずくと、気もそぞろになった。

31日、鴨緑江まで約50キロの平安北道亀城《クソン》を制圧した。ロングビーチの母からの慰問袋が届いていた。大好物のクッキー2袋が入っていた。部隊はさらに約11キロ進み、山ひとつ超えれば、何の障害もなく鴨緑江に至る山地を確保した。

「明日、鴨緑江から先に北朝鮮軍を追い払えばこの戦争は終わると士気はあがる一方でした。東から北上している第1騎兵師団が鴨緑江に到着すれば、自分たちは引き揚げ、小倉でクリスマスだとウキウキでした」

昼夜を問わず進軍しろとの命令に応え、小休止だけで部隊は1・6キロ、さらに北上した。突然、進撃が止まった。

【中谷洞（一一月）一日発（ウエップ特派員）＝UP特約】米第二十四師団の諸部隊は一日中谷洞の西方千メートル、満鮮国境から二十二キロの地点で停止した。

見あげると3000メートルぐらい上空をMIG－15戦闘機が行きつ戻りつしていた。密かに中朝国境地帯に進出していたソ連機だ。眼下の第5連隊戦闘団の動きを偵察しているに違いなかった。しかし低く下りてくることはなかった。ソ連のパイロットの中には戦功をあげ金日成から表彰されたウクライナ軍人もいた。ソ連崩壊後、ソ連の核・ミサイル技術を支えたウクライナ人技術者が北朝鮮に渡り、核ミサイル開発を進展させたのもよく知られている。一方で経済難のロシアは韓国のミサイル開発に協力した。ロ・ウクライナ戦争で北朝鮮はロシアと軍事同盟を結び、兵力とミサイルを戦場に送り、一方、韓国はウクライナから武器支援を求められ、苦慮する関係に変わった。冷戦の不条理は朝鮮半島から消えていない。

それはともかく、3時間後、亀城にUターンを命じられた。イセリは、Uターンするのは戦争が終わったからだと早飲み込みをした。

「すぐに平和な小倉だ」

その日、中共軍が山中に侵入しているとのブリーフィングがあった。

「中国は広く大きく巨大な人口で、共産党軍は国民党軍を台湾に追い払ったばかり。北朝鮮軍をやっつけたと思ったのに、ケタ違いに大きく強い中国共産党との戦いが始まってしまったと、心臓が地面に転がり落ちてしまうほど驚きました」

亀城へ戻る山中で輸送トラックが立ち往生した。ガス欠だった。続いて戦車がエンストした。ガソリン欠乏で最前線の戦車が動かなくなることが米軍で起こるのかと、愕然とした。

米軍は金浦から空輸で平壌への補給を続けていた。日本の米軍基地からも連日、最前線に向かって輸送機が飛び立ち、空中投下を続けた。その量は例えば、10月24日の1日だけで1687キロに達した。しかし、空からでは限界があった。トラック部隊が、北朝鮮のツンドラの高地を越え、前線部隊に大量の物資を送るのも無理だった。国境地帯に到達した第24師団への補給は、ソウルからざっと320キロの鉄路に頼らざるを得ず、北朝鮮の山岳地帯で冬将軍に遭遇した部隊に、防寒着も届けられずにいた。北朝鮮軍が釜山橋頭堡攻防戦で伸び切った補給線に苦しんだのと変わらぬ状況に陥っていたのだ。

イセリは前進を中断した山中から軍用トラック1台で鴨緑江に向かい、江岸に到達したとインタビューで淡々と証言した。敵軍とは遭遇しなかった。鴨緑江岸までの前方偵察をしたのだろう。

初戦からほぼ4カ月。ワシントン州生まれの日系2世イセリは、朝鮮半島を南へ、そして北へ北へと戦いながら歩き続け、中朝国境の大河の岸にたどり着いたが、感慨に浸る間もなく山中に戻った。しかし、調べた限りでは、朝鮮戦争の記録や戦記で米軍の一部が鴨緑江に到達したとの記載は見つからなかった。イセリに再度、本当に鴨緑江岸に立ったのかを確かめた。

「私たちは、大きな丘の上を歩き続けた小さな蟻《あり》でした。しかし、歴史書は歩き続けた蟻の足跡を見つめるものではありません。大きな丘の上で繰り広げた戦争の全体像を描いて伝えるのが歴史書ですから」

蟻の歩みは足跡を残すこともなく消えていく。

「高麗日報」を広げる鄭尚進

続々と中朝国境の川を渡り参戦する中共軍を目の前にして、

「この戦争は必ず勝つ」と北朝鮮兵器総局副局長大尉鄭尚進《チョンサンジン》[12]は確信した。

彼も沿海州から中央アジア、そして朝鮮半島へと旅したカレイツイだ。開戦後は国境地帯でソ連から送られてくる砲弾やトラックなどを受け取り、前線に供給した。米軍機に連日空襲されたが、支援物質が不足することはなかった。しかし、兵力はすべて韓国内に投入され、北朝鮮内はもぬけの殻同然だったと、彼は回想した。

「国連軍の仁川上陸でもうおしまいかと思いました。家族をハルビンに逃がしました。しかし、中共軍が軍勢に加わり、強力な共産主義国家、ソ連と中国が顔を揃えたのだから風向きは変わり、2、3カ月後には米軍が講和を求めてくるに違いないと思いました。実際に、米軍は中共軍との戦闘で一気に勢いを失いました」

カザフスタンの中心都市、アルマトイ(旧アルマアタ)で1993年のクリスマスの日、鄭尚進に会った。名刺に並べた「ソ連人民の偉大なる祖国戦争(筆者注/ソ連における、第2次世界大戦でのナチス・ドイツとその同盟国との戦闘を総称した呼称)参戦者　朝鮮で活動した高麗人遺家族後援会会長　ソ連記者同盟員　高麗日報(筆者注/アルマトイで発行されているカレイツイの民族紙、週1回発行、発行部数約3500部＝1993年当時)論説委員」の肩書が彼の半生を伝えていた。

「祖国戦争参戦者」の栄誉をたたえる赤旗勲章が与えられたのは、1945年夏だ。

「私は8月8日にウラジオストクの先端、ルースキー島の基地から日本の植民地、朝鮮半島雄基《ウンギ》、羅南《ラナム》、清津《チョンジン》へと出撃したソ連海軍陸戦隊の1人です。偵察部隊60人の中で私だけがカレイツイでした」

と赤旗勲章を胸にその日までの日々を語った。

「ソ連邦で唯一のカレイツイの民族大学、ウラジオストクの高麗教育大の学生だった1937年10月、全学生が、アルマトイから1000キロほど西、ウズベキスタンとの境に近いクズロルダの荒野へと強制移住させられました」

「父の故郷は北朝鮮でした。抗日運動をしたために沿海州に逃れ、パン職人をしていました。父は私より先の8月12日、内務人民委員会(NKVD、秘密警察)の男2人に家から連れて行かれました。父は、私の罪は何なのだと何度も2人に詰め寄っていましたが、2人は後で明らかにすると答えるだけでした。その日以来、父は消息不明になりました。強制移住させられた私はカザフスタンのロシア語大学でロシア文学を学び、1940年にモンゴルに近い辺境へ中学校の教師として送られました」

熊のような太い声で彼は続けた。

「その翌年6月、ナチス・ドイツとの大祖国戦争が起き、すべての若者が戦場に向かい戦いましたが、カレイツイの私は加わることができないのが恥ずかしく何度も志願しました。認められませんでした」

ヤルタ会談でソ連の対日参戦が決まるや、1カ月後の1945年3月、鄭尚進は徴兵された。ソ連は、日本軍のスパイとなることを恐れて強制移住させたカレイツイの若者を、同族が暮らす朝鮮半島侵攻の先兵とするために目をつけたわけだ。

「入隊できた時は幸福そのものでした。ファシスト・ドイツと日本は同じ敵でした。ついに祖国ソ連邦と朝鮮のために戦う日が来たと、胸が自然と高鳴りました。航空部隊の空爆後に、日本軍の兵力を把握するために機関銃や短銃で武装した我々が上陸しました」

森田芳夫『朝鮮終戦の記録』（厳南堂書店、1964年）によると、雄基には3月11日午後5時半、小型軍艦2隻が入港、12日夜半、清津漁港に何者かが上陸した。

「清津では日本軍守備隊の激しい反撃を受けました。日本軍は強かったです。ポツダム宣言受諾後も、日本軍の戦意は変わらず、偵察部隊の20人が戦死しました。ソ連軍は十分に整備されているとはいえず、戦闘の中で強いと感じることはありませんでした」

13日夕からソ連軍増援部隊が次々に上陸。戦車隊も上陸した。18日、清津の日本軍に停戦命令が届き戦闘は終わった。

大きな体躯の背をゆすりながら語り続ける鄭尚進に、欧州戦線で勇猛果敢に戦った日系米兵の姿がふと、蜃気楼《しんきろう》のようになって重なった。父母が異国でゼロから築きあげた生活を一瞬で押しつぶす強制移住、強制収容の屈辱に「忍従と忠誠」で応えた異邦人の若者たち。「国家」や「民族」が吐き出す「正義」の竜巻は、偏見や差別への怒りを沈黙させ、かすめ取り、忠誠へと変えていく。

「清津解放の翌日には部隊はいったんウラジオストクに戻りました。私の部隊は欧州でナチス軍をたたき転戦してきた部隊で士気も高く、軍紀も守られていました。満州でも朝鮮でも略奪やレイプを起こしたのは、満州から攻め込んだ部隊です」

と、鄭尚進は付け加えた。しかし『朝鮮終戦の記録』にはすでに19日、日本人住民が清津の埠頭に集められ、引き出された女性が暴行されたと記述されている。ソ連軍は朝鮮女性にも蛮行を繰り返した。欧州戦線でソ連軍がレイプと略奪を繰り返したのと同様の姿だ。自分たちの部隊の名誉を守り切ろうとするかのような冗舌《じょうぜつ》な鄭尚進に、私が問い返すことはなかった。

鄭尚進は日を経ずに元山市人民委員会教育部次長に任命され、ソ連占領政策の担い手になった。9月19日、兪成哲《ユソンチョル》と一緒に軍服に身を包みソ連軍艦で元山港に帰国した金成柱《キムソンジュ》(=金日成)を出迎えた。

「平壌では50年春ごろから戦争機運が高まっていました。北朝鮮の閣僚会議に関わっている友人から、戦争の準備を進めていると教えられました。軍が南に移動しているといううわさも街に流れていました。が、私は共産党が自分のほうから戦争を始めるはずがないと信じませんでした」

青のチョッキにこげ茶色のワイシャツ、黄色のネクタイで人民軍総参謀本部に出頭したのは、開戦2日後だった。

戦場のターキーと母からの腕時計

平壌市庁で李承晩が参席した「平壌入場歓迎式典」が10月30日、開催された。翌日、新義州上空で米軍機とMIG－15が空中戦をした。史上初のジェット機同士の空中戦だった。

清川江の支流、九龍江《クリヨンガン》（126キロ）が雲山で南面川《ナムミョンチョン》と合流する「ラクダの頭」で、米第1騎兵師団第8連隊が11月1日から中共軍に退路を断たれ包囲された。2日、同連隊第2大隊本部付中隊3等軍曹でホノルル出身のジョゼフ・ジュンイチ・マツナガ（30歳）が行方不明になった。マツナガは欧州戦線第100大隊B中隊出身。中共軍との戦闘での初めての日系米兵戦死者だ。同連隊の戦死・行方不明者は4日間で530人に上った。九龍江岸高地の第24師団第19連隊陣地が中共軍の猛攻を受け、同連隊第1大隊本部付中隊3等軍曹でホノルル出身のチャールズ・ユウジ・タマル（22歳）が4日、戦死した。

中共軍の戦術も北朝鮮軍同様、米軍機が飛べない夜間、背後と正面からの夜襲の繰り返しだった。

「中共軍で銃を持っているのは最前列の兵だけでした。最前列が撃たれ倒れると2番目の列が落ちた銃を拾って向かってくる。第2列がやられると今度は第3列が銃を拾ってまた前進してくる。

それを繰り返すのが中共軍の戦法で、兵隊の数だけが頼りの人海戦術戦法でした」と、先のイセリは振り返った。第1列は「国共内戦時に中共軍に帰順した、弾除けの元国民党兵で銃を持たず、後ろの兵から銃で脅かされ突進してきた」との証言もある。

無線機器を持たない中共軍は、ドラやチャルメラの響き、音色、間隔の変化で一斉攻撃や進退の合図を伝えた。凍った夜を突然切り裂くチャルメラが人海攻撃の開始を告げた。悪魔の号笛《ごうてき》が闇にこだまするや、米兵は脅え、震えた。

国連軍の清川江橋頭堡一帯が壊滅寸前になった6日、国連軍の将兵は愕然とした。目前で中共軍が朝日を浴びて北へ撤退していったのだ。中共軍の第1次攻勢はその日終わった。

勝利寸前になぜ、中共軍は引き揚げたのか。「米軍の強さを知ったから」ではなかった。補給が切れ、背負いの弾薬も食料も使い果たしたからだった。道路網が未発達で山岳地帯が多い朝鮮半島の戦争は、米軍にも中共軍にも北朝鮮軍にも「補給の継続」がすべてだった。

大同江《テドンガン》上流の平安南道徳川《トクチョン》で11月11日、第1騎兵師団第8騎兵連隊が北朝鮮軍の強力な攻撃を受け、同連隊第3大隊K中隊2等兵でハワイ・マウイ島出身のエーイチ・ナカサト=中里栄一（25歳）が戦死した。ハワイに眠るナカサトの戒名は光雲信士。平壌一帯のゲリラ掃討作戦で第25師団532通信敷設中隊3等軍曹でハワイ島ヒロ出身のミツオ・ウエムラ（25歳）が11月16日に戦死した。第2次世界大戦ではパナマ運河駐屯部隊に派遣されていた。

中共軍に加勢され、目前の勝利を失った米将兵は11月23日の感謝祭を鬱屈《うっくつ》した気分で迎えた。

「その日の夕食に驚きました。本物の感謝祭メニューだったのです。七面鳥のひなのロースト。オードブルはエビのカクテル、カボチャのパイ。誰も予想していませんでした。前もってパラシュートで投下していたフルコースでした」

戦場でのターキーは極寒の地で生き残ったイセリら米将兵の誰にとっても忘れられない思い出になった。銃弾も食料も自分が背負って戦う中共軍と、戦場でターキーが振る舞われる米軍。国力が生む違いというだけではないのではないか。

ようやく極寒用コートも届いた。日常的な平凡な営みが異国の戦場でも叶えられる幸せ。しかしそれは本当に束の間のひとときだった。翌24日午前10時、マッカーサーは再び、鴨緑江の対岸に中共軍と北朝鮮軍を追い払い、朝鮮戦争を終結させるべく、全部隊に「クリスマス攻勢」を命じた。

この時、朝日とともに忽然《こつぜん》と消えた中共軍も補給と整備を終え、38万人が獣道を縫い、国連軍各部隊の作戦地域の境界線としていた岩山や渓谷に忍び込んでいた。一方、米軍は、昼間の空中偵察などから中共軍兵力は6万~7万人と過小評価し再総攻撃を予想していなかった。

「クリスマス攻勢」突入の翌日、中共軍は手ぐすねを引いていたように「第2次総攻撃」で応じた。壊滅した北朝鮮軍とゲリラも中共軍の登場でよみがえっていた。国連軍は逆に押しまくられた。

釜山《プサン》橋頭堡戦の最中に新編成した米軍第8空挺レンジャー中隊（陸軍8213部隊）は、11月24日、「クリスマス攻勢」開始とともに寧辺《ニョンビョン》[13]から北進を開始した。中隊は5キロほど進み、感謝祭攻勢時の雲山戦闘で中共軍の捕虜になった第8騎兵連隊の30人を見つけると、中共軍が捕虜を捨てて退いたと判断した。実は、中共軍は米軍を油断させるためにわざと捕虜を遺棄したのだった。翌25日に約

10キロ進み、高地で露営した。その夜10時、中共軍の夜襲が始まり、午前3時前の総攻撃で陣地は破られ、51人の中隊のうち41人が戦死や戦傷、行方不明となった。行方不明の1人が伍長でホノルル出身のハリー・ユキト・ミヤタ（20歳）だった。

雲山北隣、東倉里《トンチャンリ》近くに置かれた中共軍前線司令部をその日、米軍機が空爆、毛沢東の長男、毛《モウ》岸英《ガンエイ》（28歳）が戦死した。毛岸英は中共軍司令官彭徳懐の副官で、ロシア語通訳だった。

第2師団は米本土から最初に朝鮮半島に派遣された師団だ。7月31日に釜山に上陸した。クリスマス攻勢で、西部戦線の平安南道軍隅里《クヌリ》（現・价川《ケチョン》市軍隅洞）西方から清川江《チョンチョンガン》の上流、慈江道熙川《ヒチョン》を目指した。中尉ジーン・タカハシ（22歳）は同師団第9連隊第3大隊L中隊小隊長だった。

タカハシはボストン日系人強制収容所（1万7814人収容）から解放されると、オハイオ州クリーブランドに落ち着いた。高校はポーランド人ばかりだった。日本人だけの強制収容所から、自分だけが異邦人という究極のマイノリティーとなった高校生活は「自分は日系アメリカ人タカハシであり、いかなる孤独の中でもうろたえず、胸を張ってアメリカ社会で生きていかねばならない」との覚悟を育てた。高校卒業祝いに母フサが、優れたデザイン性で一世を風靡していたグリュエンの黒い腕時計をプレゼントしてくれた。厳しい暮らしの中で節約を続ける母がどれほどの思いを込めて高価な時計を買ってくれたか。感謝以上に胸が詰まった。だからとりわけ大切な品だった。

多くの日系2世と同じくタカハシも、第2次世界大戦の欧州戦線で幾多の栄誉に輝いた日系人442部隊を生きる手本にしていた。高校を卒業して1週間後、陸軍募集事務所に出掛けた。「軍に志願する権利は米国人みなが持つ権利であり、日系2世である自分ももちろん持っている権利だ」と米国社会に知らしめたい気持ちからだった。日系人を強制収容所へと追いやり幽閉させた背後には、米国社会の日系人への根強い不信感がある。442部隊の兄たちのように、自ら軍に志願して米国に奉仕することで、日系人への不信は誤った認識なのだと米国社会に教えたかった。

1946年2月11日に入隊すると、タカハシの優秀な素質を教官が見抜いたのだろう、教育訓練の間に将校候補に選抜された。ジョージア州の陸軍士官候補生学校に送られ、少尉に任官すると駐韓米軍に派遣された。韓国占領軍政に携わった1年半は新米少尉にはきつかったが、有益だった。ただ軍人として必要不可欠な、戦場の実体験と無縁だったのが残念だった。

韓国勤務を終え除隊すると、クリーブランドに戻りGIビルで大学に入学した。卒業する年に朝鮮戦争が勃発し、50年9月30日に軍事務所に出頭した。

釜山に着いてL中隊小隊長に任命された時、部下全員がアフリカ系であることに驚いた。異人種の部下たちはすぐにタカハシを上官として受け入れた。人種民族にとらわれない包容力や仲間意識を養った上官であると直感したからだろう。タカハシも軍内の人種差別をなくすために、小隊に白人兵を増やすことに努力した。高校時代に続く二度目の差別との戦いだった。

小隊長タカハシの戦闘体験は一気に埋まった。戦場で生き残ることができるかどうかは運次第だ。とはいえ、半年後に戦場で生きているかは、知恵やスキルと無縁ではないことも会得した。

「その技量を自分は持っているかどうか」

まだ自信はなかった。自問自答しつつ小隊を率いて部隊は11月25日、平安北道球場《クジャン》に到達した。

中隊は小さな川を渡ったところで野営した。氷点下18度。兵士たちは火を焚《た》いて濡れた服を乾かすと寝入った。26日午前2時、けたたましいドラの音とともに中共軍が背後から襲ってきた。

タカハシは丘の上に兵士を集結させて反撃した。サウスカロライナ州出身の1等軍曹アーサー・リーがタカハシの隣で機関銃を撃ち続けた。この勇敢な部下と戦死するのなら本望だと思った。喉から血が噴き出す音と同時にリーは倒れた。中共軍兵がのべつ幕なし、後から後から現れては襲ってきた。次第に規模が大きくなる敵の2時間もの反復攻撃で弾薬が尽きた。大隊の半数以上が死傷した。L中隊の戦死、行方不明者は29人にもなり、全滅寸前になった。残っている全員に撤退を指示した。丘を下る途中で中共兵4人に囲まれた。中共兵は煙草を奪うと、左腕の黒いグリュエンの腕時計に目をつけ手を伸ばしてきた。腕を振って抗うと銃口を頭に突き付けられた。

夜が明け、敵の陣地に連行された。米軍服を着た東洋人タカハシを見て中共軍将校は目を丸くし、日本軍が朝鮮戦争に介入してきたのは間違いないと確信したようだった。ロス出身のL中隊1等軍曹のクレミー・シムス（28歳）も連れてこられた。中共軍は南に向かい、2人は北へと歩かされた。

丘の麓で射殺される。シムスと目配せを交わし、米軍行進曲を2人で歌いながら歩き、呼吸が合った瞬間、中共兵に一気に襲いかかった。銃声に振り返らず、一目散に走った。逃げ切ると敵のただ中にいる恐怖と、多くの兵士を戦死させた揚げ句に捕虜になった自分自身を恥じて責めた。夜だけ歩き2日後に友軍の陣地にたどり着いた。

シムスは逃げ切れず、51年3月25日に北朝鮮内の捕虜収容所で死亡したと、後に知った。

インディアンの笞刑場《ちけいじょう》、雪上の大血戦

11月27日、軍隅里でトルコ陸軍部隊を支援していた第229通信隊伍長でハワイ・オアフ島出身のシゲオ・ミヤザキ（20歳）が行方不明になった。28日、清川江河口北岸から南岸に撤退する主力部隊を援護していた第5連隊戦闘団第3大隊K中隊軍曹でホノルル出身のアルフレッド・セーイチ・ウエハラ（24歳）が行方不明になった。第2次世界大戦参戦兵だった。9月19日、倭館攻防戦で戦傷し、同月28日原隊復帰。沖縄出身の父ウシ・ウエハラは5歳の時に他界し、母タマは1996年7月、93歳で亡くなった。同じ日にハワイ・マウイ島出身の第25師団第35連隊第2大隊F中隊伍長のヒロシ・ナガミネ（20歳）が九龍江周辺で捕虜となり、51年6月20日に北朝鮮内の捕虜収容所で死亡した。

タカハシが友軍の陣地にたどり着いた翌々日、「インディアンの笞刑場」と呼ばれ、戦史に残る第2師団の悲劇が起きた。「インディアンの笞刑場」とは、棍棒や鞭を持った兵が刑場の両側に並び、引き立てられてきた罪人を両側からめった打ちにする、アメリカ・インディアンの刑罰の一つだった。西部劇時代に白人がまねをしたリンチをはじめ、欧州の軍隊にも広がった。

悲劇の経緯はこうだった。30日、第2師団などの国連軍は中共軍が遮断していた軍隅里から順川への街道を強行突破して撤退しようとした。中共軍は先手を打ち、途中の切り通しの谷間に迫撃砲や機関銃を据え付け、延々8キロを「インディアンの笞刑場」の砦にしていた。偵察の米軍戦車隊にはわざと手を出さず、偵察隊は何も気づかず通過していった。これも米軍の誤判を誘うトリック

だった。撤退路は安全と思い込んだ米軍主力部隊の長い隊列が狭い谷間の曲がり角に差しかかるや、崖の上の中共軍が襲い掛かった。先頭のジープ、戦車が岩山からの直撃で吹き飛び、輸送トラックの兵が機関銃の集中砲火を浴びた。撃たれて倒れ、別の兵士に覆いかぶさった兵がまた撃たれ、宙に舞い路上に落ちた。

燃え上がるトラックから飛び降りた兵が次々と狙われ、谷間は炎に包まれた。負傷した兵が歩けない戦友を抱き、肩を貸して、死角を求め谷間を彷徨《さまよ》った。米軍戦車隊の誤射がさらに混乱を増幅させた。12月1日未明まで続いた攻撃で、第2師団本部中隊上等兵のシズオ・モトヤマ(27歳)が戦死した。モトヤマは、アメリカのロックバンド、クリーデンス・クリアウォーター・リバイバルの歌「ローダイ」で有名なカリフォルニア州サンホアキン郡ローダイ出身、6人兄姉の末っ子だった。

戦史は、敵情を把握せず、中共軍の罠《わな》にはまった強行突破が大敗の主因としている。「クリスマス攻勢」で第2師団は、兵力の3分の1、4500人が死傷・行方不明になった。順川に撤退できた兵力は2割で、重火器の4割を失ったとの報告もある。第2師団は再編のために開城へ撤退した。西部戦線の崩壊は東部戦線長津湖《チャンジンホ》[14]の大敗を誘発した。

先の第7師団の偵察小隊軍曹シラガは仁川上陸後、ソウルに反転する北朝鮮軍を釜山から北上する米部隊とで挟み撃ちにする「鉄の床(スレッジハンマー)作戦」で、仁川から烏山、天安へ南下した。北朝鮮軍から奪った高地で、後ろ手に縛られたまま頭を後ろから撃ち抜かれた米兵捕虜の死体に出くわした。吐き気を催した。「絶対に捕虜になるまい」。自分が強靭な戦闘兵に変身していることを実感した。烏山で北朝鮮軍を破り、挟み撃ち作戦を終えると釜山で米軍輸送船に乗り込んだ。

大仕事をやり遂げ日本に引き揚げる感慨にひとしきりふけった。しかし艦上待機が続き、ようやく錨をあげ、9月29日に着いたのは東海岸最大の工業都市、咸鏡南道咸興《ハムフン》の北東、利原《リウォン》だった。艦上待機は、北朝鮮軍が元山の永興《ヨンフン》湾周辺に１０００以上の機雷を敷設していたからだった。機雷除去作業中の日本・海上保安庁掃海艇が10月17日、機雷に接触、沈没、乗組員の中谷坂太郎（21歳）が死亡、18人が負傷した。日本の朝鮮戦争への貢献を示す代表例として知られているが、韓国ではあまり知られていない。日本の掃海艇は仁川沖なども掃海した。

米軍は第7師団とは別に第1海兵師団が仁川から元山に上陸した。東海岸から上陸した両師団が、中東部戦線で共産軍を包囲するのがマッカーサーの作戦だった。しかし前述のように、韓国軍がすでに元山を占領していた。両師団が東海岸から上陸する必要性は薄かったが、マッカーサーは派手な上陸作戦に固執していた。両師団が時間を無駄にせず、38度線から陸路北上していれば、その後の戦況は違ったかもしれない。

２０００メートル級の山が朝鮮半島を縦断する太白《テベク》山脈一帯に北朝鮮の敗残兵ら約２万５０００人が潜伏していた。米補給部隊は標高７６８メートルの馬息嶺《マシンニョン》峠一帯の、文字通り馬が転ぶほど険しい馬転里《マジョンリ》でしばしば、地形を熟知する北の敗残兵に奇襲された。米兵は馬息嶺峠を「待ち伏せ峠」と名づけて恐れた。

金正恩は２０１３年、総工費約３億ドル（約３３０億円）をかけて馬息嶺峠を「馬息嶺スキー場」に変えた。２０１８年の韓国・平昌《ピョンチャン》冬季五輪の南北同時共催を狙った舞台づくりだった。五輪共催後は海外スキー客を誘致、外貨を稼ぐ算段だった。共催は霧散したが、金正恩は平昌五輪直前、韓国大統領文在寅に平和攻勢をかけ、女子アイスホッケーを南北共同チームとし、「馬息嶺スキー場」で南北合同練習をさせた。したたかな戦略で核・ミサイル制裁網を崩したうえ、南北首脳会談、中朝首脳会談、さらに米朝首脳会談と政治ショーを実現させ、国際社会に存在感を誇示した。

中共軍夜襲을擊退
長津湖周邊의美軍健鬪

中共軍夜襲を撃退と清津湖での
米軍の戦闘を報じる
1950年12月1日の「東亜日報」

第7師団第31連隊は、鴨緑江から東海岸に延びる狼林《ランリム》山脈の長津湖《チャンジンホ》東岸に11月22日進出、主力の米第1海兵師団1万7000人と合流した。シラガの第31連隊第3大隊と第32連隊第1大隊、第57砲兵大隊でフェイス支隊（フェイスは第32連隊第1大隊長の名前）が臨時編成され、湖東岸に陣地を設営した。気温は零下27度から40度。土は凍り、携帯スコップでのタコつぼ掘りは難行だった。長靴にたまった汗で足は凍傷になった。防寒服を脱いで汗を抑えて作業をした。南岸を下った下碣隅里《ハガルウリ》には米第1海兵師団司令部と兵站基地など、国境地帯に向かう部隊の陣地が分散設営された。だが、ここでもすでに中共軍12万人以上が先回りして一帯を包囲、虎視眈々《たんたん》と米軍殲滅《せんめつ》を狙っていた。

世界の戦争史で第2次世界大戦の「モスクワ戦」「スターリングラード戦」と並ぶ三大冬季戦闘の一つとなった「長津湖の戦い」は、マッカーサーの「クリスマス攻勢」の号令とともに11月27日に始まった。米海兵隊部隊の北進に合わせ、フェイス支隊威力偵察小隊は長津湖東岸から北に出た。夕刻、小隊長が「撤退路を確保するため小高い丘で哨戒を続けろ」とシラガたち8人に命じ、野営する村に戻った。その夜も零下40度に震えていると、故郷スポケーンの我が家での穏やかな日々がシラガの脳裏によみがえり、神に見捨てられたようなこの荒れ果てた地で自分はいったい何をしているのだろうかと、心底まで沈んだ。遠方から銃声が聞こえ、数時間、四方で激しい砲火の音が響いた。連隊のほかの部隊はその時、壊滅的な打撃を受けていた。

28日の朝、50人前後の敵部隊に遭遇した。凍りついた湖上でイヌとネコ、ネコとネズミの追いかけっこのような戦闘が続いた。夜に3人だけが陣地に生還した。札幌のキャンプ・クロフォード以来の戦友、伍長トオル・トム・タカイ（22歳）が足を撃たれ、凍った湖上に倒れ、行方不明になった。タカイは中共軍に捕まり51年6月30日までに中朝国境沿いの捕虜収容所で死亡したと後に判明した。捕虜収容所の名前は不詳だ。

この日マッカーサーは「クリスマス攻勢」を中断し、朝鮮半島の腰がくびれた東海岸元山から西海岸粛川を結ぶラインまで全部隊の撤退を東京から指令した。ソ連軍の作戦計画で始まった朝鮮戦争は中国共産党と米国の戦いに変貌した。金日成と毛沢東、応援団のスターリンという共産国家が挑んだ戦争は東アジアにおける総力戦となった。30日の「東亜日報」は、「韓国戦乱は重大段階に廿万中共軍組織的抗戦」と28日夜のマッカーサー特別声明を伝えた。

「廿万以上の中共軍主力部隊が現在北韓にいて国連軍と対戦しており、我々は全く新しい戦争に直面している」

全戦線で国連軍は再び崩壊の瀬戸際に立った。シラガの陣地は27日夜に背面と側面から奇襲され何度も突破されていた。生き残った米兵は死傷者をトラックに載せ6キロほど南の陣地に撤退した。28日午前10時に戦車中隊と第31連隊第3大隊が陣地から反撃に出た。中共軍に待ち伏せされ戦車4台を失い多数が死傷した。丸2日間を中共軍に囲まれたまま孤立して戦った。米軍機からの補給物資が中共軍の潜むあたりに落ちると中共兵が攻撃を中断して物資を拾いに駆け出していた。長津湖に通じる道に点在して陣取った米海兵隊部隊の分散陣地も27日夕から退路を絶たれて包囲され、四方から夜襲をかけられた。下碣隅里陣地も28日から3日間、深夜の総攻撃を受けた。中共兵は飢えていた。基地内に侵入すると兵站の衣服や食料を略奪しながら暴れまくった。

29日、馬転里で米第3師団第15連隊第1大隊A中隊上等兵でハワイ・オアフ島出身のラルフ・タカヒロ・フクモトとホノルル出身のミツオ・ハマダが戦死した。ともに19歳だった。

シラガは何日もほとんど何も食べず、喉が渇けば雪を頬張って溶かして戦い、生き残ったと記憶している。撤退する将兵は手足の凍傷と疫病に苦しんだ。咸興近郊、旧日本軍の連浦里《リヨンポリ》飛行場の海兵師団航空部隊と咸興沖の空母艦載機が地上部隊を支援したが、戦闘4日目、フェイス支隊は弾も食料も医薬品も不足し、脱出以外の選択肢がなくなった。30日、長津湖東方の柳潭里《ユダムリ》の第5、第7海兵連隊海兵隊部隊とフェイス支隊に撤退命令が出た。

月が変わった12月1日、支隊は撤退を開始した。30台の車両に遺体や戦傷者を載せ、歩ける兵が車両部隊の前後左右を固め、隊列を整えた。中共軍は国連軍から奪った車両や戦車などで遮蔽壁《しゃへい》をつくり前進を阻んだ。50メートルの距離を挟んで対峙し戦闘態勢に入った。戦闘機が彼方からぐんぐん近づいてきた。部隊の航空無線がパイロットの絶叫を響かせた。

「君らは我々の分身だ」

あっという間に友軍機は真上を低く低く飛び抜け、ナパーム弾を落下した。一瞬早かった。前方の兵が誤爆されたとシラガたちは直感した。戦傷者を助けろと前に走った。

黒煙の間からナパーム弾の直撃を受けて燃える車、敵兵が見えた。反転した友軍機がロケット弾を放ち、敵に機銃掃射を浴びせた。その姿は神からの贈り物に見えた。幸運が続きますように、友軍機が飛べる晴れた空のままでと、神に祈った。神は無情だった。雪がまた激しく降り始めた。

誰もが目を皿にして地上の援軍を探した。目に入るのは敵兵だけだった。敵の障害を取り除き一歩進んでは交戦し、また一歩前に進んだ。3キロ強前進するのに数時間かかった。午後5時に橋を爆破し、敵の追撃を振り切った。M16自動小銃も迫撃砲の弾も尽きた。

その時、シラガは膝を撃ち抜かれた。撃たれたことに気づかず、起き上がろうとしてそのまま倒れ動けなくなった。血が滴り落ちた。最も助けを必要とする時に、自分のアジア系の顔かたちは百害あって一利なしだった。運もついに尽きたとシラガは観念した。

ホノルル出身の戦友、同連隊本部中隊の伍長ローレンス・ユキオ・ニヘイ(20歳)がシラガを抱き上げ、救急車の10人の戦傷者の中に強引に押し込んでくれた。攻撃がわずかに緩んだ隙に救急車は走り出した。その途端、運転兵2人が同時に撃たれ、救急車は崖の淵で停まった。

救急車から4人が脱出できた。両足を撃たれた将校が1人救急車の床にうずくまっていた。シラガに向かって「自分を置いて逃げろ」と命じた。置き去りにしてシラガは降りた。しかし、傷を負った足で凍った湖を渡り切り、海兵師団が駐屯している10キロ先の下碣隅里まで歩くのは無理だ。茫然《ぼうぜん》としていると空の軍用車が停まっていた。シラガは車に向かってはいずった。B中隊上等兵でホノルル出身のセオドア・シゲオ・タカフジ（20歳）が2日戦死した。3日、下碣隅里にはフェイス支隊の敗残兵が続々とたどり着いた。約2500人の支隊の中で3日までに下碣隅里にたどり着いたのは1500人だった。シラガを助けたニヘイと、第3大隊I中隊伍長でハワイ・オアフ島出身のリチャード・マサオ・タカハシ（19歳）は戻らなかった。5日の「東亜日報」は「零下二十七度雪上に大血戦」と報じた。

米軍の戦死者は3日間で1800人を超えた。米軍の最大の課題が安全の確保になった。興南港まで約125キロの米軍史上に残る大撤退が命じられた。下碣隅里に突貫工事で滑走路を造成して、シラガら戦傷者全員4537人がC－47輸送機などで後送された。

米軍部隊は6日午前6時、航空部隊の支援下、下碣隅里から18キロ南の古土里《コドリ》陣地に縦列で撤収を開始した。米軍撤退後に舞い戻ってくる中共兵や北朝鮮兵の報復を恐れた数千人を超える避難民も下碣隅里に集まっていた。中共軍は得意の夜襲を繰り返した。第57砲兵大隊本部大隊伍長のリン・ヒラオカ（26歳）が戦死、同伍長ハリー・フミオ・タケウチ（21歳）が行方不明。リンは射撃指揮兵だった。翌7日午前7時、先頭部隊が古土里に到着した。第31連隊第3中隊上等兵でハワイ・カウアイ島出身のミツヨシ・イシダ（23歳）が行方不明になった。

古土里陣地に集結した第1海兵師団1万1686人、陸軍第7師団など2353人、英海兵隊140人、韓国警察隊40人など1万4229人が8日午前8時、16キロ先の真興里《チヌンリ》へと行軍を開始した。1キロ進むのに7時間かかった。10日午前2時に先頭部隊は真興里に達したが、最後尾の部隊が避難民に紛れていた中共兵に襲われた。極寒の中で手袋もなく多数の凍死者と餓死者を出していた中共軍の追撃は次第に弱まってきた。真興里を通過した部隊は11日夜11時30分、興南に到着した。第7師団第48野戦砲大隊連絡兵軍曹でサンディエゴ出身のユタカ・ジャック・アマノ（24歳）が同日戦死した。

埠頭に集まった避難民たち（駐韓米大使館SNSから）

沖合の米軍艦からの砲撃で中共軍の攻撃を制圧しつつ12日、咸興橋頭堡から国連軍将兵約10万5000人が撤退を始めた。貨物船など193隻による咸興撤収作戦は23日に終わった。

将兵撤収完了と同時に避難民9万8000人の後送作戦を始めた。乗員12人、7600トン級貨物船メレディス・ビクトリー号のレナード・ラルー船長は砲火の中で叫び続けた。

「1人でも多く、できるだけたくさん船に乗せろ。船が沈まない限り」

船壁を我先によじ登る緊迫した避難民の姿は、朝鮮戦争を主題にした韓国映画にしばしば登場する。船は23日に

1万4000人の避難民を乗せて埠頭を離れ、釜山より西南の巨済島《コジェ》に到着する25日までに船内で5人の赤ん坊が生まれた。巨済島は2人の大統領を生んだ。1人が民主化移行期の第14代金泳三《キムヨンサム》（1927〜2015）だ。網元の息子で、母は60年9月に山中に潜んでいた北朝鮮ゲリラに殺された。

もう1人が、すでに触れた文在寅だ。2017年6月、韓国大統領に就任した直後の文在寅は、ワシントン近郊クァンティコの国立海兵隊博物館にできた「長津湖の戦い」記念碑前で演説した。

「（避難船）メレディス・ビクトリー号に乗った避難民の中に私の両親もいました。私はビクトリー号が降ろしてくれた巨済島で生まれました。長津湖の勇士たちがいなかったら、興南撤退作戦の成功がなかったら、私の人生は始まらず、今の私もいなかったでしょう。戦火の中で、血で結ばれた韓米同盟の未来を疑いません。韓米同盟はさらに偉大で強力な同盟に発展します」

米国は、初の学生運動圏出身大統領への懸念を払拭《ふっしょく》した。しかし、文在寅は長津湖演説から約3カ月後の国連総会演説で、朝鮮戦争を「内戦でもあり国際戦でもあった」と述べ、北朝鮮による侵略戦争であることを曖昧にした。米国の疑念は再燃した。文在寅は朝鮮戦争の功績により北朝鮮で重用された元独立運動家を「韓国軍のルーツ」と呼び、朝鮮戦争遺族らから非難された。前述した釜山橋頭堡防衛戦の天王山、倭館戦闘で韓国を守った英雄、白善燁将軍が朝鮮戦争勃発から70年後の2020年7月に死去した。文在寅は弔問しなかった。2021年2月、韓国軍退役兵が「文在寅の父は開戦後の8月に自分が捕虜にした北朝鮮軍将校」とユーチューブで「証言」し、話題になった。朝鮮戦争が巻き起こした混沌は70余年後も静まっていない。

下碣隅里から後送されたシラガは日本の病院で治療を受け、翌年、サンフランシスコ近くのキャンプ・ストーマンで兵役を終え、故郷ワシントン州に戻った。誰も朝鮮での戦争を心にとめておらず、かけがえのない戦友を失った戦争は、故国では「忘れられた戦争」だった。戦争であれ何であれ、自分が関わっていないものを気にする奴なんていないものだ……。それが世の常だと、シラガは自分に言い聞かせた。米国最北部ワシントン州の冬は寒い。傷ついた膝と凍傷にかかった足が痛むたびに、救急車の中に置き去りにした将校のうずくまった姿が目の前に浮かんだ。

気候の温暖なロスに移り、南カリフォルニア大学を卒業してエンジニアになっても、心の中の「朝鮮戦争」は終わらなかった。長津湖で自分は、自分が生き延びることしか頭になかった。どうして動けなかったあの将校を背負って逃げなかったのか。どうして。

「私は罪ある人間だ」

将校は無事に故郷に戻り、1978年にインディアナ州で亡くなっていたことを1988年、偶然に知った。

「戦場から離れて38年の後に私は平和を感じることができた」

シラガの朝鮮戦争はその時、ようやく終わった。

紅模様の林檎の味、平壌撤退

湾を挟んでサンフランシスコと向かい合うアラメダ出身、第7師団本部一般幕僚第2部のシゲキ・ジム・スギヤマは、シラガたちが釜山港から朝鮮半島東海岸に向けて出港した翌日、元山に軍用機で先回りするとジープで駆け回り、部隊が上陸後に設営する戦闘司令所を咸興と利原の中間地点、北青《プクチョン》の高等学校に決めた。簡易滑走路を校庭に急造していた夕刻、歩哨が「身なりの良い土地の男があなたと話したがっているのですが」とスギヤマに伝えに来た。北朝鮮に知り合いは1人もいない。男はきっと米軍の将校が来たと知ってそっと会いに来たのだろう。土地柄や情勢を聞いてみるのは悪くない。

「何かの頼みごとかもしれない。OK」と応じた。

会うなり男は日本語で切り出した。

「いつ日本軍の本隊が来るのですか」

「日本軍は朝鮮にいないし日本軍が北朝鮮に来ることはない。それに私は日本軍の将校ではなく米軍の将校だ」

説明しても説明しても男は胸の米軍中尉の階級章すら信じない素振りで繰り返した。

「日本軍が来るでしょ。あなたは日本の将校でしょう」

朝鮮半島の津々浦々で日本の支配が終わるや、作者不明のこんなざれ歌が流行した。

〽米国野郎は信用せず
ソ連野郎にだまされるな
日本野郎が起き上がり
後ろの野郎（中国）がまた出てくる
朝鮮人は気をつけろ

自らの力で得た解放でない不安が行間から滲《にじ》み出ている。北朝鮮はこうした民衆の不安に乗じ、日本が再軍備し米軍の「北朝鮮侵略」を支援していると扇動していた。自力解放でなかったことで朝鮮半島に残った遺恨の一つが、南北がともに自らの正当性を強化するために必要とした抗日神話と「建国の起源」、そのための歴史の〝装飾〟だ。実際には自分たちの力で朝鮮半島から日本軍を駆逐できなかった金日成は、日本軍がいつか再起しやって来ることを恐れていたに違いない。無謀な南侵が日本経済を復活させたことは皮肉なことだ。李承晩の反日の根も、復活した日本への恐れだったのではないか。同時に、南北の「上からの反日」には、今も昔も日本への恐怖を抱かせることで国民の不満や不安、怒りの矛先をそらし、自らの統治の合理化と強化を狙う意図がある。韓国左派政権の手法もそうだ。

「あなたは日本の軍人だ」「アメリカの軍人です」と押し問答を繰り返した男は、意を決したかのように切り出した。

「家内は日本人なんです。町には家内のほかにも何人かの日本人女性がいます。みんな日本に帰りたがっています。あなたが米国の将校だとしても力になってくれませんか」

そのために訪ねてきたのだ。日本人妻が町にいるのなら心底から力になってあげたい。だが今自分たちは戦争の最中なのだ。明日にも鴨緑江を目指すことになるのだ。

「私たちはあなたに何もしてあげられない」

と正直に伝えるしかなかった。

「でも、戦争はすぐに終わる。この町も韓国政府が治めることになる。そうなればすべてが変わる。きっと願いが叶い、帰国できるでしょう」

男を満足させる答えにはなっていないことは自分でも分かった。男は「ありがとう」と言うと、「外に妻が待っていてあなたに会いたがっているのですが」とスギヤマを見つめた。うなずくと妻を連れてきた。妻は林檎の入った籠を手に、とても恥ずかしげにぎこちなく切り出した。

「林檎を買いたくはないですか」

「もちろん」

何枚かの北朝鮮の紙幣を渡した。青い地に紅模様が浮かぶ、この地特産の丹精を込めた林檎を手のひらにのせて、刻一刻と黒く濃くなる闇の中へと重い足取りで消えていく夫婦の後ろ姿をスギヤマは窓ガラス越しに見つめた。

短い秋が去った。長津湖からの大撤退を前に再び北青に戻った。最後の部隊が北青を通過すると戦闘司令所を慌ただしくたたみ、日本人妻との出会いを思い出すこともなく、町を去った。

その冬から数十年。あの町の日本人妻と、顔を見ることもなかった日本人女性たちは、無事に戦乱の朝鮮半島から脱出できただろうかという思いが胸に去来する。自分は何もしてあげなかったという後悔とともに。小さな林檎の少し甘酸っぱかった味がよみがえる。

先のタカハシの後日談もお伝えしよう。翌51年3月1日にタカハシは機関銃で足を撃たれ、日本の病院に護送された。見ず知らずの日系米兵に「力になれることはないか」と声をかけられた。兵士の手首に目をやって仰天した。中共兵に奪われた、あの黒い「グリュエン」の腕時計をはめていた。タカハシは何も問わないで時計を買い取った。

秋に朝鮮での任務は終わった。息子を出迎えた母は腕のグリュエンを満足げに見つめた。

２００７年にタカハシが永眠するまで、シムスら多くの部下の死を弔うかのようにグリュエンは時を刻み続けた。

11月30日の1本の外電が世界を仰天させた。

【ワシントン三十日発＝ＡＰ特約】トルーマン大統領は三十日の記者会見で「米政府は朝鮮の新たな危機に対処するためどうしても必要とあらば中共軍に対し原子爆弾を使用することも考慮中である」と言明し（略）。

12月3日、通信兵イセリは清川江北岸から平壌へと撤退した。その日はイセリの一番下の弟の誕生日だった。母からの慰問のクッキーを一つ頬張り、静かに末弟の誕生日を祝った。クッキーが袋に残っている間は戦場の日々に耐えられるよう神に祈った。

翌4日、米軍は平壌からも撤退を始めた。人影らしい人影はなかった里から一晩で着たきり雀の子どもから老人までが姿を現し、米兵士の後を追う光景にイセリは驚いた。もぐらのように隠れていた群衆が、トルーマンの「核の脅し」で、平壌か満州に原爆が落とされる恐怖と、長崎・広島の二の舞いから逃れたい一心で米軍を追い、氷が浮かぶ大同江を一緒くたに渡っているのだ。その数は約３００万人に及んだ。韓国に２０１６年に亡命した北朝鮮駐英公使太永浩《テヨンホ》は、北朝鮮から脱出するこのおびただしい人数に驚愕した金日成は、核戦争の恐怖から逃亡する国民を抑える術はないと、核兵器がもたらす心理的威力を実感し、核開発を決意したと自著で述べている。

金王朝2代目、金正日が約２００万人の国民が餓死したといわれる90年代の食料危機に目をつぶり、初代の目指した核・ミサイル開発を続けたのも、対米交渉の武器としてだけでなく、そうした金日成の遺訓があったからだろう。3代目金正恩は4回目の核実験を前にした２０１５年12月、平壌の平川《ピョンチョン》革命史跡地を視察して、「水爆の巨大な爆音をとどろかせることのできる、強大な核保有国になることができた」と、南北朝鮮国民への心理的効果を十分に計算した核の恫喝宣言をした。

「核」は金王朝継続・韓国赤化統一の守り神だ。一方、食料危機によって一説では20万人を超える北朝鮮国民が脱北した事実は、「核」だけで金王朝を守ることはできないことを明らかにしている。

金日成、金正日、金正恩と続く、核・ミサイル開発の執念の大義名分は「民族自決」の旗印である。「民族自決」は文在寅政権を生んだ韓国急進左派学生運動の理念でもある。その理念が韓国左派勢力の危うさと、金王朝のしもべのごとき行動を生んでいる。恐ろしいのは、民族自決の名分をもって金正恩が欺瞞《ぎまん》の「核」を敵対国に向けて振りかざす可能性が常にあることだ。

平川革命史跡地は、日本支配時代の「平壌兵器工場」の後身だ。金日成は解放直後の１９４５年10

月から同工場を足場に兵器国産化を進めた。それから79年。ソ連からの武器支援が頼みだった朝鮮戦争からは74年。２０２４年６月に平壌を訪問したロシア大統領プーチンと金正恩の間で「朝ロ包括的戦略パートナーシップ条約」が締結された。ウクライナ戦争下、弾薬不足のロシアに北朝鮮から逆に武器が送られている見返りの条約だ。「一方が攻撃を受けた際に他方は可能なすべての手段を動員して軍事およびその他の援助を提供する」との第４条によって、北朝鮮が韓国を攻撃したときに、朝鮮戦争当時と同様にロシアの軍事的支援を受けることが可能になる。第２次朝鮮戦争を誘発しかねない条項なのである。

北朝鮮核・ミサイル危機が深刻化した２０１７年12月、米国国防長官ジェームズ・マティスはノースカロライナ州の空軍基地で、朝鮮戦争を題材とした本を一読するようにと将兵へ勧めた。朝鮮戦争で起きた錯誤の積み重ねを教訓とし、不幸にも再び北朝鮮軍と戦火を交えることがあった際は、過去の轍《てつ》を踏まない覚悟を将兵に求めたのだ。当時のマティスは服を着たまま眠り、ワシントン大聖堂で何度も国の幸運を祈ったと回想している。

敗走するイセリの回想に戻ろう。避難民たちは米軍を恐れる気配もなく、軍用トラックにぶつかりそうによろめきながら、無人の村にさしかかると忙しく目を回して休めそうな空き家を探すのだった。前方で米兵の誰かが大声をあげ騒いでいた。

「俺たちは焦土作戦を命じられている。家を燃やし尽くせ。中共軍に何一つ渡さないために」

いったい何様のつもりで叫び回っているのか。なんて胸糞が悪くなることを吐いているんだと、

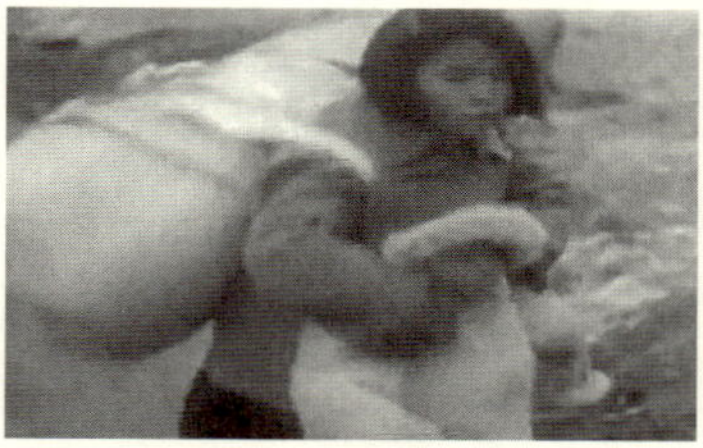

避難民の親子（駐韓米大使館SNSから）

イセリはとんでもなく不快になった。部隊は静かに村を通り過ぎた。
その夜に目にした唯一の炎は時折、暗闇の中で兵士の口元を橙色の光で薄く照らす煙草の火だけだった。硬く凍りついたクッキー1枚を口の中で溶かした。今日も生き抜いた。最後のクッキーの日まで自分は生き抜く。

ようやく38度線の町、開城に近づいた。ジープの脇を綿入れで赤ん坊をおんぶした若い母親が歩いていた。疲れ切った表情。それにもまして、頭を綿入れの片側に寄せて寝ている赤ん坊に生気がまるで感じられなかった。手袋を外し、その頬に腕を伸ばした。氷よりも冷たかった。驚愕し一瞬で手を引っ込めた。母親はイセリの驚きにも愛児の異変にも気づかずうつむいて歩き続ける。絶望的な悲しみだった。どこかで赤ん坊を降ろして休もうとする時かもしれない。乳をあげようと抱きしめる時かもしれない。冷酷な事実が若い母親を襲う。「グッドラック」と励ます言葉も出ない。ジープが群れからようやく抜け出した。振り返ると朝鮮の母親はどんどん遠く小さくなった。

部隊はクリスマス2日前の23日、38度線の鉄原《チョルウォン》から約50キロ、束の間の安全地帯、議政府の北にたどり着いた。クッキーはまだ三つ残っていた。みなが疲れ切り、どの幕舎も静まり返っているクリスマスイブを過ごした。第8軍司令官ウォーカーはジープ事故で殉職した。

27日は晴れた朝だった。凍った心をほぐそうと雪の駐屯地近くを散歩した。角を曲がると4歳と6歳ぐらいの幼な子が夢中で遊んでいた。明るい声にぎょっとした。

「えっ、日本語じゃないか」

近づくと2人は息をのみ込み、口をつぐんだ。日本語で話しかけると不安げに見つめる表情が緩んだ。イセリは、お父さんとお母さんに会いたいけどどこにいるのかと尋ねた。

幼児はすぐそばのあばら家にイセリを連れていった。両親は30歳代に見えた。敗戦まで夫は満州・奉天（現・瀋陽）で教師だったと語った。ソ連軍が満州に突然侵攻してきた1945年夏、下の子は生まれたばかり。満州から朝鮮を縦断して日本までの苦難の旅に耐えられるはずはない。逃げるに逃げられずに満州で5年を過ごしたのだった。中共軍が北朝鮮に攻め込んだ機会に一家は鴨緑江を渡り、難民の群れに混じってようやくクリスマスの日に議政府に到着し、廃屋で体を休めていたと打ち明けられた。一家が日本に戻る手助けを何かしたい。一家のこれからの長い旅路にイセリができることは一つしかなかった。宿営地に戻り、背嚢をひっくり返して戦友の間を回った。携帯食料セットが12セット、日用品がいくつか集まった。廃屋に取って返し背嚢ごと夫妻に渡した。

翌朝早く、廃屋の様子を見に行くとすでに発っていた。無事を念じた。ロングビーチの母が喜んでくれそうなことを一つできたことがうれしかった。

厳冬のソウル争奪戦とジャンの行方

静かな日々はすぐに終わった。

「束の間の平穏の中でみなが新年を祝う、新年をエンジョイしようという大晦日でした。共産軍はそんな気分に浸るのは早過ぎると言わんばかりに押し寄せてきました」と、イセリは静かな口調で続けた。戦力補充を終えた中国共産軍27万6000人と北朝鮮軍部隊16万7000人の「正月攻勢（第3次攻勢）」が大晦日午後5時から始まると、38度線を津波のごとく突破した。

「議政府には除夜の鐘が鳴る2時間前ぐらい、俺たちの年越しパーティを滅茶苦茶にしようと攻めてきました」

北朝鮮軍は日曜日の油断を計算して南侵した。中共軍は大晦日の油断を突いた。

第24師団と同師団隷下部隊になっていた英軍第27旅団は1月2日に議政府北方の陣地を奪われた。国連軍が全面的な後退を開始した3日、ホノルル出身の第24師団第21連隊第2大隊G中隊伍長ハリー・マコト・チネン（20歳）が戦死した。年が明けて最初の日系米兵戦死者だった。

3日未明、最後衛のイセリたちに退却指令が届いた。兵の誰もが心の奥で自分だけが逃げ遅れるのを恐れていた。漢江の浮橋を英軍センチュリオン戦車がぐずぐずと渡っていた。イセリは、英軍第27旅団が浮橋を渡り終えると、軍楽隊が整列し伝統にのっとりバグパイプを吹奏し始めるのに目を丸くした。うっとりする音色が撤退するオーストラリア軍を支援する迫撃砲がとどろく漢江の凍った風に乗って流れた。これこそ何事にも動じない英国精神だと思った。英国旅団の象徴であるベレー帽を被る仕草一つも優雅だった。

中共軍は水原を奪うと忠州《チュンジュ》へ向かった。カリフォルニア州オックスナード出身の第25師団第27戦闘団第2大隊G中隊のジャック・ヨシノブ・ヒライ(25歳)は、烏山丘陵地で3日夜から同じ小隊でハワイ島プナ出身の伍長ヒロシ・アサダ(19歳)、ハワイ・オアフ島出身で伍長のハロルド・サトシ・ヤマサキ(18歳)ら4人で有刺鉄線を張り塹壕を掘る作業をしていた。ヤマサキはこう語っている。

「作業を続けていた4日未明に中共軍は右翼から波状攻撃をかけてきた。戦闘中に撤退命令が出たが聞き漏らした兵もいて散り散りになった。食料もポケットの中にあるだけで撃つ弾もなくなった。後は戦場という河の中でただただ迷い、流されるほかに生き残る術はなかった」

「同じ大隊のE中隊に遭遇できた時の喜びはどんな出会いよりうれしいものだった。戦闘の中でヒロシ・アサダたち2人の身に何が起きたのか分かるはずはなかった。2人は行方不明のままだ」

ジャック・ヨシノブ・ヒライも第2次世界大戦中はアリゾナ州ヒラ・リバー日系人強制収容所で過ごした。朝鮮戦争から帰還後にロスでトラック運送会社「J Y HIRAI and Son」を興した。2013年11月に88歳で亡くなった。

国連軍は4日夜に仁川から撤退した。永登浦も5日陥落した。西部戦線平沢《ピョンテク》から安城《アンソン》を守っていた第3師団第7連隊軍曹アンドリュー・リュウイチ・ワタダ(23歳)が7日戦死した。コロラド州フォート・ラプトン出身。6人兄妹だった。

中共軍は8日に忠州12キロに迫った。国連軍はソウルから東約87キロの原州《ウォンジュ》と南の烏山を放棄した。釜山橋頭堡に追い詰められた開戦初期の潰走《かいそう》の悪夢がイセリの脳裏によみがえった。

難民たちは腹が空くと道端で雑穀を炊いた。釜山に上陸した直後に第5連隊戦闘団の上官からキムチの臭う韓国人兵を追い払うように命じられたラリー・ヨシキ・ヤマグチは、難民たちが群れに潜んでいた北朝鮮人を見つけて殴り殺すのを目撃した。

北朝鮮機は毎晩10時に飛んできた。定時に決まりきった攻撃に来る北朝鮮機を米兵はいつの間にか「Bed Check Charlie」[15]と呼んだ。「馬鹿な呼び出し屋野郎」という程度の悪口だろう。北朝鮮機は照明弾で照らし爆弾を落とした。小型トラックがすっぽり入る大穴が残った。

その夜も10時きっちりに飛んできた。それも難民の真上に飛んできた。いつものように照明弾で昼のように明るくした。次の瞬間に街道を埋めた難民の群れに機銃掃射を浴びせた。悲鳴と絶叫が遠くのヤマグチにまで届いた。

「朝鮮人が朝鮮人を殺している」。この戦争の実相に身の毛がよだった。

撤退する途中の村に孤児になった幼女がいた。3歳ぐらいだった。1月(January)のことだったから「ジャン」と呼んで数日間可愛がって面倒を見た。戦場の軍が孤児院つきであるはずがない。ジャンのこれからの世話をどうしたらよいか途方に暮れていると難民の中に孤児の面倒を見ている若いグループがいた。少女を預けることができた安堵感に包まれた。

通りすがりの丘の家に10歳ぐらいの少女が太ももを撃たれたまま置き去りにされていた。銃弾は1カ月近くも取り出されていなかった。医務兵が少女を南方の救護所に急送した。その結果は聞いてはいない。医務兵が「芳しくない」と言っていたことを覚えているだけだ。イスラエル軍はガザで子どもを犠牲者にし続けている。

共産軍の戦闘力は、補給線が延びるにつれて再び弱まった。釜山で発行を再々開した「東亜日報」

は11日、「九日に国連軍が原州で北韓（筆者注／韓国における北朝鮮の呼称）傀儡軍三個師団を撃退」と報じた。国連軍は水原から37度線をゆっくりとなだらかな曲線を描くように布陣して戦線を整え、再反攻の北上を開始した。

マッカーサーと大統領トルーマンは対立していたが、朝鮮戦争下、日本の再軍備と対日講和が急務の課題との認識は同じだった。25日夜に羽田に降り立った米国務長官ダレスは離日までに三度、吉田茂と会談した。国連の政治委員会は30日に中国（当時は中共）介入を侵略とみる米国提案の決議案を44対7で可決した。国連総会は中共軍を侵略軍と規定した。

第25師団第35連隊は仁川手前の軍浦《クンポ》、隣の安養《アニャン》と安山《アンサン》にまたがる修理《スリ》山（398メートル）奪還を狙い水原の北端に進出した。気温は昼で零下21度。米兵は下着も野戦服も何もかも6、7枚着込み、岩山の寒風に耐えた。何層もの重ね着のおかげで、共産軍の迫撃砲の破片が背中に命中したが軽いけがですんだ兵もいた。30日、同山の南正面で同連隊第2大隊F中隊上等兵リチャード・K・ニシダが戦死した。ホノルル出身41歳。朝鮮戦争での日系米将兵戦死者の最高齢の1人だろう。

国連軍は31日、総攻撃をかけた。修理山西方約9キロの白雲山《ペグン》（567メートル）で第3師団第15連隊第2大隊F中隊2等兵でハワイ・オアフ島ワイパフ出身のヨシオ・ハギワラ（26歳）が戦死した。第1騎兵師団は京畿道東部の利川《イチョン》からソウル南東、李朝時代の山城、南漢山《ナムハン》への山岳地帯を北進。同師団第7連隊第1大隊C中隊伍長でホノルル出身のエイジ・モリシゲ（23歳）が2月4日、利川西方の午川《オチョン》の小高い丘で戦死した。修理山側方の大円丘《テウォング》（440メートル）を奪取しようとした第25師団第27連隊第2大隊E中隊中尉でロス出身のビル・マサユキ・オートモ（28歳）が7日に戦死した。第2次世界大戦を４４２部隊で戦ったオートモに、米陸軍省は名誉勲章に次ぐ高位の勲章、殊勲十字章を授与した。ロスの地元紙は仏壇に飾られた遺影を家人が見つめている写真を載せた。キャプションのタイトルは「ヒーロー」だった。日系米兵４人が一帯で戦死した修理山は今、秋に紅葉見物のハイカーの列が続く。ストックが役に立たない険しさは変わらない。修理山戦闘を、中国のサイト(https://kknews.cc/military/za4j48a.html)は「血戦八天八夜、守住了陣地」(筆者注／私たちは8日8晩戦い、陣地を守り抜いた)と表現している。


2月9日、漢江南岸に向かって北上していた第24師団第21連隊第2大隊E中隊軍曹でワシントン州出身のフレデリック・ノブトシ・ペスタナ(23歳)が中共軍の捕虜となり4月30日に死亡した。

11日夜から共産軍は国連軍を追い払う「2月大攻勢(第４次攻勢)」に出た。雪深き太白《テベク》山脈西麓の中東部戦線、江原道横城《フエンソン》で共産軍6個師団が同日夜、韓国軍を襲った。韓国軍を支援していた米第2師団第38連隊第1大隊D中隊上等兵でニュージャージー州カンバーランド出身のジョージ・ヨシカズ・ミナカタ(25歳)が戦死した。江原道平昌《ピョンチャン》を制圧した共産軍はソウルから原州に至る京元線が走る砥平《チピョン》盆地へ迫った。第2師団第23連隊と仏軍大隊は砥平里で退路を失い、円型の守備陣地を築いた。陣地は兵力8倍の共産軍に包囲された。砥平里は2月決戦の主舞台となった。

14日に同連隊第3大隊K中隊上等兵でハワイ島ヒロ出身のシンゴ・E・シマブクロ(19歳)が戦死するなど、15日までに７２６人の戦死者を出しながら同連隊は防御円陣を死守していた。同日午後3時、第1騎兵師団第5騎兵連隊第３大隊L中隊１６０人と戦車23台で特攻部隊が編成され、敵前強硬突破の救出に出た。特攻部隊は猛烈なロケット砲の挟撃を跳ね返し、夕刻に救援に成功した。

中共軍の人海戦術を打ち破ったこの初勝利で、国連軍は中共軍への恐怖をようやく捨て去ることができた。L中隊の戦死・行方不明者16人。日系米兵の上等兵ジュンイチ・フジモト(23歳)とキヨシ・タノウエ(26歳)が行方不明になった。ともにハワイ・オアフ島出身。2人は中共軍の捕虜となり、タノウエは4月3日、フジモトは7月15日死亡。1993年に北朝鮮から返還された遺骨の中にフジモトの遺骨があったことが2000年5月に確認された。

一方、砥平里を下った驪州《ヨジュ》で第1騎兵師団第8連隊は水原進撃を目指す中共軍と戦闘、14日、22人戦死。1人が第3大隊L中隊2等兵でホノルル出身のロバート・トラオ・ウエダ(20歳)だった。15日、国連軍が仁川に再上陸した。19日のロイター通信は中部戦線を含め全戦線で中共軍と北朝鮮軍が武器、軍需品を捨てて総退却を開始したと報じた。中国東北部から遠く離れた山地で、中共軍は冬将軍の寒さと飢えに耐えて戦闘を続けることはできなくなっていた。3月になって米海兵師団の将兵は、息をのんだ。降り続けた雨が雪を流し去った原州の山岳地帯が中共兵のおびただしい戦死体で埋まっていたのだ。冬用の衣類や靴を中共軍の兵士に奪われ雪中に横たわっていた米兵たちの亡骸も見つかった。厳冬に守られた遺体は戦死した当時のままだった。

中共軍の2月大攻勢を押し返した国連軍は同月21日、中部戦線の共産軍を50キロ北の38度線近くまで追いあげる「キラー作戦」を開始した。第7師団第17連隊第1大隊C中隊1等軍曹でハワイ島ヒロ出身のミノル・クニエダ(32歳)が28日戦死した。さらに国連軍は3月7日、東部戦線の北朝鮮軍と中部戦線の中共軍を分断し、ソウル奪還を狙う「リッパー（のこぎり）作戦」に踏み切った。第25師団第35連隊第1大隊B中隊軍曹でハワイ・カウアイ島カウマカニ出身のタダオ・ムラカミ（20歳）、第2師団第23連隊2等兵でホノルル出身のセイケン・ガネク（26歳）が7日戦死した。第24師団第19連隊第1大隊B中隊伍長でホノルル出身のマサオ・ゴヤ（20歳）が8日、立ち木に当たって跳ね返ってきた銃弾が直撃、戦死した。

15日、韓国軍第1師団がソウル市内の偵察を強行すると、北朝鮮軍主力部隊はすでに消えていた。金日成はソウル死守を主張したが、中共軍と北朝鮮軍を指揮するのは中共軍の彭徳懐だった。金日成は中共軍に従わざるを得なかった。米軍と李承晩の関係と同じだ。

リッパー作戦終了前日の30日、第1騎兵師団第7騎兵連隊第2大隊E中隊上等兵でシカゴ出身のマーク・マサシ・イノクチ（22歳）が戦死した。南漢山左翼から韓国第1師団に続いてソウルに進出した第3師団第7連隊第3大隊L中隊上等兵のロバート・シゲオ・イシモト（25歳）が4月2日、臨津江周辺で戦死。前年8月の晋州峠戦闘で戦死した第5連隊戦闘団軍曹のアルバート・アキラ・イシモトの弟だ。

父母の国の現実、鉄の三角地帯

奪い返したソウルのK－14（金浦）飛行場の防空任務に八戸のキャンプ・ホーガン（現・陸上自衛隊八

戸駐屯地)に駐屯する第865高射砲特科大隊が就いた。同大隊伍長ノリオ・ウエマツ＝上松則夫は日本の併合期には南山神社があった南山に登り、ソウルの街を見下ろした。建物のほとんどが外壁だけ。人影もまばらだった。ある夜、北朝鮮軍機が1機、飛行場の「空襲」に現れた。複葉の時代遅れのプロペラ機だった。スピードがあまりにも遅すぎて、高射砲の弾が当たらなかった。夜空に吸い込まれている高射砲の弾光の光を追っていると、7月の米国独立記念日の花火のように見えた。

午後のよく晴れた日にMIGが飛んでくるなりいきなり着陸して皆が驚いた。亡命機だった。

ウエマツの故郷は、ロスのリトル・トーキョー、サンフランシスコのジャパンタウンと並び日本人街の残るカリフォルニア州サンノゼの西、クパチーノ(現・アップル本社所在地)だ。一家は1942年4月にロス西方のポモナの仮収容所に集められ、イセリと同じハートマウンテン日系人強制収容所で45年11月まで過ごした。イセリとともにインタビューに現れたウエマツは、冬には隙間風が吹き込んだと同じ記憶を語った。

ノリオ・ウエマツ
(南山から、1951年)

メモリアルデーのノリオ・ウエマツ

「しかしストーブのおかげで寒くはなかったです。部屋には電球が一つありました」

442部隊の活躍ぶりは収容所内の新聞が途切れることなく伝えていた。誇り高い憧れの兄たちの留守家族の玄関ドアには星のステッカーが貼ってあった。出征兵士が1人なら星のステッカーが1枚だった。2枚は兄弟2人が出征した家だった。5枚の家もあった。

「星のステッカーを貼っている家がとてもうらやましかったですよ。でも、星のステッカーを見る大人たちの目は一様ではなかったです。あの家はどうして子どもを危険な戦場に送ったのだと、陰でなじる日系人の親ももちろんいましたね」

強制収容所から解放後はロッキー山脈中央部のユタ州で暮らした。48年に高校を卒業すると49年1月に陸軍に入隊した。陸軍に志願したのはウエマツも歴史となった日系人の英雄に続きたいと願う若者の一人だったからだ。ミシガン州に基地のある第8対空自走砲部隊C大隊から沖縄の第29師団に向かう手続きの最中に朝鮮戦争が勃発した。沖縄行きは取り消され、7月に朝鮮派遣となった。朝鮮派兵から1カ月も経たないキャンプ・ドレイクは混乱の極みだった。100人単位で兵士が次々に着き、M1ライフルと銃弾を渡され射撃場で試射し終えるや、補充兵として戦場に向かった。しかしキャンプ・ドレイクで一緒になった日系新兵の3人にはM1ライフルも渡されなかった。着いて4日目に1人が沖縄の第29師団、ウエマツともう1人はキャンプ・ホーガン送りとなった。ウエマツは日系の3人だけが朝鮮の最前線に送られなかった訳を後に知った。キャンプ・ドレイクで配属を決めていた日系2世の上官の差配だった。

「今思えば彼は、朝鮮半島での反日感情の強さを知っていて、私たちを行かせなかったのでしょう。

私も朝鮮がどこにあるかも日本の植民地だったことも知らず、そうしたことに無知でした」

キャンプ・ホーガンでウエマツは、日本人作業員の家に呼ばれた。ちゃぶ台を家族が囲み、質素ながらも母の手料理を分け合う一家団らんの光景。それは間違いなくクパチーノの我が家で続いていた日々の暮らしそのものだった。自分のルーツはこの日本なのだと心に染みた。

ハートマウンテン日系人強制収容所では朝昼晩、決まった時間に食堂に並び、長いテーブルのベンチで食事した。我が家の営みは自然となくなっていた。キャンプ・ホーガンの外のゴミ置き場では、コンベアに載せられたゴミを姉さんかぶりの村の母親たちが黙々と選別していた。その姿がようやく築いた、今なら４００万から５００万ドルはするであろう畑と2棟の住宅、倉庫1棟から成る農園を強制収容で失ったことを悔しがる素振りも見せず、働き続ける母に重なった。母の姿は、間違いなく日本の母親のありようだったのだ。

日本軍の軍帽をかぶり、傷痍《しょうい》兵の白衣を着て、通り過ぎる誰彼に銀メッキの義手を差し出しては金をせびる男を横浜の雑踏で目にした。義手の先の鉤《かぎ》にぶら下げたブリキ缶がカーバイドのランプの光を揺らしていた。敗戦に耐える父母の、そして自分のルーツ、日本の姿が胸をついた。

「19歳だった自分にとって、その光景はとてもつらく悲しかった」

ソウルを再度奪い返した国連軍の課題は、臨津江《イムジンガン》南岸から鉄原の東約45キロの華川《ファチョン》ダム（１９４４年竣工）を越え東海岸に至る、38度線よりやや北に連なる高地一帯の抑え込みだった。ソウルの北東約70キロの鉄原から東約20キロの金化《キムファ》を結ぶ線を底辺とし北方約20キロの平康《ピョンガン》を頂点とする三角形の一帯「鉄の三角地帯」に共産軍50万人が集結、ソウル再奪取を目論んでいたからだ。共産軍の一大兵站陣地化した「鉄の三角地帯」の南側山崖は傾斜が厳しく、共産軍を利する天然の要塞となった。ソウルの電力を賄う華川ダムも共産軍が制圧していた。水門を一気に開けられた場合、北漢江《プカンガン》(482キロ)下流の水位が急上昇し、国連軍部隊は大被害を被ることになった。

抑え込みを狙ったラギッド(でこぼこ)作戦初日の4月5日、「鉄の三角地帯」を蛇行し臨津江に注ぐ漢灘江《ハンタンガン》(136キロ)渓谷を北上していた第25師団第35連隊第2大隊F中隊軍曹でハワイ・マウイ島ラハイナ出身のエイキチ・バルビノ・イトカズ(22歳)が戦死した。7日、華川ダム奪還を目指す第2師団第23連隊第3大隊L中隊上等兵でハワイ・カウアイ島出身のローレンス・ヨネオ・シマ(20歳)が戦傷を負い10日後に死亡した。

先の大田での北朝鮮軍の蛮行を目撃した第24師団第19連隊のアーノルド・リキオ・ヨシザワ(20歳)が4月19日、鉄の三角地帯のいわば底辺にあたる山岳地帯で負傷した。中共軍の塹壕を攻め落とし、さらに峰を登ろうとしたとき迫撃砲で撃たれたのだ。とどろきが耳に聞こえたと同時に、目には見えない誰かから拳で胸がサンドバッグのように殴られた衝撃を受けた。一瞬動転したが、地面には倒れなかった。仲間の一人が戻ってきて、

「お前、撃たれたぞ」

と足元に落ちたドッグタグ(軍認識票)を拾った。もう1枚も吹き飛んでいた。

野戦病院の手術台はお粗末で、白衣も着ていない軍医は疲れ切っていた。麻酔を打たれ、あちこちいじられた。軍医は、大丈夫だから包帯を替えて後方に送れと看護兵に指示すると、

「腹が減っていないか？　今ちょうどみんなが食事をしている。一緒に食べていけ」と、ヨシザワと付き添いの戦友に情をかけてくれた。2人とも腹ペコだった。

食堂の幕舎に2人でふらふら行って列に並んだ。最前線では連日、缶詰だ。居合わせた医務兵たちが、まるで動物を見ているかのような目で温かいメシをがつがつと夢中で食べている2人を見ていた。医務兵の戦闘服も血だらけで汚れ切っていた。何も気にせず食べ続けているとヨシザワはなぜか、上出来で満ち足りた1日を送った気分になった。後方の病院から翌月20日に前線に戻った。

5月1日のメーデーまでにソウルを再び毛沢東に献上しようと、4月22日未明、共産軍は春季大攻勢（第5次1期攻勢）を開始した。「鉄の三角地帯」から約40キロ南の加平《カピョン》で23日未明、第24師団第5連隊戦闘団を支援していた第555砲兵B中隊中尉でハワイ・オアフ島出身のロイ・タツオ・ナカシマ（23歳）が戦死した。ナカシマは最前線に出て目標の位置を射撃指揮所に無線で指示する前線観測兵を率いていた。最後の無線は同日午前1時45分だった。同日、鉄原西方の瓦水川《ワスチョン》（17・5キロ）沿いの街道で、同戦闘団第2大隊本部中隊軍曹サミュエル・サダオ・ミヤヒラが行方不明になった。1週間後には米国帰還が決まっていた。リーダーとしての卓越した能力と武勇で銀星勲章が贈られた彼は、ホノルルのプレジデント・ウィリアム・マッキンリー高校を卒業した19歳だった。

米軍戦争捕虜勲章が1985年11月に制定された。2002年9月20日にハワイで開かれた「捕虜、あるいは行方不明の将兵」をたたえる式典でミヤヒラに戦争捕虜勲章が贈られた。89歳の母は勲章を受け取ると、

「これからのささやかな支えになる」と語り、家路についた。

4月25日、加平の渓谷沿いに後退していた第5連隊戦闘団は中共軍に待ち伏せされ、第1大隊B中隊上等兵ノボル・ウエハラ(19歳)が戦死した。ホノルルのガバナー・ウォーレス・ライダー・ファーリントン高校の卒業生だった。43人の同窓生が朝鮮半島の戦場で戦死・行方不明になった。同日、第24師団第19連隊第3大隊I中隊上等兵のゲイリー・カナメ・ヤスナカ(24歳)が戦闘中行方不明になった。ハワイ島カウ出身。太平洋戦争でヤスナカ一家はツールレイク日系人強制収容所に収容された。ハワイから米本土の日系人強制収容所に送られた日系人家族はごく一握りだ。ハワイ産業が島民の約4割に及ぶ約15万人の日系人を必要としていたからだ。しかし、日系社会の指導者と見なされた1200人から1500人がキラウエア基地のほかにカウアイ島カラヘオ軍刑務所やマウイ島ハイク・キャンプ、オアフ島のホノウリウリ収容所に収容された。うっそうと生い茂る原生林の中からホノウリウリ収容所の跡地が見つかったのは2002年。ハワイでの日系人収容の実態はほとんど分かっていない。

26日、議政府と東豆川間の補給線で第3師団第7連隊第2大隊G中隊上等兵でホノルル出身のヘンリー・p・エノカ(19歳)が戦死。また、同師団第15連隊第2大隊E中隊上等兵でハワイ・カウアイ島カパア出身のヘイシン・マツダ(26歳)が戦死した。この日はまた洪川戦域で、第2師団第23連隊第2大隊G中隊上等兵でハワイ・ラナイ島出身のキヨミツ・クツナイ(26歳)が戦死した。5人兄姉の下から2番目だった。28日、中共軍がソウル6・4キロに迫った。

その日、イセリは戦闘終了とともに塹壕を出て敵の戦死者の数を数えていた。かすかなうなり声を耳にした。血まみれの負傷兵だった。イセリは身構えた。死の間際に体に隠していた手榴弾で米兵を道連れに自爆する敵兵が少なくないからだ。一瞬ためらい、敵兵の胸に触った。厚い上着の下に何か手触りがあった。ハンカチに包んだ茶色の封筒に1枚、家族写真が入っていた。男と妻と5歳ぐらいの娘と年老いた両親だった。手早く内ポケットに戻すと、敵の男は目を見開き、空に向かって手をあげて死んだ。故郷に残した家族の姿をイセリに伝え、息絶えた敵の男。男もまた、朝鮮の戦場とは縁のない故郷に家族を残し、家族の知らぬ地で土に還っていくのだ。

静かに語り続けるイセリ（2017年）

「それまで共産兵は私にとって顔のない存在でした。共産兵も自分たちと同じ顔のある人間なのだと、その時に思えるようになりました」

イセリの最後の戦場だった。

51年9月に日本に戻った。「全極東米軍陸上競技大会」の時は灯《あか》りがなく暗かった銀座が、ネオン輝く街に変貌していた。韓国を守ったことで日本が戦後復興を成し遂げたことを、イセリはそのネオンの輝きで実感した。

「朝鮮戦争は、軍隊も軍需物資も戦争に関わるすべてが日本を経由した戦争でした。勃発直後の50年7月の1カ月だけで米軍支援兵力の8割以上、釜山港で陸揚げされた軍需物資が約31万トンになりました」

1万キロも離れた米本土からはスピーディーな支援や増援は無理だった。

「私はその年の11月、カリフォルニアの基地に帰還し、4年間の軍務を終えて52年に除隊しました」

除隊後は高校卒業時に自分が考えていた通りにGIビルで大学に進み、コンビナート建設技術者になって世界中を回った。だが、異国の町で春が巡ってくると、戦場で山に一人入り、気が狂うほど泣き叫んだ日々が時によみがえったと、日本人の静かな横顔で振り返った。

1976年、南海岸の麗水《ヨス》の石油化学コンビナート建設プロジェクトで韓国を再訪した。世界の最貧国に転落した韓国が朴正熙軍事政権下、今日の経済大国へと跳躍する下敷きとなった大プロジェクトの一つだ。休日、北朝鮮軍と初戦で戦った烏山の丘に登り、北朝鮮軍が姿を現した街道を眺めた。前年に戦闘記念碑が建ち、農家のいくつかは藁葺き屋根からトタン屋根に変わっていたが、佇まいはそのままだった。コンビナートから目と鼻の先、米軍が玄界灘へ落とされるかどうかの瀬戸際の戦いが続いた河東では、はっきりした記憶がよみがえらなかった。緊迫の日々は刻めないほど、早く短く激しい戦闘の連続だったのだ。「戦場を生き延びることができたら、80歳になっても人のために生きよう」と大田で誓った、その日々の中にいる喜びがイセリを包んでいた。

2022年2月24日、イセリは永遠に旅立った。

現人神に伝えた言葉、原爆

「マッカーサー元帥解任」の衝撃が韓国を直撃したのは、春期攻防戦の最中の4月11日だった。13日の「東亜日報」は1面トップに掲げた社説で、マッカーサーに託した統一の夢が霧散する解任を慨嘆し、「世界大戦を防止するためには韓国一国を犠牲にするのもやむを得ないと考えているのか」と米国への不信を隠さず、「我々が積極的に支持してきたマッカーサー元帥解任を心から惜しみ悲しむ」と結んだ。

16日、マッカーサー夫妻の1番機に続き離陸した2番機に乗っていたのが、GHQで1946年秋からマッカーサーの通訳官を務めていた第124騎兵連隊中尉カン・タガミ（田上寛）だった。

タガミは1918年にカリフォルニア州セルマで生まれた。1941年に米陸軍に志願すると翌年、前述した陸軍情報部言語学校で抜群の日本語能力をさらに徹底的に鍛えられた。同騎兵連隊軍曹時代はビルマ戦線で日本兵捕虜の尋問をした。日本敗戦後はワシントン勤務だったが、戦後の日本を知りたい気持ちもあって日本勤務を志願した。横浜に着くと、離隊した通訳官の後任に選ばれた。タガミは1対1でプライベートに天皇と面会した最初の米兵といわれている。

彼も帰米2世の1人だ。天皇と面会したのは1948年夏だった。「当時、米国のマスコミが天皇にインタビューをして日常生活を伝えたいと強く申し入れていた。宮内庁は、この要求に応じないとマッカーサーの逆鱗《げきりん》に触れるのではないかと恐れていた」とタガミは経緯をこう回想している。

「夕方にゴルフから帰ってくると、マッカーサーが、私が天皇に直接会い、『（この問題で）あなたにもプライバシーがある』とのメッセージを伝えてくるように命じた。自分で車を運転して皇居に着くと応接室に通された。2分ほどすると靴音が聞こえ、反対側のドアを開け天皇が入ってきた。小さなテーブルを挟んだ椅子の脇で挨拶を交わした。私は、すべての日本人と同様に天皇は自分のプライバシーを守る権利を持っている、とのマッカーサーのメッセージを伝えた」

天皇と2人だけで会っている自分が信じられなかった。

「天皇はリラックスしていました。私に『お父さん、お母さんは日本人ですか』と尋ねた。はい、そうです、広島ですと答えると、天皇は『ああ』と言って『（あなたは）日本とアメリカの架け橋、今後もよろしくお願いします』と言った」

移民というより出稼ぎの感覚で渡米した日系1世は、成功後は子どもたちを日本に送り返して教育し、日本語や日本人の伝統や価値観、伝統を身につけさせようとするのが一般的だった。タガミは7歳の時に父サンゴロウの故郷・広島に戻り小学校2年に編入した。小学校に登校した初日、朝礼で校長から一生懸命勉強しなさいと訓示された。「回れ右」の号令で全校児童が一斉に回れ右をした。するとトーチカのような石造りの建物があった。天皇の肖像写真、御真影が納められている奉安殿だ。校長に「礼」と号令をかけられたが、タガミはぼうっとそのまま立っていた。

校長室に呼ばれ、「なぜ礼をしなかったのか」と尋ねられた。

「どうして天皇にお辞儀をしないといけないのですか。私は日本人ではないのでしませんん」

思ったままを話した。ひどく叱られ、「郷に入っては郷に従え」と諭された。以来毎朝、皆にならって頭を下げたが、アメリカ育ちであることで同級生らとは殴り合いの喧嘩をした。日本語はまだ拙く、何を言っているのか分からないと教師に殴られた。

天皇との歓談の最中に、小学校時代の別の出来事がよみがえった。広島駅頭で行幸の天皇を迎えた日の記憶だった。集められた数千の人々は赤絨毯《じゅうたん》の真ん中を歩く若き「現人神《あらひとがみ》」が駅から出ていくまでは目を開けずに下を向いて最敬礼したままでいるように命じられた。しかし現人神を一目見たかった。好奇心に駆られて顔をあげようとするや見とがめた教師に張り倒された。

「この無礼者」

今、日本の征服者の象徴である米軍の軍服を着込み、小さなテーブルを挟み、あの日の現人神と話している自分。よみがえった記憶とともに世界が倒錯したような不思議な感覚の中で、もしも両親が米国に移住しなかったとしたら、今アメリカ人として生きている自分の人生とはどのくらい違う日本人の人生を過ごしていただろうかと想像した。

アメリカ人としての自分の身に起きたこの数年間の変化だけでも眼前の「人間天皇」に伝えたい衝動に駆られた。しかしうまく口にできなかった。5分ほど雑談を続けると笑みを浮かべる天皇と握手して別れた。タガミはその後も離日するまでマッカーサーの名代として天皇と数回会ったようだが、アメリカ人として生きてきた気持ちを天皇に伝えたかどうか。記録はない。

父の故郷であり自分が少年期を過ごした広島を襲った原爆の惨禍について彼は、全米日系アメリカ人退役軍人評議会の2004年受賞エッセイなどで自分自身の個人的な考えをこう吐露している。

「ヒロシマにはたくさんの親戚がいました。熱風によって殺された親類、放射線によって盲目になり火傷を負い、苦痛を和らげるために数十の医療措置を受けた親しい従弟を含めてほかの人たちも不具にされました。あの戦争で日本がしたことへの反発にもかかわらず私は、原爆の投下はその必要性よりも効果を知りたいがためだったと信じています。決定はまたあるレベルでは人種的動機でなされたと信じています。私はドイツに対し核兵器を使用する用意をしていたとは信じていません」

もちろん、そうした胸中を天皇に伝えていたかは分からないことだ。

タガミは、占領下の日本で日系米兵が米軍と日本との潤滑油の役割を果たしたと考えている。GHQと日本政府との高位レベルのみならず、日本語が堪能な日系米将兵が学校に赴き人々に民主主義の理想を教えることから農地解放まで、日系米将兵が統治者としての役割を果たし、米国の占領政策を成功に導いたと、自負している。だがそれは、スターリンの代役となった張学鳳らカレイツイが北朝鮮で果たした役割でもあった、ともいえる。

解任されたマッカーサーが最後にした仕事は、自分を支えた副官たちに褒美を渡すことだった。2等兵で入隊したタガミには、さらに出世の道が開けるように大尉に昇格する手続きをとってくれた。「マッカーサーは部下の面倒見がいい典型的な将軍だった」とタガミは評している。

ひょっとしたら天皇も、そして「通訳抜きにマッカーサーと2人だけで話したがった」吉田茂も(カン・タガミの回想)、マッカーサーからは可愛い部下と変わらなく見えていた可能性がある。その親分気質が日本の戦後を大きく変えたのだろうか。そういえばマッカーサーが李承晩に親分肌の感情を示したとの話を聞いたことはない。先の韓国の政治思想家、池明観はこう述べた。

「李承晩は米国政治の強み弱みを熟知して、それを最大限利用した政治家だ」

武力北進へのこだわりは同じでも、そうした李承晩の政治スタイルはマッカーサー好みではなかったかもしれない。タガミは１９６１年に除隊、２００５年にハワイで永眠した。

第3章

山岳戦

「帰米2世」の後ろめたさ

中共軍が春季大攻勢をかけていた1951年4月、米本土で徴兵され、基礎訓練を終えた新兵が朝鮮半島に到着した。その一人、ショウゾウ・コガ＝古賀昭三は、太平洋戦争中は日本で暮らし、敗戦後に米国に戻った帰米2世だ。父、隆賢は佐賀県出身。子どもの頃に50銭持って故郷から京都に出て苦労して僧侶になった。真言宗京都大学（現・種智院大学）を卒業し、米国の南カリフォルニア大学やワシントン州内の大学で哲学を勉強すると、1915年設立という歴史の古いカリフォルニアの日本語学校「ハリウッド学園」の校長を務めたのち、1934年に男の子ばかり5人を連れ日本に引き揚げ、熊本の愛染院（高野山真言宗）の住職に落ち着いた。熊本で妹が3人できた。

真珠湾攻撃を告げるラジオ放送を聞くと父は、何も言わずに寺の中を真っ暗にした。13歳のコガはやったぞとも勝つぞとも思わなかった。寺は日本軍の宿営所になった。

旧制済々黌《せいせいこう》中学（現・熊本県立済々黌高校）の2017年同窓会で、中学時代は隣席だったという同窓生が近づいてくると声をかけてきた。

「お前は本当によく先生から殴られていたなぁ。おかげで俺たちは殴られないで済んだけど」

米国で育ったコガは国粋主義の校風が強い中学で格好のスケープゴートだった。勤労動員は熊本市健軍にあった三菱重工熊本航空機製作所で重爆撃機「飛龍（キ67）」の板金作業だった。

敗戦の年4月に父が肺病で亡くなった。57歳だった。その年7月1日、2日の大空襲で熊本は壊滅的打撃を受けた。焼け出された人々が寺の前をぞろぞろと力なく歩いていた。

8月9日、コガは済々黌中学の校庭で上級生と何かの作業をしていた。こよなく晴れた青空を頭上高々と飛んで行くB－29を眺めた。しばらくして長崎方面の空を黒い煙が高く覆った。何なのか見当がつかなかった。後にそれは原爆雲だったと知った。

敗戦から2年後に高校を卒業した。貧乏で大学進学は最初から頭になかった。米国籍はそのままでコガは二重国籍だった。1948年2月に父と懇意だったロサンゼルス（ロス）の禅宗寺（曹洞宗）鈴木大等住職から渡米を誘う手紙が届いた。米国に戻ると決めた。20歳だった。

高校の同級生2人に見送られ、カバン一つで熊本駅を発った。動き出した汽車の中で「貧乏にはならないぞ」となぜか心に誓った。米国で再出発を図るコガたち帰米2世は、戦争に負けたうえに、食べるものにも事欠くほどの貧しい日本から逃げて、米国で生活させてもらう肩身の狭さをどこかに持っていた。

砲兵部隊に配属された戦場のコガ（左）

ロスの叔父の花畑の手伝いや金持ちの家の掃除、庭仕事などで食事と小遣いをもらい、高校に通い直した。朝鮮戦争勃発で徴兵が始まったことも知らずにいて、2年制ジュニアカレッジに入学して1カ月後の50年10月、徴兵令状が届いた。12月2日に入隊。名前、兵役番号、血液型を書き込んだドッグタグ2枚がついたチェーンを首からぶら下げると、何とも言い難い気分になった。

戦死すると、口をこじ開けられてドッグタグの1枚が歯の間に押し込まれる。もう1枚は遺族の元に送られる。とはいえ、遺体が収容されなければ、遺族の手に渡ることもない。

基礎訓練の最中に地元ワイオミング州生まれの白人兵から親しげに声をかけられた。

「Are you from Jap camp?（ジャップのキャンプ＝日系人強制収容所から来たのか？）」

白人兵は州内にあったハートマウンテン日系人強制収容所の同世代の日系人とバスケットボールをして遊んだ思い出からコガに言葉をかけたのだ。日系人強制収容も強制収容所があったことも知らないコガは素っ気なく答えた。

「No, I'm from Los Angeles.（そうじゃない。ロスから来た）」

寺で見た日本軍のシゴキと米軍のシゴキは違った。

「日本軍のしごきは人間を人間として扱わないものだった。米軍は穴を掘らせてはまた埋めさせるような無意味な作業や腕立て伏せをバテるまでやらせるのがシゴキだった」

日本に一度寄ってから朝鮮に派兵されると知ると、その折に日本で母に会えるかもしれない楽しみが生まれた。４月に制服姿で「戦死したら地元の新聞に載る写真」を撮られ、輸送船で横浜に向かった。

仁川に上陸。丘を登ると仁川高等女学校（現・仁川女子高等学校）の看板が見えた。鮮やかな紫ツツジが廃墟の道端に咲いていた。戦場の町で、制服姿の女生徒たちが何の変哲もなく学校に通っている。

あまりにも日常的な光景が不思議に思えた。

「カモンＧＩ、ＧＩカモン」

嬌声に顔をあげると、ホテルのような建物のベランダから若い韓国人売春婦が数人、おっぱいを丸出しにして揺すり、誘っていた。

配属された第３００機甲砲兵連隊は、師団に属さずに戦況と司令部の作戦に沿って動く独立砲兵部隊の一つだった。コガはＡ中隊弾薬班に配属された。昼は塹壕の穴掘りだった。熊本での防空壕掘りが役立った。向かいの山に陣取る敵の姿が見えた。

中隊ごとにＭ７自走砲８門が配備されていた。砲撃の間隔は１分間に５発半ぐらいで、コガは１０５ミリ砲弾が収まっている約36キロの鉄箱２箱を一度に砲手の下に運ばねばならなかった。

「それまで箸より重いものを持ったことがなかったから、弾薬運びには本当に参った」

戦力を整えた中共軍は、「５月大攻勢（第５次２期攻勢）」を５月15日夜に開始した。第３００機甲砲兵連隊は、38度線の下、中部戦線麟蹄《インジェ》山中で第２師団の支援砲撃を続けた。洪川江《ホンチョンガン》（１４３キロ）支流沿い、寒渓嶺《ハンゲリョン》（９２０メートル）付近の自隠里《チャウンリ》で18日、第２師団第23連隊戦闘団第３大隊Ｉ中隊ライフル分隊上等兵でハワイ島ヒロ出身のヒサシ・モリタ（25歳）が行方不明、同中隊上等兵でハワイ島プナ出身のヨシミ・フクモト（26歳）とハワイ島ヒロ出身のタモツ・ミヤシロ（25歳）が戦死。同師団38連隊第２大隊Ｈ中隊上等兵でホノルル出身のフミオ・モリヤマ（28歳）が戦死。第２次世界大戦では４４２部隊Ｈ中隊だった。同連隊第３大隊Ｉ中隊上等兵でロス出身のワタル・ナカムラ（29歳）も戦死した。米国南部アーカンソー州のローワー日系人強制収容所から442部隊に入隊し殊勲勲章を授与された日系米兵だった。18日の戦闘は後に「5月の虐殺」と呼ばれるようになった。

19日、同連隊医務中隊伍長アーチー・ミツアキ・ウノ（23歳）が戦死した。誕生日は10日後だった。ロス出身。第2次世界大戦では陸軍情報部だった。25日、第38連隊伍長でホノルル出身のカンジ・ヨシダ（25歳）が行方不明、同連隊第3大隊L中隊上等兵でハワイ・オアフ島ワイアナエ出身のシンイチ・ナカタ（19歳）が深手を負い翌日、戦傷死した。コガの砲兵連隊は、使用基準を超えた集中砲撃で中共軍の人海戦術を阻止し、崩壊寸前の第2師団を守ったことで大統領殊勲部隊章を授与された。

「人命を何とも思わずに、ただただ襲ってくる戦法の共産軍は、砲撃や空爆でぶっ飛ばすしかなかったです。人の命を大切にする米軍の兵隊のほうになって本当に運が良かった。それがあの戦争を体感した実感です」

と、コガは壁に飾られた同連隊の奮闘を描いた戦場画に目をやった。中共軍は死者13万3000人を含む36万6000人の死傷者を出した（朱建栄『毛沢東の朝鮮戦争――中国が鴨緑江を渡るまで』岩波書店、1991年）。米軍の3～4倍を超える犠牲だった。人海戦術のそれが事実だった。

第2次世界大戦からの古参兵であり、華川攻略に向かった第24師団第5連隊戦闘団医務中隊軍曹でハワイ・マウイ島出身のスエオ・ツノダ（26歳）が19日、戦死した。21日、同戦闘団第3大隊K中隊上等兵でホノルル出身のタカシ・コーチ（20歳）が戦死した。米第3師団第7連隊第3大隊I中隊上等兵のハルオ・モリヤス（25歳）は23日、平昌北方にある束沙《ソッサ》里雲頭嶺《リウンドゥリョン》（1083メートル）で戦死した。ハワイ・オアフ島生まれだった。

背負子を枕に眠りこける老人

戦火の合間に立った市に人々が集まった

雲頭嶺の確保は共産軍の攻勢を阻止したのみならず、国連軍反撃の転機になった。5月決戦での国連軍は3万5770人の犠牲を出し、共産軍は30万人の兵力の3分の1近くを失った。膨大な犠牲を前に中国共産党指導部は朝鮮戦争での勝利の望みは絶たれたと実感した。

コガは壁の絵から目を離すと、付け加えた。

「戦場といっても、毎日、戦争をやっているわけではないです」

砲音が響かない日には街道そばの草むらで、ひげを生やした白い農民服の老人が、椅子を逆さまにしたような背負子《しょいこ》を枕にいびきをかいて寝ていた。

母の誇り、ボーイスカウト隊での恥辱

その5月決戦の最中、新緑の神奈川県米軍横須賀基地に、朝鮮に向かう米海兵隊第1海兵師団第1戦車大隊軍曹ロバート・ミツル・ワダたちを乗せた輸送船ウィリアム・ワイゲル号(排水量1万1450トン)が入港した。戦場では不用の雑多な私物を降ろし、軍需品や装

備と積み替えるために2日間、ワダらは自由になった。

父タマキチが広島県江田島からロス東方、鉄道工事で賑わうレッドランズに来たのは1911(明治44)年、33歳の時だった。2年後に故郷に戻ると14歳年下のアキヨを娶《めと》ってレッドランズでビリヤード店を始めた。町には日本人経営のビリヤード店が3軒あった。店の奥でアキヨが理髪店を開いた。1914年、長女メリー・スミコが生まれた。翌年、タマキチたち日系住民は桜200本を町に寄贈した。日本人労働者は第1次世界大戦が終わりかけた頃からロスへ移り、日本人街はチャイナタウンに変わったが、ワダ一家はレッドランズにとどまった。

ビリヤード店の経営が行き詰まると、自動車販売を始めた。洗車も引き受けて丁寧な仕事ぶりで評判になった。アキヨは、町にあるレッドランズ大学の教授で裕福な地区に暮らす白人家庭の家政婦になった。娘時代に習っていた日本の料理に加え、教授宅で次々に新しい料理を覚えてレパートリーを広げ、それが評判になり教授宅だけでなく曜日ごとに違う家に頼まれ賄いをするようになった。

タマキチはオレンジ畑の手入れや庭師の仕事も引き受けていた。真っ黒に日焼けした容貌から「フィリピーノ」のあだ名がついた。地下室で自家製の日本酒を醸造していて、「マダ　ハヤイ」「チョウド　イイデス」と、独り言をつぶやいては試し飲みをしていた。日本酒は自分が飲むだけでなく、知り合いに売っていた。日曜日は、昼から酒を飲み、いい気分でベッドに寝転び、窓やドアを全部閉めても隣近所に漏れるほどの大声で上機嫌に歌いまくった。

うんと豊かというわけではないが、陽気で働き者のタマキチは5男4女の子宝に恵まれた。働き詰めの両親に代わって、長女メリーが幼い弟ジャック・ジュンキチ・ワダたちの面倒を見た。

ワダ一家の男の子はみな軍務に就いた。長男のジャック・ジュンキチ・ワダは陸軍情報部（MIS）の2等軍曹だった。朝鮮戦争とベトナム戦争にも参戦した。1990年、72歳で永眠した。次男は1917年2月生まれのテッド・テルオ・ワダ。第2次世界大戦第100大隊K中隊1等軍曹だった。南フランスの山中でドイツ軍に包囲されて全滅寸前だった米陸軍第34師団の通称「テキサス大隊」211人を「Go for Broke!（当たって砕けろ）」とバンザイ突撃を4日間繰り返して救出した「ボージュの森戦闘」の生き残り。青銅星勲章など14の勲章を授与された。朝鮮戦争では空挺隊員だった。2015年5月に永眠した。

三男はフランク・M・ワダ。1921年生まれ。442部隊第2大隊E中隊2等軍曹。テルオが永眠する1カ月前の4月にフランス戦線での戦功をたたえられてフランス最高勲章レジオン・ドヌール勲章を授与された。テルオとフランクは2011年、442部隊の戦友と一緒に米議会名誉黄金勲章を授与された。1928年生まれの四男ヘンリー・タカシ・ワダと1930年生まれの五男ロバート・ミツル・ワダは米海兵軍曹。朝鮮戦争中の海兵隊で唯一の日系兄弟兵だった。


ワダが7歳の時に一家はメキシコ人地区の家を買い、引っ越した。ワダには嫌でたまらないことが三つあった。まず、母と一緒にスーパーマーケットに行くこと。ほかの客の前で日本語を使うはめになるからだ。次にタマキチの車で学校に送ってもらうこと。ほかの子の家の車はみんなかっこいいのに、タマキチの車は1920年代の時代遅れの黄色い「ツーリング・ナッシュ」。しかも庭師の仕事道具が車の窓から突き出していた。ワダは雨でも歩いて学校に通った。

一番嫌なことは、皆の前でおにぎりを頬張ることだった。日本人の子どもであることを嫌でも意識してしまうからだ。母にはいつも「ランチはサンドイッチ」と頼んでいたのに、おにぎりが入っている日があった。絶句した。思わず、幼稚園以来の親友、メキシコ人のロバート・バヌエロス・マドリッド(＝ボブ)に口走った。

「おにぎり、好きかい？　俺は、ブリトー(小麦粉をこねて延ばし、具を入れて焼いたメキシコ北部の家庭料理)が大好きだぜ。交換しようぜ」

ワダは、幼稚園では周囲になじめず、姉が様子を見に来るまで毎日泣きじゃくっていた。ボブが慰め役だった。ランチを交換し合う2人に、ほかの子どもたちが加わり、ランチタイムはルーツの異なる家庭の味を分かち合うひとときになった。

友達と映画を見て帰ると、母が家から1ブロック先で待っていた。どこに行っていたのかとワダを問い詰め、「警官が家のそばのガソリンスタンドからうちの子がカネを盗んだ、と家に言いに来たのよ。だから警察に行くのよ」と手を引っ張った。泥棒なんかしていないと逆らったが、警察署まで無理やり連れていかれた。

母は受付の巡査部長に、「私のうちに警官が来て、この子たちがおカネを盗んだと言ったから」と、なんとか伝えた。脇からワダが「ガソリンスタンドから金を盗んだとママは言っている」と、詳しく説明した。巡査部長が「それはすまないことをした」と詫びて、こう話し出した。

「犯人はもう捕まえたよ。もっと背が高い男だった。あそこのレジスターはこの子たちには高過ぎて手が届かない」

子どもの手が届かないレジ台なのに家まで来たのは、つまり人種的偏見でワダ一家を最初に疑ったということだ。幼い日のその出来事をワダは、忘れることができなかった。

母があの日、引きずってまで自分の子どもと警察に行った、その時の心情をいつ頃からか理解できるようになった。米国社会の中で、日本人である自分に劣等感を持つことがたとえあっても、日本人だという誇りを忘れず堂々と米国社会で生き、我が子を育てていかなければならない、との強い決意の表れだったのだ。メキシコ人家庭が、政府の支援プロジェクトで配られる無料の食事をもらいに出掛けた。母は行かなかった。どうしてうちはもらわないのかと尋ね、叱られた。

「何をバカなこと言っているの！　日本人はただの食べ物はもらわないの」

引っ越した新居の部屋で前の住民が置き忘れたおもちゃのピストルを見つけた。それで遊んでいるとタマキチに「いつも正直者でなければならない。前に住んでいた子どもに返しに行きなさい」と言われた。そうでなければ米国で日本人が生きることはできない、と諭された。

真珠湾攻撃の日、家の外に母アキヨが立っていた。

「早く家の中に入りなさい、ボブはすぐに家に帰りなさい」と急かした。どうしたのと尋ねると、

「アメリカが日本と戦争を始めたのよ」と怯《おび》えた声で教えてくれた。

1時間ほどして地元の警察署長が家に来た。

「父は、署長の兄弟がやっているダウンタウンの飲み屋の常連で、へべれけになってはしょっちゅ

う署長のパトカーで家まで送ってもらう仲でした。署長は、夜は外出しないようにと言うと、私があなた方を必ず守る、危害を加えられないようにすると、私たちを安心させて帰りました」

日露戦争で実兄が戦死した母のお気に入りは日本から持ってきた軍艦マーチのレコードで、外まで響かせていた。署長が来るまでにタマキチは、軍歌のレコード、日本人形、本や合気道の稽古着、手紙まで片っ端から裏庭で燃やした。一段落すると短銃をポケットにしまった。農作業中に蛇が出てきたときに撃ち殺す小さな拳銃だった。

翌月曜日。授業が始まると先生が静かに話し出した。

「アメリカと日本は戦争になった。しかしロバートの家族は、戦争とまったく関係がない。そのうえロバートは、クラスの皆と同じ米国人だ」

兄タカシは級友に首筋をつかまれ「汚いジャップ」とののしられた。

学校から戻ると壁の天皇の肖像写真が、ルーズベルトになっていた。

１９４１年２月に徴兵されていた次男は、カリフォルニア州のフォートオード陸軍基地で新兵訓練を受けていた。訓練から外され、銃器は取り上げられ、東部の基地の料理兵にされた。その後、４４２部隊に配属された。

教会の小学生たちは日曜日にはピクニックだった。真珠湾攻撃から間もない頃のことだった。近くのメントン高原に向かう途中、喉が渇いた子どもが家の前で腰かけていた老人に「水を飲ませてください」と頼み、キッチンに入れてもらった。老人はワダのほうをちらっと見た。次の瞬間、キッチンの引き出しからナイフを取り出すや握り締め、形相を変えた。

「おい、ジャップの子ども。お前の首を切ってやる」

「その瞬間、私は反射的に一気に16キロも走って家に逃げ帰りました」

ロスから車で1時間ほどのフラートン市、天井から海兵隊旗が下がる自宅で、ワダは苦笑いした。

翌年3月、学校から帰る途中にある家の近くに大きな壁紙が張られていた。

「この地域の日系人は定められた日時に退去し、定められた時間に衣類など身の回り品だけを持ってリバーサイド駅に集合しなければならない」

急いで母を連れて戻り、訳して聞かせた。

両親はすぐ、家の前にいろいろなものを並べ、売れるものは売り払った。ピアノは10ドルで売った。日用品は近所に配った。5年前に買った家はメキシコ人にただで貸すことにした。

5月に地域の日系人は駅前に集合した。約320キロ離れたコロラド川沿いのインディアン居留地にバスで運ばれた。有刺鉄線に囲まれたポストン日系人強制収容所が急造されていた。レッドランズから来たワダら4家族は、第I地区ブロック30NO2棟に収容された。結婚しサンディエゴに住んでいた姉のメアリー一家は第III地区だった。収容所にはガラガラヘビとサソリが出没した。

ワダの生涯の思い出は、収容所での日系少年のボーイスカウト隊経験だ。隊は442部隊の前身の日系人部隊第34歩兵師団第100大隊にちなみ、本部から第100隊と命名された。第100大隊の延べ死傷者は9486人、死傷率は314%。常軌を超えていた。

日系部隊に志願した兄たちが発つ時は、ボーイスカウト隊が太鼓とラッパを大空に響かせ、送り

メモリアルデーのロバート・ミツル・ワダ

出した。兄のフランクもそうして見送った。フランクを含め、レッドランズからポストンに収容された日系の若者５人全員が４４２部隊に志願した。４４２部隊は、若き日系２世が日系人強制収容所の父、母、弟妹の名誉のために命を捧げようとした部隊だったことが分かる。

ボーイスカウトの奉仕活動の一つに資源ごみ回収があった。米政府から寄贈されたトラックで古新聞や段ボール箱、不要の金属製品などを一軒一軒集め、荷台が満杯になると約24キロ先の隣町のパーカー駅まで運び、貨車に積み替えた。炎天下でも嵐の日でも果たさねばならない任務だった。

猛暑のパーカー駅で積み替えを終え、道を挟んだ食堂でハンバーガーとコークで一息入れて収容所に戻ろうとなった。席に腰を下ろしウエートレスを待ったが、待てど暮らせど注文を取りに来ない。20分ほど待ち、しびれを切らした指導隊長ヨージ・イザキがウエートレスに注文を取るように声をかけた。即座に返事が帰ってきた。

「何も出せない。とっとと出て行ってよ」

第１００隊の肩章がついた、れっきとしたボーイスカウトアメリカ連盟の制服を着て、戦争遂行のための奉仕活動をしている最中なのだ。２人の兄がイタリア戦線で戦っているワダは言葉を失った。テーブルの砂糖や塩をぶちまけ、窓ガラスを椅子でぶち壊したいほど、はらわたが煮えくり返った。ひどい侮蔑と仕打ちに誰もが深く傷ついた。

イザキが黙って店を出るように促した。容赦ない日差しに道は乾き切っていた。

ワダはこの出来事を誰にも語らなかった。語るようになったのは自身が朝鮮戦争の戦場に立ってからだ。2009年にワダは、半生を綴った*FROM INTERNMENT, to KOREA, to SOLITUDE*（収容所から朝鮮へ、そして孤独に向かって）を出版した。こう語っている。

「私のロイヤルティーは常にアメリカにある。その時も今もだ。兄と一緒に朝鮮戦争を海兵隊の一員として戦ったことがそのことを示している。強制移住を恨む感情はもはや持っていない。しかしパーカーでの出来事は、心の中に修復できない傷をもたらし、裏切られたという感情は、生涯忘れられない記憶となって残った」「第2次世界大戦当時の私たちは祖国がない人々だった。日本は私たちをアメリカ人と考え、必要としようとしなかった。合衆国もまた我々を日系民族とし、求めようとしなかった。それで日系人は自分たちの忠誠心を米国社会に見せなければならなかった」

自分の忠誠心は日本にあると、日系人強制収容所という檻の中で叫ぶ少年たちもいた。収容所の教室で「バンザイ」「バンザイ」と飛びあがり、白人教師を挑発した。*FROM INTERNMENT, to KOREA, to SOLITUDE*で、ワダはこうも述べている。

「ポストンでの生活は苦い経験だけになりかねなかったが、そうならなかったのは日系米人の持つエネルギッシュな才覚と高い能力ゆえだった」

元の住所地別に結成された野球やフットボール、ラグビーなどのチーム対抗戦。棟と棟の空き地を農園にし、養殖池を造り、音楽バンドを結成した。ワダが今でも自慢することは、ポストンでは誰も家に鍵をかけなかったことだ。その必要がなかった。初めて会いに行った時、86歳のワダの仕事場にはまだ輝きを失わない第１００隊の肩章がついたボーイスカウトの制服が飾ってあった。

１９４４年のある日、食堂で働いていた父タマキチが倒れた。同じブロックの隣人からの献血で元気を回復した。数カ月後に病院から戻った父に、「コイを生け捕りにしてきてくれ」と頼まれた。コロラド川に泳いでいる大きなコイを、日系人はパンをエサに釣り上げ、刺し身や煮つけにして舌鼓を打った。コイの頭をアイスピックで突いて穴を開け、生き血を飲む父の様子に容体は見た目よりずうっと悪いと心配した。間を置かずに他界した。45年7月に遺骨となったタマキチとともにレッドランズに戻った。タマキチは白血病だったと一家は知った。

町の佇まいは昔のままだったが、ワダは内心で老人に「殺してやる」と追われたような出来事に出くわすのではと、死ぬほど怯えていた。高校でも誰からも相手にされず、出自を隠し通さなければならず、自分の身を守るために喧嘩までしなければならなくなると恐れた。

様子を確かめようと、親友だったボブの家を訪ねた。少年時代のように迎えてくれた。ボブはポストンでの日々について尋ねようとしなかった。ワダも何も話さなかった。すぐに小学生の時と同様、ボブと一緒に高校に登校する毎日になった。朝、ボブが家に迎えに来てもまだ寝ているワダが母に叱られるのも同じだった。一度、高校で喧嘩を売られた。ランチ仲間のメキシコ人の学友が、「ミツルに喧嘩を売るのは、俺たち全部を相手にすることだからな」とすごんだ。

「レッドランズ高校の仲間は私を、民族ではなく私個人として受け入れてくれた」

1998年の卒業50周年式典でワダは感謝の言葉を述べた。

幼な妻の死、さよならトラオ

兄タカシは1946年に海兵隊入隊を果たせなかった。海兵隊はまだ日系人を敵と見ていた。翌年にもう一度志願すると入隊が認められた。2年勤務し49年に除隊した。ワダはタカシが身に着けていたブルードレスと呼ばれる、海兵隊下士官の凛々《りり》しい礼服に憧れた。高校を卒業したワダはロスで仕事を探したが、太平洋戦争の記憶は米国社会にまだ濃く、日系人の若者にはろくでもない働き口しかなかった。最初に働いた下町のスーパーマーケットはすぐにクビになった。リトル・トーキョーのレストランの給仕の仕事は性に合わなかった。いくつかの仕事を友人らと転々とした後、日系人の友達から測量技師の仕事に誘われた。測量技師は海兵隊除隊後、ワダの生涯の仕事になった。

ロスでワダは2歳下の16歳の女子高校生ジョアン・イッコ・イケダと知り合った。イッコの姉の家に行く途中で買ったロサンゼルス・タイムズで朝鮮戦争勃発を知った。兄たちが知っている戦争を自分が体験する機会がついに来たのだ。タカシが再志願すると、ワダも高校を卒業したばかりのイッコの前で「俺も一緒に海兵隊に志願する」と、勢いよく宣言した。イッコは「行かないで」と止めると「私と結婚してくれ」と泣き出し、哀願した。

「徴兵令状が来るまでは志願しないで」

イッコが18歳になった50年10月に結婚した。戦場はワダから遠のいたように見えた。

新婚まだ1カ月の時、陸軍の徴兵令状が届いた。

「それなら俺は海兵隊に行く」と、親友のボブに電話した。

「俺は海兵隊に志願し戦争に行く。ボブはどうだ」

「分かった。俺もミツルと一緒に海兵隊に志願するよ」

イッコはワダの母と暮らすことになった。11月26日、ワダとボブは海兵隊新兵訓練所に入り、同じ訓練小隊になった。新兵訓練終了後の休暇で翌年2月10日、揃って帰郷した。

2日後、イッコが突然苦しみ息を引き取った。子宮外妊娠だった。入隊が決まると、

「俺は戦場から無事に家に帰れるかどうか、分からない。だから子どもはつくれない」

とイッコに話していた。それでイッコは生理日を気づかれないようにして妊娠していたのだ。妊娠は打ち明けず、無事に出産したあかつきに戦地の夫に伝えて喜ばせるつもりだった。

葬儀でワダの休暇が1週間延び、ボブは一足早く帰隊した。訓練隊が別になり、配属はボブが歩兵部隊の同師団第1海兵連隊第2大隊D中隊、ワダは戦車隊だった。

幼な妻の死は戦場でのワダとボブの運命を変えた。

横須賀の土産物店で、故郷の家族や友人への贈り物を買い終えたワダは、店の女性に包み紙を頼

んだ。女性はカウンターにあった使い古しのわら半紙のしわを手で伸ばし直して、「この紙でうまく包めるといいんですが」とワダに渡すと、「あなたの無事を祈ります。戦場に行くのはどんな気持ちなのですか」と尋ねてきた。

「私が北朝鮮兵と間違えられて（戦友から）撃たれること以外は何も怖くないから」と返すと、「じゃあ、（北朝鮮兵と間違えられないために）海兵隊の仲間全員に、朝鮮人の頭は絶壁のような形だから（ワダの頭の形とは違う）と教えておきなさい」と女性が頭に手を当てた。

聞いたばかりのアドバイスを戦友に披露した。

「鉄兜をかぶっているのにどうやって頭の形を見分けるのだ」と皆に大笑いされた。

夜中に基地に戻ると、ゲート脇に8歳か10歳ぐらいの少女が花を売っていた。片手に売り上げた札を握りしめ、片手に花を持った少女に、ポケットの有り金をすべて渡して全部買い取ると諭した。

「家に帰りなさい。今夜はここに戻ってきてはいけないよ。ここはとても危ないところだし、もう遅い。そのうえ、そんなお金を持ったまま立っていたらどんな目にあうか分からないよ」

「ありがとう」と言い残して少女は駆け足で去っていった。

翌日もゲート前にその少女が花束を抱えて立っていた。

「もうここに戻ってきてはいけないと言ったでしょう」

ワダは幾分か語気を強め、花束を買い上げようとした。少女は「ちょっと待って」と小走りで去った。少し離れた暗闇の中に6、7人の女性が立っていた。その1人の手を取って戻ってきた。少女の母だった。

「あそこにいるのはみんな隣近所の主婦たちです。夕方からみんなで、日本人の風貌で日本語を話す海兵隊の人を待っていました。うちの娘に本当によくしてくれてお礼の言葉もありません。私も近所の人たちもみんな、朝鮮でのあなたの無事を祈っていることをお伝えしに来ました」

と、深々と頭を下げた。

ワダは母に土産品と一緒に、戦地でのアドバイスをくれた土産物店の女性に新品の包装紙の束と贈り物を送ってほしいとの手紙をつけて送った。朝鮮から帰郷すると土産物店の女性からのお返しの品がしまってあった。荷ほどきすると大きな立ち姿の日本人形だった。人形を送ってくれた女性。ゲートの前で待っていてくれた母親たち。この人たちの祈りで、自分は無事に故郷レッドランズに戻ることができたと感謝を捧げ、人形は今も大切に飾っている。

釜山の滑走路端の宿営地はフェンスもなく、1000を超える幕舎が林立していた。幕舎を建て終えた時に、「MP！　MP！」と叫ぶ子どもたちの悲鳴が聞こえた。幕舎からのぞくと、数百人もの子どもの群れが、憲兵に追われ逃げ惑っていた。逃げ遅れた子どもは蹴り上げられていた。

1人が幕舎に飛び込んできた。反射的に簡易ベッドの下に隠した。実は子どもたちは幕舎から手当たり次第に背嚢や食料品でもなんでもかんでも盗み回る一団で、憲兵はほとほと手を焼いていた。騒ぎが一段落すると簡易ベッドの下に隠れていた少年に名前を尋ねた。

名前は「トラオ」、12歳。父母は日本人で戦火のソウルで殺された。苗字はワダの記憶では「オヤマ」か「アオヤマ」だった。「トラオ、じゃあ、お前はみなし児なのか」とワダは少し驚いた。「妹が日本にいる。でも、俺がどこで生きているか、妹は知らないよ」と話した。

トラオは、その夜ワダの幕舎で眠りこけた。翌日にはどこに行くにもくっついてきた。仲間の子どもを見かけるや、「兄さんだ、兄さんだ。この人、オレの兄さん」とはしゃいだ。

翌日に春川に移動命令が出た。

「トラオは僕も連れて行ってくれ、連れて行ってくれと離れませんでした。兄さんの銃だって背嚢だって運べる。なんでもするからと泣きじゃくりました。私は輸送機には1人ずつ乗り込むから、トラオを隠して乗せるわけにいかないのだと諭しました」

と、ワダは回想した。トラオはワダの胸を手で叩き泣き続けた。見かねたテキサスから来た戦友が、自分のドッグタグの1枚を首から外すとトラオの手に握らせた。

「これを持っていろ。何かあったら相手の目の前にこれをかざして、俺にひどいことをしたら海兵隊の兄さんが飛んで戻ってきて、必ずお前らを叩き潰すぞと言え」

勇猛な海兵隊のドッグタグは水戸黄門の印籠と同じだった。輸送機が離陸を始めた。幕舎のそばからじっと見送るトラオの姿が一瞬だが見えた。ワダが20歳の春だった。


春川から山間の前線へと軍用トラックで向かうワダの目に、溝や道端に腐敗が進むまま放置されたたくさんの死体が映った。軍用トラックの後ろに腰を下ろした引率の軍曹が、「お前らが見る最初のＧｏｏｋの死体だ」と叫んだ。心が沈んだ。

38度線の北、朝鮮半島のへそといわれる楊口《ヤング》北東、標高４００〜１０００メートルの高地に囲まれた丸い灰皿のような亥安《ヘアン》盆地が海兵隊の戦場だった。周囲の山々と盆地の佇まいは、従軍記者たちに米国人が大好きな夏の飲み物、オレンジやレモンなどの果物が山盛りの涼しげなパンチを入れる器を思わせ、「パンチボール」のニックネームで報じられていた。しかし、そこはそうした佇まいとは真逆な、おびただしい血が流れた慟哭の山野だった。ワダは大隊本部中隊に配属された。初日に食堂に行くと、新兵教育係の軍曹が近づいて来るなり問い詰めた。

「お前の武器はどこだ？」

「幕舎に置いてあります」

その途端、「自分のクソ武器をちゃんと持ってこい。それから飯を食え」と睨《にら》みつけた。

いつ何時であっても武器を身から離さないこと――。それは海兵隊員であれば絶対に守らなければならない不文律であった。

原っぱに穴を掘り木板で囲んだ便所で用を足していた。また軍曹が来た。

「おい、お前の武器はどこだ」と怒鳴ると、「お前が上等兵になって、クソM1を持っていないのを見つけたら、俺はすぐさまお前を2等兵に落としてやるからな」と脅した。

軍曹が「ワダは武器不携帯だ」と上官の大尉に報告していたと翌日、戦友が教えてくれた。戦友の話では大尉は、「わざとやっているわけじゃないだろうが」と軽くいなし、不問にしたそうだ。

素っ裸でシャワーを浴びていた。後から来た戦友のロイが笑いながら言った。

「おい、お前はシャワーを使ってはいけないぞ」。びっくりしてどういうことかと聞き返すと、

「あそこの青二才の少尉がお前を見て、Ｇｏｏｋはここのシャワーを使えないと俺に言った。俺は

あの男はGookじゃない、海兵隊だと言ってやったよ」

少尉はバツの悪そうな顔をしていた。

ほぼ1カ月後の朝。寝袋から抜け出て起き上がろうとして、めまいに襲われた。頭だけでなく体までグルグルして、吐いた。「生真面目にやり過ぎて疲れているだけだ」と、軍医は頭痛薬をくれた。

毎日、いくつもの任務をこなしていた。夜明け前に師団司令部と情報部に連絡に行き、戻ると大隊作戦将校の大尉の手元に作戦地図を整えた。地形地図の漢字をアルファベットに訳し、隷下各部隊の司令部の位置を記入するのも重要な仕事だった。戦車や砲兵部隊などの配置状況を確認する大尉に同行して、一帯の地形や救援路の輪郭をスケッチし、司令部の戦闘地域地図に貼り付ける任務もあった。

大尉が戦況確認の偵察に出掛けるときは、通訳のチョンと同行した。通訳といっても多くの通訳同様にチョンは日本語はOKだが、英語はだめだった。チョンが日本語で話したことを、たちどころに英語で大尉に伝えるのがワダの役どころだった。ワダも日本語は話せるだけだったから、母からの日本語の手紙はチョンが読んでくれた。返事は、母との会話を思い出しながらローマ字でまず、「GENKI　DESUKA」と下書きし、それから50音をアルファベットに置き換えた自作の一覧表を見ながら、「げんき　ですか」とひらがなに書き直して送った。

大尉に連れられ、海兵隊が攻撃中の749高地を視察していると、300メートルぐらい先に、敵の斥候隊がいた。やり過ごそうとそばの塹壕に隠れた矢先、敵軍から激しく砲撃された。安全なトンネルに飛び込もうとして、入り口でどこかの中尉に体ごと体当たりされ吹っ飛び、ヘルメットが外れた瞬間、すぐ頭上で砲弾が破裂した。砲弾の初洗礼だった。身を屈し裸の腕で覆ったワダの頭上に破片が降り注いだ。体が恐怖で震え固まった。恐怖のすべてが脳裏に刻み込まれ、沈殿した。

最前線の陣地の戦車の後部に海兵隊員が1人横たわっていた。近づくと、寝ていたのではなかった。小さな血の塊が首の脇にあった。同じ世代の、同じ海兵隊員の亡骸をじっと見つめた。死骸は明日の自分の姿であるかもしれない。地球の裏側の町にいる両親は、息子と再会する日はもう永遠に来ないことをまだ知らないで、今日もその日を楽しみに過ごしているに違いないのだ。あちこちに転がっている敵兵の亡骸。「戦闘中行方不明者」となったまま朽ち果て、きっと家族の元に帰ることはない。寒々とした戦場の哀しみ。ワダの胸が潰れた。

7月から8月にかけて海兵師団が予備部隊に回ると、兄タカシ、ボブがワダの駐屯地にやって来て初めて戦場で再会した。8月初めにもボブが来て家族たちの近況とか、たわいもない話をした。

なぜ俺でなく、血染めの38度線

幕舎や戦車の上で写した3人の写真4枚がワダの事務所に張ってあった。ボブと並んだ1枚の脇に、「幼稚園から海兵隊まで2人がともに選んだ、同じ人生だった」と、添え書きしていた。

小学校ではクラスは別々になった。泣きじゃくりのワダが〝HIGH〟クラスで、ボブは〝LOW〟クラスだった。どうやら英語で分けたようだった。ボブは高校もワダより1年遅れで卒業した。高校代表野球チームのメンバーだったボブのニックネームは「バット」。ボブの人生のそばにはいつも野球があると、みな思っていた。

ボブからワダは「君も代表チームに加われよ」と誘われたことがあった。バスケットの代表チームの練習に初参加した時、コーチはワダの顔と名前を一瞥すると、フォームも見ずに代表チームからの除外リストに、「ロバート・ミツル・ワダ」と書き加えたのだった。日本人の血を引く選手を頭から認めたくなかったのだ。太平洋戦争の傷痕はそんなふうに日系の若者の日々を直撃していた。しかし、ボブには黙っていた。コーチは野球の代表チームのコーチもしていた。野球でも同じ目にあうのは分かり切っていた。翌年、コーチが変わり、上級生になったワダはバスケット代表チームのスターティングメンバーになった。

友ボブ（左）との最後のショット

幕舎前に3人が並んだ写真の添え書きはこうだった。

「一度も負傷や戦死の話をしたことはなかった。3人は同じ戦争を体験して帰郷し、派手なビールパーティーをやるつもりだった」

戦車の司令塔に勢揃いした3人の写真には「笑顔でポーズした幸福な日々。数週間後に起きることを知らなかった」とあった。

最後の1枚も幕舎前で3人が笑みを浮かべた写真だ。

「3人の表情はこれが最後になるとは思ってもいない」と

添え書きしていた。何が起きたのだろう。

海兵隊は8月中旬、パンチボールの前戦に戻った。3人は連絡を取り合えなくなった。秋へと気配が変わる9月12日朝、ワダは作戦将校の大尉とジープで攻撃予定の高地を視察した。友軍が突撃する様子を塹壕から望遠鏡でのぞき終えて丘を下ると、戦闘指揮所につながる道の向かい側で第2大隊が煙草休憩中だった。まったく同じ戦闘服と背嚢、ヘルメット姿の数百人の中からワダは、難なくボブを探し出し、「ヘイ、ボブ」と大声で呼んだ。

手を振って応えるボブの姿を大尉が「誰だい？　えっ、君の親友か」と眺めた。

「そうです。私の幼なじみです」

「そうか。それじゃ、彼らの休息時間いっぱい話してきたら。ここで待つから」と気さくに言うと、「あの部隊はこの後に高地を攻撃することになっているんだ」とさりげなく教えてくれた。

立ったまま煙草をふかしている兵士の間を小走りにかき分け、「どうだい」とボブに声をかけた。ボブは屈託なかった。

「俺たちが最初に敵を探索する先頭グループになっているんだ」

「気をつけろよ。それから、とにかく(戦場では)ずうっと頭を下げているんだよ。絶対に顔をあげるんじゃないよ。家に帰るってこと忘れちゃだめだぞ」と忠告した。

「分かっているよ。家で(先にお前の帰りを)待っているからな」と笑ったボブは、いかにも戦場の幸運に自信を持っているようだった。

大隊に出発準備の命令が下った。戦場でボブとの三度目の再会が終わり、握手して別れる一瞬、鋭い寒気のような得体の知れない予感が体を突き抜けたことを、ワダは今も時おり思い出す、と語った。

ワダは、師団司令部から連隊司令部に毎日送られてくる戦死傷者名簿はいつも、わざと目を落とさずにファイルした。戦友が負傷したり戦死したりしたのを知るのが嫌だったからだ。18日もそのままファイルしようとして兄タカシの戦傷に気づいた。ボブと会った翌日の13日に戦傷し、釜山の病院船に送られていた。もしかしたら兄は腕を失ったかもしれないと自分も不安になった。

2日後の20日、12人の戦死者リストが届いた。いきなり、「ボブ」の名前が目に飛び込んだ。兄が負傷した13日早朝、ボブは戦死していた。目の前のすべてが消滅し、真っ白に変わった。腰が抜け、その場に座り込んでしまった。何も考えられず、何も思い浮かばず、赤ん坊のように泣いた。嗚咽《おえつ》がどのくらい続いたのか分からない。気づくと誰かが、ワダを抱きかかえてくれていた。

ボブの部隊に走った。4人の射撃班の中でボブだけ戦死した。無事だった3人が最後の状況を教えてくれた。

先頭の射撃班が敵を攻めながら丘を登っていた。敵の応射が始まり、ボブは敵の狙撃兵を見逃さず後ろを振り返り、後続の戦闘班に「注意しろ」と叫んだ。直後に迫撃砲弾がボブのそばで爆発、破片が直撃した。ほとんど即死だった。幼なじみはあっけなく戦場に消えた。

二度目の戦傷だった兄タカシが米国に帰還することを告げにきた時、ボブの死を伝えた。膝から崩れ落ちて床にうずくまる兄の脇でワダは自問自答した。

「なぜボブが死に、私でなかったのか」

インタビューでワダは、ボブの死以来の68年の歳月をずうっと、何がいつ起きるかも分からない不安の中で生きてきた、と述べた。

「一緒に海兵隊に志願しようとボブを誘った自分を、どこかで許すことができないでいます。誘ったのは1人で志願するのが怖かったからです。その負い目が心から消えません」

「ボブは少しも怖がっていなかった。喜んで一緒に志願してくれました。私のそばにはいつも彼がいてくれました。幼稚園で周りが怖く大泣きしていると、そばにやって来て慰めてくれたボブなのに、戦場で肝心な時に私はそばにいて力になり、励まし、心を静めてあげることができませんでした。神がなしたわけを人は知ることはできないですが、悔んですむようなことではありません」

ボブは静かで生真面目な男だった。いつもフレンドリーで冷静沈着な男だった。

ボブが怒ったところを一度も見たことがなかった。怒りに震える友を目にして、失望を感じたことはない、本当の親友同士だった。

「ボブは生きるためのすべてを持っていた男でした。素晴らしい野球選手でした。帰還後、ボブの兄からボブは高校時代、大リーガーのドジャースからスカウトされていたと聞きました。ボブはそんなことを一度も口にせず、知らずじまいでしたが」

スカウトされていると知っていたら、海兵隊に誘わなかった。再会した時ボブは、露営中でも野球の練習に励んでいると話していた。除隊後の夢を叶えるためにずうっと練習を怠らずにいたのだろうか。余計にいても立ってもいられなくなり、気持ちはさらに萎《な》えた。

大物米俳優、ボブ・ホープ(1903～2003)のUSO(United Service Organizations＝米国慰問協会。米軍部隊慰問活動のNPO団体)慰問ショーがあった。のうのうとショーを眺めている自分に嫌気が差し、前線への異動を司令官に願い出た。海兵隊に入隊したことで妻を失い、妻の死でボブと別の部隊になり、戦場で親友は戦死し自分は生き残った。神は、自分が愛する人の人生を奪いながら自分の運命を変えていたのだろうか——。戦場で迎えたクリスマスイブの夜を、その後味わうことのない寂寥の中でワダは過ごした。

米軍慰問団の歓声が戦場にこだました

再び長雨の季節が来た。大蛇がのたうち回ったようなぬかるみが進軍を阻んだ。51年6月20日、華川ダム南方に進出した米第10軍団司令部中隊曹長でロス出身のウォーレン・タカアキ・ニシハラ(26歳)が戦闘中行方不明になった。23日、国連安保理ソ連代表ヤコフ・マリクが「停戦交渉の開始」を提議した。休戦による早期解決に傾いていた米国は、中共軍の戦闘継続能力が限界に達しているためソ連が休戦を提案したと分析、1カ月もすれば休戦が実現すると楽観した。休戦会談では国連軍側が現状のでこぼこした戦線を軍事境界線にすべきと主張し、一方共産軍側は侵攻当時の一直線の38度線だと譲らず対立した。

7月10日、開城で休戦会談が始まった。第5連隊戦闘団第3大隊I中隊上等兵でハワイ・マウイ島出身のノブユキ・タケシタ（24歳）が22日、鉄原に隣接した伊川《イチョン》で戦死。23日、鉄原で第3師団第15連隊第1大隊B中隊2等兵でホノルル出身のロバート・K・ミヤモト（23歳）が重傷を負い、戦傷死した。ソ連の停戦提案で米統合参謀本部から「その場にとどまれ」の命令を受け、大規模攻撃を抑えられた米軍前線部隊は、次第に戦意が低下し哨戒《しょうかい》まで疎《おろそ》かになった。この間に中共軍は防衛線を強化、「パンチボール」西の山稜をタコつぼ、塹壕で固めた強力な防御陣地に変えていた。第8軍司令官ヴァン・フリートは、戦意高揚を図るために「パンチボール」南側の第2師団に「敵防衛線を突破して敵情を探る」限定攻撃を命令した。7月29日パンチボール西の大愚《テウ》山（1178メートル）で同師団第38連隊第3大隊I中隊上等兵のベン・ミツギ・タカモト（25歳）が戦死。カリフォルニア州サクラメント出身。8月9日、臨津江北岸の京元線（ソウル龍山－元山、1914年開通）を守っていた第1騎兵師団第8騎兵連隊第2大隊G中隊上等兵でハワイ島ペペエケオ出身のエイジ・ヤマグチ（26歳）が戦死した。

8月22日、共産軍側は交渉中断を声明した。夏以後、朝鮮戦争は様相を一変した。北へ南へとローラーのように戦場が動く戦争から、休戦ラインの固定化を見据え、共産軍地上兵力約112万人と圧倒的な空海軍に支援された国連軍地上軍約55万人が、谷を挟んだ敵の前哨基地に第1次、第2次世界大戦を超える10分間に1000発もの集中砲撃を浴びせ、中隊規模の戦力で十分な戦闘に大隊、連隊を投入、白兵戦で高地を奪い合う容赦なき山岳戦となった。

8月下旬からの大愚山西、水入川《スイプチョン》（34・8キロ）と西川《ソチョン》（23キロ）沿いの、車が通れる街道を見下ろす山稜は、「血の稜線《ブラッディリッジ》」「断腸の稜線《ハートブレイクリッジ》」と呼ばれる争奪戦となった。「血の稜線」は983高地群と呼ばれた

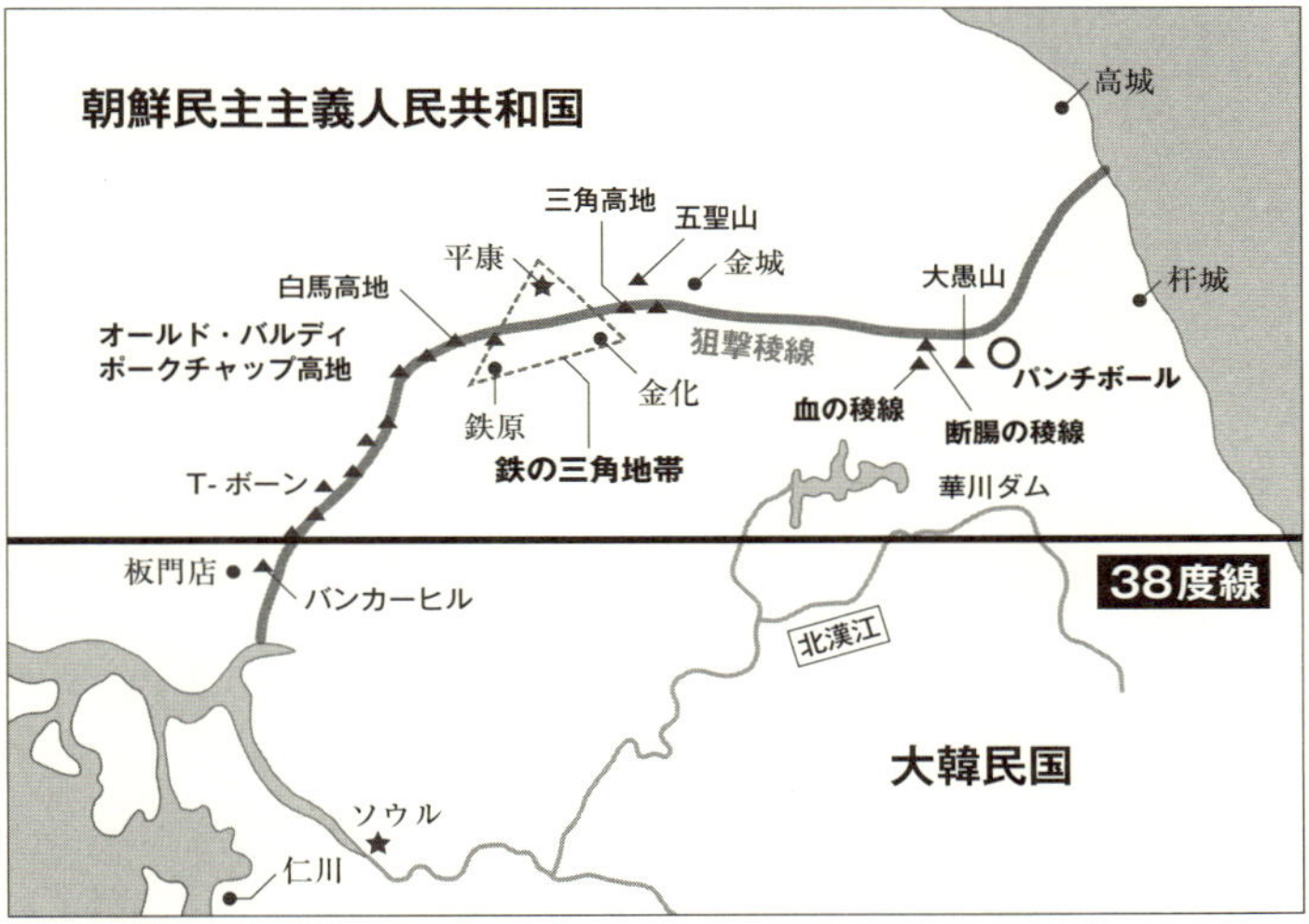

高地戦の戦場となった場所

山塊。「断腸の稜線」は「血の稜線」の北に連なる900メートルを超えるやりのように尖《とが》った岩塊の高地だ。

「血の稜線」と「断腸の稜線」に挟まる高地で26日、第7師団第17連隊第2大隊G中隊上等兵でハワイ・カウアイ島出身のパトリック・ケンイチ・ハマダ・ジュニア（17歳）と、同師団第32連隊第1大隊B中隊上等兵でハワイ・オアフ島出身のタケオ・オグスク（23歳）が戦死した。31日には第7師団第17連隊第2大隊F中隊の軽武装攻撃隊員でハワイ・オアフ島出身の1等軍曹ポール・ヒデオ・オーシロ（25歳）が戦死した。

米第2師団が30日から「血の稜線」を攻撃した。9月1日、モンタナ州マイルズシティー出身の第2師団第38連隊A中隊2等兵テツオ・モリウチ（21歳）が戦死した。重傷を負いながらも敵陣に手榴弾を投げ、全滅させたモリウチに銀星勲章が贈られたのは10月14日だった。9月3日、同師団第9連隊第1大隊のA中隊2等兵シゲオ・ヒヤネ(22歳)とC中隊上等兵ツネマツ・ミズサワ(24歳)、ともにホノルル出身が戦死。5日、東側斜面を進撃していた同師団第23連隊第1大隊C中隊上等兵でカリフォルニア州サクラメント出身のショーゴ・イワツル(20歳)が戦傷を負い、翌6日戦傷死した。

帰米2世の新兵、同大隊B中隊シロウ・アクネ＝阿久根四郎(20歳)は夜、北朝鮮軍の陣地から風に乗って、日本語で

「明日の総攻撃で皆殺しにしてやる」

と息巻いている大声を耳にして愕然とした。北朝鮮軍に身を投じた元日本兵なのか。あるいは、北朝鮮兵が日本語を使って元日本兵を装い、米兵や韓国兵を脅そうとしたのか。それは分からないが、朝鮮戦争が日本語の戦争であった側面を物語るエピソードだ。

アクネの父阿久根一郎、母ユキエは鹿児島県川辺郡万世町(現・南さつま市加世田)出身。東シナ海に面した、万世特攻隊の基地があった町だ。1918年に渡米したが、15年後にユキエが亡くなり、9人の子と小湊に戻った。3年後にシロウの10歳年上の長兄ハリー・マサミ・アクネと7歳上の次兄ケンジロウ・アクネが仕事を求めて米国に戻った。兄弟は、日米開戦でコロラド州のアマチ日系人強制収容所(正式にはグラナダ収容所)に収容され、前述した米陸軍情報部の日本語要員募集に応じ太平洋戦域に送られた。マサミは、ミンドロ島、ルソン島と激戦地で、十分な落下訓練を受けずにパラシュートで戦場に飛び降りるや日本兵と銃火を交えた。輸送機から飛び降りる寸前に自分の武器が

足元から消えたこともあった。帰米2世の日系米兵を信用できない上官が武器を隠したのだ。帰米2世への疑念は戦場でだけでなかった。日系人強制収容所で外の畑仕事などで手間賃を手にできるようになっても、帰米2世は外された。能力を利用した陸軍も、祖国日本での生活を体験していることへの疑心と偏見は消していなかった。

敗戦国の日本に兄2人は進駐した。故郷に颯爽《さっそう》と戻ってきた2人はシロウが初めて見る勝者の米兵だった。兄2人も弟2人が旧日本軍の志願兵であったことを再会の場で初めて知った。敗戦時、サブロウは旧帝国海軍航空隊、シロウは同佐世保第2海兵団だった。戦争が長引いていたら4人の兄弟は戦場で実際に殺し合っていたかもしれなかった。心にたまった敗戦の現実とうっぷんがシロウを次第に挑発的にしていった。「敵国」へのわだかまりが兄弟同士の激しいののしり合いに変わり爆発寸前となった時、父が「もうやめろ。戦争は終わったのだ」と、抑えつけた。

再会から日を経るにつれて次第にシロウの胸に「アメリカ」がよみがえってきた。街を闊歩する米兵の後ろ姿に兄とアメリカの魅力が重なった。敗戦国日本に職はないことも現実だった。市民権が凍結されていたから、米国に戻るため米国旅券の再交付申請に行った米領事館で若い領事になじられた。

「君は祖国に銃を向けた1人。（米国に）帰りたいなどとよく言えたものだ」

横浜で朝鮮戦争勃発のニュースを聞き、帰米の船に乗った。

51年2月21日に徴兵令状を受け陸軍に入隊した。朝鮮出征壮行会をロス郊外トーランスなどに住む鹿児島県人会有志が開いてくれた。皆が大声で日本軍歌を歌った。

〜勝ってくるぞと勇ましく……
朝鮮半島高地の昼は暑く夜は冷え込む。完全装備で登って体力を失いかけるとシロウは真っ先に毛布を捨て、武器と水だけ持って進んだ。ほかの新兵も毛布を捨て始めた。最後に捨てた兵士の毛布を拾って寝て体力を温存した。日本軍で学んだ「要領」の実践だった。

9月7日、同師団野砲大隊本部中隊伍長でホノルル出身のトーマス・ヒサオ・ヨコミチ（20歳）が戦死。同師団38連隊第2大隊H中隊2等兵でハワイ・オアフ島出身のタケオ・ウエハラ（23歳）が戦傷、10日死亡。第2師団は「血の稜線」を制圧した。「血の稜線」での国連軍の損害は戦死326人を含め2772人だった。

「鉄の三角地帯」近くの712高地には監視所と哨戒基地を兼ねた米第25師団第35連隊第3大隊の前哨基地があった。そこから東の682高地にかけて、平康《ピョンガン》と金城《クムソン》に並行するように走る12キロの山稜を同大隊のI中隊、K中隊、L中隊が交代で巡回、共産軍の動きを探っていた。ちなみに米軍ではI中隊を普通「Item」中隊、K中隊は「King」中隊、L中隊は「Love」中隊と呼ぶ慣わしがある。これは中隊のニックネームとは違う。無線や電話で単語を伝える時に「LIVE」なら「最初の文字は『Love』の〝L〟、次に『Item』の〝I〟」という具合に、決まった単語の頭文字で一字一字伝えて聞き間違いを防ぐようにしている。中隊の呼称も単語を拝借することで伝達ミスを防ごうとしているのだ。第25師団の別称は「Tropical Lightning」師団。これは常夏のハワイで結成されたのが由来のニックネームだ。

9月6日朝、L中隊の1分隊がいつものように哨戒に出た。コースは決まっていない。毎回変えて巡回するのだが、分隊が峰の上に上ると下に12、13人の中共兵がいるのが見えた。中共兵は自分たちに気づかないようだった。分隊は中共兵を待ち伏せする態勢を取った。それなのに中共兵に先に攻撃された。罠にはまってしまったかのようなすっきりしない銃撃戦の末、分隊は717高地の前進陣地に戻った。L中隊と交替するI中隊が予定より遅れ、真っ暗になってから到着した。L中隊は翌朝に山を下りることにして陣地に残った。時をおかず、中共軍が2台の大砲で717高地、682高地の陣地を砲撃してきた。炸裂《さくれつ》した砲弾で分隊長の軍曹が戦傷した。別の部隊の支援に出掛けていた砲撃部隊が大急ぎで戻ってきて中共軍に応射した。どんどん命中し出すと中共軍はあっさり撤退した。

中共軍の本当の人海戦術攻撃は真夜中からだ。集中砲撃が数時間も続いたように思えたが、実際には30分ぐらいだった。砲撃がやむや麓からドラとともに雄叫びをあげ駆け登ってくる中共兵の波状攻撃が始まった。L中隊の1人はその夜の戦闘をこう回想している。

「俺たち1人に中共兵5人ぐらいが攻めてきた。45メートルぐらい先の峰から陣地が機関銃で銃撃され大混乱になった。米軍の手榴弾のほうが威力はあるが、爆発音は中共兵の握り棒つき手榴弾のほうがすごく、頭がくらくらした。暗闇の中で敵と味方の判別すら難しかった。我々は斜め1列になって応射した。あちこちから『医務兵！　医務兵はどこだ！』と叫ぶ声があがった」

「いきなり敵兵が背後から攻撃を始めた。振り向くと2、3メートル後ろに今にも手榴弾を投げ込もうと頭上に構えた中共兵が立っていた。反射的に撃つと同時に手榴弾が爆発した。直後に数語を断片的に口にして息絶えた韓国兵が塹壕の中に倒れ込んだ。最初は訳が分からなかった。手榴弾が爆発した瞬間に韓国兵が塹壕に飛び込んできたのだ。韓国兵が壁になり私は命拾いした。たぶんもしも韓国兵に気づいていたら私は間違いなく中共兵と思い込んで撃っていたに違いない。すべて一瞬の出来事だった」

塹壕の穴に吹き飛ばされた韓国兵の膝から下の足がぶら下がっていた。

夜明けに中共軍の攻撃が終わった。日が昇ると皆、戦友の無事を確かめようとあちこちのタコつぼを駆け巡った。L中隊2等兵でホノルル出身のハーバート・タカヨシ・タカマツ(23歳)が戦死していた。ロス近郊ガーデナ出身の同大隊K中隊2等兵ユキオ・タノウエ(20歳)。8月に補充兵として配属された。夜中の集中砲撃を受けた時に炸裂した砲弾を浴び戦死した。8日、再び中共軍が襲ってきた。中共軍が去ると傷の軽い者が戦死者の遺体を運び、負傷兵が負傷兵を支えて後退した。

L中隊伍長のマサル・クマシロ(22歳)とK中隊伍長のフレデリック・モトヒサ・ニッタ(23歳)が行方不明。ともにホノルル出身。9日、同連隊第2大隊G中隊2等兵でガーデナの隣町トーランス出身のオサム・タムラ(21歳)が戦死した。3日間で少なくとも、L中隊25人など、同連隊では80人が戦死・行方不明になった。生き残った兵たちは、作者不詳の歌で、青春のただ中の人生を朝鮮で失った戦友を弔った。

In Their Memory - Forever Young

They left this world forever,
With life not fully led.
Now, who will mourn their passing,
or remember what they did?

They'll never have their children,
Nor have their praises sung.
For most, they'll be forgotten,
And remain forever young.（以下略）

墓標照らす戦功、ともに帰還する友

大愚山域の「断腸の稜線」では北朝鮮軍が強固な第2主陣地を奥に築いていた。米軍はその情報をつかめないまま51年9月13日早朝、「断腸の稜線」攻撃に踏み切った。雨が降り続けていた。第2師団第23連隊第3大隊を先頭に、「断腸の稜線」の四つの山塊のうち南から2番目、931高地と3番目の851高地間の鞍部攻略を計った。馬車道を北進して小道に分け入るや北朝鮮軍の激しい砲撃を受けた。さらに進むと山の背から機関銃と小銃に不意打ちされて少なくとも21人が戦死した。うち1人が第3大隊L中隊上等兵でホノルル出身のタツオ・ヨシノ(23歳)だ。

翌日も深い山中で自分たちがどこにいるのか分からなくなり、うろたえていると砲弾が撃ち込まれ8人が戦死した。朝鮮の岩山の麓は丈は低いが密集した樹木が重なり茂って頂を隠し、方向を見失いやすい。地形を知る敵には百戦の味方であるが、米兵にはとんでもない伏兵だった。

15日も8人が戦死した。第23連隊への攻撃を分散させるため、第9連隊が南端の894高地への攻撃命令を受けた。第9連隊は猛砲撃の支援を背に岩山を尾根伝いに進み15日、894高地山頂を奪った。北朝鮮軍は米軍の砲撃が始まると、傾斜がやや緩やかな西斜面を下って横穴に隠れ、砲撃が止まると山ネズミのごとく岩山を駆け登り、東斜面の厳しい傾斜を登ってくる米兵を待ち伏せて一斉射撃を浴びせ、手榴弾を投げつけた。山頂を抑えた第9連隊は2夜連続の夜襲を受けた。3日間で同連隊の少なくとも32人が戦死した。16日に第9連隊第2大隊G中隊2等兵でハワイ・カウアイ島カウマカニ出身のカズアキ・アカザワ(22歳)が戦死した。17日にアカザワと同い年の戦友、同大隊H中隊2等兵でハワイ・オアフ島出身のウィリアム・マサト・カワシマ(22歳)が戦死した。

頂から米軍補給隊は狙い撃ちされ、山中の部隊への弾薬補給も思うに任せなかった。谷間に閉じ込められた第23連隊第3大隊L中隊は18日再度、鞍部攻略にかかった。L中隊の日系米兵が次々に「断腸の稜線」を血で染めた。ハワイ・マウイ島パイア出身の上等兵ノボル・ナカムラ(26歳)、翌19日ハワイ・オアフ島ポハケア出身の上等兵スエトシ・オガタ(24歳)、ホノルル出身の上等兵トシオ・シモノヤ(22歳)が戦死。広島市出身の父コウタロウは1941年に65歳で亡くなり、12歳のトシオを育てあげた母クラはトシオを弔った4年後の55年5月、74歳で他界した。山口県美祢《みね》市出身だった。

20日に同大隊の支援攻撃を命令された同連隊第2大隊G中隊上等兵、ハワイ・カウアイ島出身のハヤト・カネシロ（26歳）とハワイ・オアフ島出身のヘンリー・トモゼン・セナハ（18歳）が戦死した。砂糖農園で働いていたセナハの父母は沖縄生まれだった。第9連隊医務中隊上等兵でハワイ・マウイ島出身のウォルター・ワタル・ヒガシダ（36歳）も同日に戦死した。真珠湾攻撃前の1941年3月25日に入隊し、欧州戦線で442部隊医務分遣隊だった。

多くの将兵を犠牲にして、米軍は931高地の北朝鮮軍第2主陣地の存在に気づいた。20日、第2師団師団長が交代した。新師団長は「断腸の稜線」作戦は「大失敗だった」と総括した。28日、第23連隊第2大隊G中隊2等兵でロス出身のトミオ・ホンダ（22歳）が戦死。この日、作戦は中断された。臨津江戦域では同日、第1騎兵師団第7騎兵連隊第3大隊M中隊2等兵でハワイ・オアフ島出身のテツミ・ヨコオオジ（23歳）が戦死した。9月の戦闘で国連軍将兵1529人が戦死。日系米兵は23人が戦死した。先のアクネの元にロスの1世の叔母さんから慰問袋が届いた。開けるとラッキョウ漬けだった。なぜか涙が止まらなかった。

金正恩の北朝鮮は70年前の「断腸の稜線」での戦訓を忘れていない。38度線に沿った海岸線や高地に無数の長距離砲横穴式陣地を築き、有事に備え緑濃い山中にミサイル部隊を配置して米軍偵察衛星などの目を巧みに遮断している。

国連軍は10月5日から戦車や砲撃を中心にした第2次「断腸の稜線」奪取作戦に突入した。6日、白石山（1142メートル）に向かった同師団第9連隊第1大隊A中隊上等兵のヒサオ・オキモト（22歳）、

9日、同連隊第3大隊L中隊上等兵のヒロシ・オク（24歳）が戦死した。ともにホノルル出身だった。
「断腸の稜線」931高地で8日、第2師団第23連隊第3大隊L中隊でホノルル出身のレイモンド・ジュンイチ・ナンバ（23歳）、9日に同連隊の先陣だった第2大隊H中隊上等兵で同じくホノルル出身のマサミ・カワムラ（23歳）が重傷を負い、翌10日に死亡した。同日に同L中隊でハワイ・カウアイ島出身の伍長タケト・ヤマネ（22歳）が死亡した。ジープに乗った時に車中に置いてあったM2ライフルが暴発し、腹部に命中したのだった。同大隊K中隊上等兵ハチロー・ボブ・エンドー（23歳）が、最後まで占拠できなかった851高地の戦闘で10日に死亡した。エンドーはカリフォルニア州オークランド出身だった。神奈川県から渡米した父キクゾウは1935年に54歳で亡くなっていた。息子を朝鮮戦争で奪われた母ナオは1975年、87歳で亡くなった。

同師団第38連隊は「断腸の稜線」北西、文登里《ムンドゥンリ》攻略へ向かった。空軍機が渓谷の敵を掃討後、工兵隊が谷底の道の瓦礫や障害物を取り除いて戦車道に整備し、空爆では破壊できない共産軍の横穴陣地の脇腹を戦車隊が砲撃する作戦だった。要地、萬垈里《マンデリ》で9日、同隊第3大隊L中隊の軍曹でハワイ島コハラ出身のセイホ・ウエジョウ（25歳）と上等兵でハワイ・マウイ島出身のマサヨシ・カワハラ（26歳）が戦死した。カワハラに52年2月13日に銀星勲章と銅星勲章が同時授与された。10月12日、同師団第38連隊第1大隊B中隊軍曹でホノルル出身のテツオ・キヨヒロ（24歳）が戦死。第2次世界大戦では第1399工兵A中隊だった。5日後の17日、9月1日の戦闘での銀星勲章授与が決定された。陸軍命令書ではこう記述している。

「萬垈里近郊の戦闘で、前進するライフル部隊を支援する第60迫撃砲部隊の前方監視要員、テツオ・キヨヒラ軍曹は、敵の激しい射撃を受けながらも自らの安全を度外視して、敵の位置に正確な射撃を加えていた。友軍部隊が敵部隊に接近し、損害を受ける危険が生じると、キヨヒラ軍曹は迫撃砲の砲身を自分の足で挟んで発射し、正確に敵の機関銃陣地を破壊して多数の損害を与え、自らが深い傷を負うまで戦闘位置を守り続けた」

それは442部隊の「当たって砕けろ」の再現だった。

山頂の日系機関銃兵

第23連隊第3大隊K中隊曹長でホノルル出身のエドワード・M・イシバシ（18歳）の分隊などが12日、萬垈里から直線距離で数キロ離れた楊口郡東面沙汰里《トンミョンサテリ》の険しい岩塊につくられた共産軍陣地を攻撃した。戦闘開始と同時に機関銃や手榴弾などの激しい反撃を受けた。負傷して逃げ切れなかった何人かが頭上の敵の銃口にさらされた。イシバシはひるまず、正確な銃撃と手榴弾の連投で敵の銃座を威圧して戦傷兵を無事に脱出させた。負傷しても イシバシは手榴弾で機関銃の敵兵を吹き飛ばし、奪った機関銃の銃口を共産軍に向け、敵陣地を奪った。イシバシはその日、18歳の青春を閉じた。

殊勲十字勲章と青銅勲章の授与でその死が報われたのは、53年2月18日だった。

9月13日、米第2師団は「断腸の稜線」を奪還した。稜線で少なくとも19人の日系米兵が戦死した。西部戦線の国連軍は10月3日から驛谷川《ヨクゴクチョン》（78・3キロ）から臨津江近くまでの戦線を北に約10キロ押しあげて防衛ラインを強固にするコマンド（特攻）作戦を開始した。鉄原で第3師団第15連隊第2大隊G中隊上等兵でハワイ・カウアイ島出身のセイキ・キムラ（27歳）、同大隊E中隊曹長でハワイ・オアフ島出身のロバート・シンエイ・コバシガワ（23歳）が戦死した。E中隊の戦死・行方不明者は10人。半年後、コバシガワに殊勲十字勲章が授与された。コバシガワは、夜襲で集中砲火を浴び負傷しながらも、敵軍が撤退するまで銃撃を止めなかった。

第24師団と第5連隊戦闘団、第7師団は金城《クムソン》制圧に向かった。10月9日、主撃の第5連隊戦闘団第2大隊G中隊上等兵でシカゴ出身のダニエル・ジョン・ニワ（23歳）、13日、同大隊E中隊2等兵のヒロシ・キリュウ（22歳）と第24師団第19連隊伍長のユタカ・ヒガ（23歳）が戦死した。2人はハワイ・オアフ島ワイパフが故郷だった。14日に同戦闘団第1大隊B中隊伍長でハワイ・オアフ島出身のウィルバート・ヨシタカ・ミヤサト（27歳）とA中隊上等兵でホノルル出身のアーサー・イチロー・オカムラ（23歳）が戦死。ミヤサトは第2次世界大戦に参戦していた。ロス出身の同戦闘団第2大隊E中隊伍長のショーゾー・クワハラ（23歳）が16日、金城7キロへ迫る戦闘で戦死。一方、この14日、中共軍の奥深くまで進撃した第19連隊の日系兵士3人が戦死した。ホノルル出身の第1大隊C中隊2等兵リチャード・サダイチ・キノシタ、第2大隊E中隊伍長タツオ・アライ、ともに23歳。第3大隊K中隊上等兵タダシ・オバナ（26歳）はロス出身だった。

第3師団左翼に並んで、平康から鉄の三角地帯北西を流れ臨津江に至る驛谷川南岸高地を奪取し、偵察陣地を設営しようとした第1騎兵師団は、高地を背にした中共軍の弾幕射撃で前進を阻まれた。10月4日、418メートル高地で第7騎兵連隊第2大隊F中隊2等兵でロス出身のサミュエル・アキラ・フジイ(22歳)が、標高346メートル高地で第5騎兵連隊第2大隊E中隊機関銃手、曹長でハワイ島ケアラケクア出身のノブジ・ヤマガタ(26歳)が戦死した。

ノブジ・ヤマガタの祖父ナオトラは1874(明治7)年、瀬戸内海に浮かぶ屋代島(山口県、現・周防大島久賀)で生まれた。『日本書紀』でイザナミが生んだ島の一つとされる「神話の島」だ。面積128平方キロの島では約7万人の生活は支えられず、島民は昔から船乗りや大工、石工などの出稼ぎ仕事に出た。1885(明治18)年に日本からハワイに向かった初の「官約移民」944人中、約3割が屋代島民だった。ナオトラは1898年の移民団でハワイに渡った。

コナの農園で荷物運びがロバ頼みなのを知り、蹄鉄《ていてつ》や用具をつくる鍛冶屋を始め、鍛冶屋で儲けた金でコーヒー農園を始めた。農園が軌道に乗った頃にコナの人口が急激に増え始めた。時機到来と鍛冶屋の向かいにコナで初めての商店「N・ヤマガタ百貨店」を開いた。オレンジ農園も手掛け、一気に財を成してハワイ島ホルアロアに東京ドームの4倍にあたる土地を手にして、1930年頃、膨大な資産を4人の息子にさっさと譲りハワイを離れ、屋代島に錦を飾った。

第1騎兵師団は目標の高地を占領した5日、第7騎兵連隊第1大隊B中隊上等兵でハワイ・オアフ島出身のムネオ・コシミズ(23歳)が戦死した。高地は6日に奪回され、第5騎兵連隊第1大隊C中隊上等兵でハワイ・オアフ島出身のサダヤス・ヒガ（22歳）が戦死した。

10月下旬、共産側は会談場所を開城から板門店に代えて休戦会談を再開することに同意した。共産側が会談に戻ってきたのはまた時間稼ぎのためか、米軍は真意を判断できなかったが、韓国軍が守る驛谷川北岸の395高地は鉄原平野を一望するのみならず、ソウルからの兵站線となる街道を守る要衝であった。砲撃戦ではげ山と化したこの高地に雪が積もると、遠くからはまるで白馬が横たわるように見え、いつの間にか、395高地は「白馬《ペンマ》高地」と呼ばれるようになった。白馬高地をどちらが奪うかで、想定される軍事境界線が高地の北に引かれるか、南側になるかが決まった。

10月6日から14日間にわたる白馬高地争奪戦で高地の主は7回入れ替わり、韓国第9師団が守り切った。韓国軍約3500人、中共軍約1万人の死傷者の血染高原となった白馬高地は、朝鮮戦争の代表的な激戦地の一つとなり、今も当地を守る韓国軍師団は別称「白骨師団」と呼ばれている。

鉄原戦域で21日、第3師団本部中隊伍長でホノルル出身のジロー・ヒロカネ（25歳）が戦死した。翌22日、第201対防諜情報派遣隊1等軍曹ケンイチ・ニシヤマ（24歳）が8055陸軍外科移動病院（MASH）で死亡した。ほかの兵士が銃器の取り扱いを間違えて起きた事故の巻き添えだった。ホノルルで姉と妹2人が帰郷を待っていた。翌52年5月17日には「鉄の三角地帯」で第7師団第31連隊第3大隊I中隊伍長でハワイ島ヒロ出身のヒロシ・ハギノ（23歳）が銃器事故で死亡している。

第1騎兵師団第5騎兵連隊第2大隊G中隊上等兵でカリフォルニア州モントレー出身のカルヴィン・ツネオ・シマタ（20歳）が27日戦死した。墓は山口県岩国市にある。

身動きがとれなくなる冬将軍の到来前に、ソウルの奪回でも防衛でも要となる「鉄の三角地帯」を盤石にしたい共産軍の反撃は熾烈を極めた。金化《キムフア》での戦闘で11月4日、第25師団第27連隊特別攻撃小隊軍曹でロス出身のジミー・ハルミ・マエムラ(22歳)が砲弾で戦傷死した。シンキチ・ジャック・マエムラとノブコ・メアリー・アン・ホリグチ夫妻の一人息子だった。

9日に驛谷川南岸戦域で第3師団第15連隊軍曹でホノルル出身のジッオ・オノ(20歳)が戦死した。10日の鉄原戦域では第1騎兵師団第70戦車大隊A中隊2等兵でロス出身のエドワード・オーシロ(21歳)と同騎兵師団第5騎兵連隊第3大隊K中隊2等兵でハワイ・オアフ島出身のラルフ・ショーイチ・マサツグ(22歳)が戦死した。金化周辺で第8騎兵連隊第1大隊C中隊2等兵でカリフォルニア州サクラメント出身のタミヤ・イケダ(23歳)が16日に戦死した。

21日、中共軍は臨津江東岸の鉄原街道を制する高旺山《コワン》に総攻撃をかけた。第7師団第17連隊第1大隊B中隊伍長でハワイ・カウアイ島出身のヒトシ・フジタ(25歳)が鉄原で戦死。ニックネームは「ウィンピー(弱虫)」。金化周辺で同師団と並行していた第8騎兵連隊第2大隊F中隊上等兵でロスのターミナルアイランド育ちのタカヤ・ディクソン・ウラガミ＝浦上隆也(21歳)が戦死した。

23日、高旺山山域の標高355メートルの頂で第3師団第7連隊第2大隊E中隊2等兵でサンフランシスコ出身のトゴ・オカムラ(20歳)が戦死した。二つのコブからできた高旺山を国連軍兵士は「小ジブラルタル」と呼んだ。18世紀にスペインとイギリスが激しく争奪を繰り返したイベリア半島の南端近くの島ジブラルタルの戦いに重ねたのだった。

第7師団第32連隊第1大隊B中隊伍長のゲイリー・ハシモトは、マウイ高校時代からの親友ジャック・アキラ・ヒワタシ(21歳)と一緒に前年の50年2月に入隊した。訓練小隊も配属部隊も同じだった。朝鮮に派遣されて最初の任務が鉄道警備だったので2人はがっかりした。1カ月後、念願の前線部隊、第7師団の同じ分隊に転属になった。初陣は翌51年2月だった。前夜は緊張で寝られなかった。冷たいみぞれ交じりの中で出撃した。凍った小川を渡り終えると足が凍った。2カ月後に上等兵になった。3カ月後、別々の分隊になりたいと2人は小隊長に申し出た。同じ分隊では一緒に戦死しかねないからだ。どちらかが生き残りマウイ島に戻るためにと説明すると小隊長は納得してくれた。「何があってもともに故郷に帰ろう」と2人は約束した。ヒワタシは軍曹に昇進した。

8月下旬から連隊は北漢江《プカンガン》と合流する金城川の南側高地奪取作戦に入った。9月17日、中共軍は稜線の上に並べた機関銃12基で、顔をあげることもできないほどの弾丸の幕を張っていた。頭の上に手榴弾をどんどん転がされ、銃火が弱まった隙に一気に後退するほかなかった。米軍の空爆と重砲で中共軍がひるんだとみて追撃に出ると、すさまじい反撃を受けた。なんとか敵バンカーに近づき手榴弾を投げ込んで陣地を奪っても、奪い返された。ピンポンの球のごとく敵味方の兵士が行ったり来たりする戦闘は経験したことがないほど熾烈だった。

突撃隊員のヒワタシが籠《こも》っていたバンカーを砲弾が貫いた。野戦病院にヘリで運ばれ、翌日、息を引き取った。どちらかは故郷に必ず帰ろうと誓ったのだから、生き残ったハシモトは命を大事にしなければならないと自らを戒めた。10日間で戦闘が終わると、師団は予備部隊になった。

10月25日に板門店で休戦会談が再開されると前線の攻防も落ち着き、哨戒任務だけになった。ハシモトの前線勤務点数も満期に近づいた。時をおかずに帰還だ。生きてハワイに戻る約束を果たすために最前線から離れなければと思案していると、中隊の厨房が食料隊の先導役を探していると知った。前線からひと山ふた山ほど下がったところに設営された厨房から、温かい食事を魔法瓶に入れて毎日1回前線まで届ける役目だ。志願すると、朝鮮での兵役が終わりに近づいているハシモトを無事にハワイに戻してあげたい中隊長も認めてくれた。

その年暮れの佐世保港。ハワイへの帰還船の甲板にハシモトが佇んでいた。玄界灘の向こうでのほぼ1年間の出来事が走馬灯のごとく脳裏を駆け巡った。輸送船に積み込まれる戦死者の木箱が、岸壁からクレーンで持ち上げられ、目の前を通り船倉に運ばれていた。ハシモトはその一つにふと目をやった。インクが擦《す》れ、ほとんど読めない印字を見た瞬間に息をのんだ。

「ジャック・アキラ・ヒワタシ」。絶叫していた。

「ヒワタシだ。ヒワタシの棺《ひつぎ》だ。ヒワタシは一緒に帰ろうと、どこかで3カ月間も待っていたんだ。俺とヒワタシは2人揃ってマウイ島に戻るんだ。約束通り」。涙がこぼれ落ちて止まらなかった。

板門店で双方が対峙する最前線を暫定的な軍事境界線とすることで11月27日合意したが、前線での陣地争奪戦は続き、鉄原戦域で12月13日、第89戦車大隊本部支援中隊伍長でカリフォルニア州アーケーディア出身のジャック・ショーゾー・ツボイ（22歳）が戦死した。51年最後の日系米兵戦死者だった。

「毎日新聞」1952年元日の社説「自由への希望に明けた新年」は「今年こそは、待望の独立がわが国に与えられる」と、講和条約発効で日本が敗戦の足かせから解放された後に必要な覚悟を人々に訴えた。朝鮮半島は10年ぶりの暖冬だった。戦乱収まらぬソウル。瓦礫の中を行進する新兵の脇を赤ん坊を背負った妻や両親がよろけながら追いかけていた。休戦をめぐり、板門店では国連軍と共産軍との駆け引きが、前線では偵察合戦と小競り合いが繰り返されていた。

漢灘江《ハンタンガン》戦域で1月9日、ロス出身の第7師団第32連隊第2大隊E中隊上等兵アラナリ・アーサー・ヒラガ(20歳)が戦死した。この日、朝鮮半島残留日本人33人が釜山《プサン》港から門司港に向かった。第40師団右翼と接していた第7師団第32連隊第1大隊A中隊上等兵でハワイ・オアフ島ワイマナロ出身のハリー・エイジ・カネシロ(23歳)が2月20日に戦死した。平康から西北の山間で24日、第10野戦砲連隊2等兵でハワイ島出身のヨシキオ・テンガン(24歳)が亡くなった。第40師団第223連隊伍長でロス出身のダン・ロン・ユモリ=湯森團(25歳)が3月30日に金城で戦死した。

前線に志願した戦車兵ワダは、51年夏からパンチボール東側の昭陽江《ソャンガン》沿いに共産軍を追い上げ、麟蹄《インジェ》の山奥で秋を過ごした。

「戦車には5人が乗り込みます。指揮官、射撃手、操縦士、操縦助手。新兵は弾の装填《そうてん》係と決まっています。指揮官が撃たれたら射撃手が指揮します。左の広いスペースは砲弾だらけ。砲弾の発射音はすさまじく、しかも耳栓なしなのできついです。撃ち終えた弾は熱く、手袋で取り出して砲弾を詰め込む作業を30秒でします」と、ワダは説明した。

「戦車のカモフラージュを全部取り、車体をむき出しにして白昼堂々と最前線の谷から出ていき、我々があたかも撤退したように思わせます。しばらく進んでそっと戻り、夜に、我々が去った後の陣地をつくり直している敵を一気にサーチライトで照らし攻撃します。ハイリスク・ハイリターンですが、敵に大損害を与えました」。「ネズミ捕り作戦」というそうだ。

海兵隊が長津湖で大敗退してから1年後の冬。戦車は凍る川を渡り、哨戒を続けた。しばらくは温度計を気にしていたが、すぐに見なくなった。「寒い。うんと寒い。ひどく寒い」だけの毎日だからだ。年が明けた52年3月、部隊はパンチボールを離れた。共産軍がソウルに直接攻略をしかけた時に備え、ソウル西方に転じるためだった。東海岸から戦車揚陸艦（LST）で仁川に向かった。

雪の山中を進む米軍の戦車隊

LSTの将校から、戦車を太い鋼鉄のチェーンで船底にしっかり固定するように命じられた。言うは易くで、慣れない作業でうまく結べなかった。嵐になった。船底が平らなLSTは、揺れに揺れ、右へ左へと傾いた。大きなうねりでざぶんざぶんと上下に揺れているうちに戦車が滑り始め、跳ね、どこかにぶつかった鈍い大音響がした。前後左右に滑り始めた戦車が、ワダが立ちすくむ側壁に向かってきた。戦車はわずか数インチを残して停まった。

仕切り壁の上に逃げた。身を守るものはなく、何もかも自分の手に負えない状況で身を守り切らなければならない恐怖。戦車が激しく前後、左右にと動き、衝撃音が響くと正面の扉に激突した。戦車が扉を壊して海に飛び込めば、流れ込む海水でＬＳＴは沈没する。扉を凝視していると、緊急停船をした。海軍将校からもう一度固定し直せと厳命された。

１週間後に仁川から西部戦線に向かうが、同時にワダの兵役は終わると告げられた。妻や親友への自責の念は消えず、おめおめと戻れなかった。せめて戦車の指揮官になり、故郷に錦を飾りたかった。射撃手に昇格しているのだから、叶わない夢ではないはずだ。

ワダは急いで大隊司令官に６カ月間の兵役延長を申し出た。司令官は「どうしてなんだ」と驚いた。

「私は急いで家に帰らなければならない身ではないです。妻がいない家にも、親友のいない町にも帰りたくないのです」と、本心を素直に伝えた。

「ワダ、師団司令部が君の延長を認めても、日本語通訳とかの任務になるぞ。それでいいのか」と返された。

「いいえ、私は戦車部隊にいたいのです」

「ワダ、私は君に帰郷を勧めるよ」

暗く鬱々《うつうつ》としたまま戦場を離れた。消防艇の祝賀の放水と海兵隊ブラスバンドに迎えられ、帰還船ウィリアム・ワイゲルはサンディエゴ港に入った。姉のメアリーが愛児と待っていた。タラップを降りるや赤十字の女性が目の前にミルクのコップとドーナツを差し出した。慌てて受け取ったはずみでワダは足元にコップを落とした。駆け寄ってきたメアリーが、

「あら、大丈夫よ。家で大きな瓶入りの牛乳をあげるからね」

と、幼かった日のごとく優しく慰めてくれた。その瞬間、胸の暗いわだかまりが消えた。わが家族にとって、何よりも自分にとって、この日は誇るべき日なのだ。晴れ晴れしい気持ちになった。

日系人強制収容所からレッドランズに戻った時、心細いまま最初に訪ねたボブの家。その家に向かった。あの日、ドアを開けてくれたボブ。その死を語るための訪問に心は塞《ふさ》いだ。ボブの母に悲しみを伝えようとしても慟哭が続き、ともに過ごす時間はもう永遠に戻らないつらさがこみ上げてくるだけだった。

時は流れた。嗚咽は恥ではなく、普通の人間にとって当たり前のことであると知る齢《とし》になった。人生の大きな部分を占めていた親友ボブは失ったが、それは永遠にボブが自分の人生の一部になったことでもあると悟るような気持ちになった。幼稚園で泣きじゃくっていた時の出会いは、泣きじゃくる中で終わる定めだったのかもしれない。ボブと同様に朝鮮戦争で人生を奪われた、すべての戦士への敬意は日を重ねるにつれむしろ強くなるのだった。

サンノゼ出身の伍長ノリオ・ウエマツは52年7月に米国に帰還した。

「朝鮮の戦場にいたのは1年4カ月だった。米国に帰るとなってとてもいい気持ちになった。陸軍に志願した時、体を大事にしてくださいと言って見送ってくれた母は59歳になっていました。日本語で、よく帰ってきましたと喜んでくれました」

その後も両親は何一つ、戦場でどんな毎日を送ったのかも知ろうとしなかった。帰還前に休暇を利用して江田島の姉に会った帰り、「ヒロシマ」に寄った。

「広島は原爆投下から7年経っていても何もなかった。ちらっと見ただけで廃墟のソウルより日本のほうがひどかったと分かりました」

除隊後、ノリオ・ウエマツはカリフォルニア州にある私立大学のエンジニアリング学部に進んだ。

母の千人針、弾雨ピアノ協奏曲のごとく

52年4月16日、第56兵站部隊補給中隊1等軍曹でハワイ出身のシゲオ・ギルバート・ヨシオカ（31歳）が戦死した。第2次世界大戦を戦った下士官だった。

クレイトン・H・ムラカミはその年の5月に新兵訓練を終えて2週間の休暇でハワイ島パハラの自宅に戻った。基地に戻る日に母ハツメ・ムラカミから白い布を手渡された。布の上には1000個の赤い点が縫いつけられていた。

「これは千人針という（日本では日露戦争以来、出征兵士に贈る）幸運のお守りだよ。1000人の力が籠っていて危険からお前を守ってくれる」

「この白い布の点は若かろうが年寄りだろうが女性が1カ所ずつ縫ったところ、みんなもお母さんもこの中の一つしか縫えないの。ただ寅年生まれの女性ならば何カ所でもいくつでも、自分が縫いたいだけ結び目をつくることができる決まりがあるのよ」

と説明しながら、戦闘に行く前にこうして身につけるのよ、とムラカミの腰に巻いてくれるしぐさで、自分が朝鮮の戦場に行くことを母はすでに覚悟しているのが分かった。父ウタカ・ムラカミと

別れの握手をした時、「ヒーローにならなくてもいいから……」とつぶやき、涙を流す52歳の父を初めて見た。

ムラカミは「鉄の三角地帯」から西方にかけての高地で中共軍と対峙していた第45師団第180連隊第3大隊K中隊に配属された。驛谷川渓谷の中共軍の11カ所の前哨陣地を奪う戦闘が6月6日から始まった。同師団第3大隊I中隊2等兵でハワイ・カウアイ島出身のジョージ・ミツノブ・クマクラ（20歳）が6月9日に戦死した。3男3女の末っ子だった。12日には同じくK中隊2等兵でアイダホ州レクスバーグ出身のイチロー・ロイ・ミヤサキ（21歳）が戦死した。両親の故郷は新潟。母ミツは14歳の時、父キタロウは17歳の時に亡くなっていた。

13日夜はハワイ・マウイ島出身の新兵と90メートル下の山中の聴音哨《しょう》[16]に潜んだ。闇で数メートル先も見えなかった。遠くで閃光が見えた数秒後に大砲音がとどろき、渓谷全部が爆発したように揺れた。哨の片側に震えながら身を寄せ砲弾の破片を避けた。敵の夜襲に備えて陣地に引き揚げろと電話が来た。夢中で塹壕に戻った。その夜は何も起こらず、自分の歯がカチカチと鳴る音が響くだけだった。

翌夕、米軍の戦車と砲兵隊が敵陣地の丘を徹底的に叩き終えた後、銃剣をつけてT－ボーン稜線の一番南にある、丸いちっぽけなイリー（不気味）峠を登った。頂上から100メートルぐらい下の空っぽの塹壕に飛び込むと頭上から敵の射撃と砲撃にさらされた。分隊長が「前進！」と叫んだ。全力で駆け登って敵の塹壕に向かって撃ち続けた。敵の頭だけが見え隠れした。合流した仲間とともに丘の側面に掘った洞窟の眼前にたどり着いた。仲間が洞窟に向かって射撃して敵を引きつけている間にムラカミは洞窟の脇に近づき手榴弾を投げ込んだ。粉塵が舞い上がった。誰も中を調べようとしなかった。みんな敵の前に顔をさらしたくなかった。

次々とほかの洞窟に手榴弾を投げ込んだ。一つの洞窟に発煙筒を投げ込むやいくつもの洞窟から煙が出た。洞窟はトンネルでつながっていた。戦闘が終わると腰の上あたりが痛んだ。医務兵は防弾ジャケットを脱がすと、巻いていた母の千人針とシャツを一緒くたにして上に持ち上げた。千人針を見られたに違いない。思わず医務兵にこう伝えた。

「何を見たかは、俺は聞きたくないから」

医務兵は何も答えず、「野戦救護所に行こう」と告げた。救護所で毛布がかぶせられた12人以上の戦死者が地面に横たわっていた。1人の顔が見えた。ハワイから一緒に来た戦友に似ていた。近づいてドッグタグを手に取った。

「シシド」……ノブオ・シシドと自然と口をついていた。L中隊2等兵でマウイ島出身。同じ20歳だった。

「ナムアミダブツ」

手を合わせた。すぐに手術を受けるために救護所からソウル近くの陸軍移動外科病院に移送された。手術が終わると軍医が「運が良かった」と顔を和らげた。銃弾の破片がわずか半インチだけ、腰のあたりの脊椎から外れて突き刺さって止まり、大事に至らなかったと教えてくれた。

腰に巻いていた千人針の幸運に恵まれ、おかげで命が助かったと心の底から母に感謝した。周りをどんなに探しても、手術の間に持って行かれた千人針は見つからず、誰もどこに行ったのか知らなかった。ただのぼろ布と捨てられたのだ。ムラカミは妙に落ち着かなくなったことを覚えている。生還して故郷で結婚したムラカミは後に、妻が母の頼みで偶然千人針を結んでくれた女性の１人と知った。不思議な縁を感じた。

6月14日、I中隊2等兵でハワイ・マウイ島出身のカナメ・リチャード・タマシロ（22歳）の前哨陣地が襲われた。救援隊が着いた時、無事だった兵の中にタマシロの姿はなかった。同大隊I中隊2等兵アラン・タダシ・ミヤヒラ（20歳）も戦死。彼もマウイ島出身。14日に同師団は作戦計画通り敵の前哨陣地11カ所をすべて確保した。砲撃戦で木々が根元だけになった一帯は「オールド・バルディ（不毛高地）」と呼ばれるようになった。22日に中東部戦線パンチボール戦域で第25師団第35連隊第３大隊L中隊上等兵でハワイ・マウイ島カフルイ出身のツカサ・ムラオカが戦死した。22歳と4日だった。6月25日、「鉄の三角地帯」金化戦域で第7師団第32連隊第３大隊I中隊上等兵でハワイ・オアフ島出身のミルトン・ツトム・オノムラ（21歳）が行方不明になった。

激しい砲撃で山々ははげ山に

米第45師団の眼前の脅威はオールド・バルディ高地群の標高３００メートルの中共軍砲撃陣地だった。6月26日、第45師団第１７９連隊第３大隊L中隊が北西部の屋根を制圧した。中共軍は繰り返し夜襲で反撃してきた。29日にL中隊伍長でハワイ島カーティスタウン出身のポール・コノム・ウラ（23歳）、30日に同連隊第2大隊F中隊2等兵でハワイ・カウアイ島出身のサトル・コジリ（22歳）が戦死した。ハワイ・オアフ島出身、戦友から「ノブ」と呼ばれていた第45師団第279連隊第2大隊F中隊上等兵ヨシノブ・グスクマ（22歳）が7月10日に戦死した。第7師団第31連隊第2大隊E中隊上等兵でホノルル出身のカタシ・ヨコタケ（21歳）が19日戦死。金城では第3師団第7連隊第2大隊E中隊上等兵のスエオ・カワハラ（20歳）が17日戦死した。ハワイ・マウイ島出身だった。第2次世界大戦下の1944年9月に入隊、442部隊E中隊だった同じマウイ島出身の古参兵で、同師団第15連隊第2大隊G中隊軍曹のシンジ・テンガン（27歳）が戦死したのは28日だった。

8月5日、日本海に停泊していた第7艦隊空母ボクサー（2万7100トン）の格納庫が火事で爆発、ホノルル出身の海兵隊上等兵アーサー・マサル・コズキ（23歳）のほか9人が死亡した。ボクサーは朝鮮戦争勃発直後の50年7月14日、サンディエゴを発つと8日と半日で太平洋を横断、空軍機と海軍機150機、将兵1000人を前線に届けた。仁川上陸作戦にも加わった。

52年夏から秋、米軍は空爆で共産軍の兵站能力を壊滅させるストラングル（窒息死）作戦を強めた。共産軍は逆に高地争奪戦に拍車をかけた。ストラングル作戦の空爆から共産軍の兵站と補給線を守るためだった。米軍が高地の共産軍陣地への空爆を増やさざるを得なくなれば、共産軍の兵站などへの爆撃が減るとの計算からだ。

板門店東部高地での白兵戦で8月12日、第1海兵師団第1海兵連隊第3大隊I中隊伍長でホノルル出身のリチャード・ヤスユキ・コウノ（20歳）が戦死した。臨津江支流沙尾川《サミチョン》（54キロ）の西、高さ

122メートルの高地争奪戦は、米国独立戦争での激戦として知られる「バンカーヒルの戦い」に匹敵する白兵戦となり、「バンカーヒル戦闘」と呼ばれるようになった。15日、臨津江の水源近くの山間で第3師団第15連隊第3大隊K中隊上等兵でハワイ島ケアラケクア出身のクリフォード・ヒフト・オキナガ（21歳）と同第1大隊C中隊軍曹でホノルル出身のロバート・ジュンイチ・シマブクロ（27歳）が戦死した。18日、第1海兵師団に代わってパンチボールに布陣した第45師団第279連隊第2大隊E中隊上等兵でホノルル出身のジェームズ・ミツル・モリサコ（20歳）が楊口で戦死した。

「鉄の三角地帯」西、漣川《ヨンチョン》周辺の陣地戦で8月28日、第2次世界大戦を経験した第3師団第7連隊第2大隊F中隊上等兵でハワイ・カウアイ島出身のタケシ・ササキ（26歳）が行方不明になった。9月15日、第3師団第7連隊第3大隊M中隊上等兵でハワイ島マフコナ出身のマサユキ・キハラ（21歳）が戦死した。26日に同連隊第2大隊B中隊2等兵でホノルル出身のセイイチ・アラカキ（21歳）と第1大隊B中隊2等兵でハワイ・マウイ島出身のウィルフレッド・ヒデト・アラカワ（21歳）の2人が戦死した。

「鉄の三角地帯」金化戦域では中共軍が最高峰の五聖山《オソン》（1062メートル）南面に構築した主陣地を「鉄の壁」と誇示していた。その麓の500メートル続く岩山「狙撃稜線」（580メートル）と西方1・6キロの「三角高地」（598メートル）には、米第7師団、韓国軍第2、9師団の前哨陣地があった。共産軍はその眼前の200メートル先に前哨陣地をつくり、「鉄の壁」と壕で結び増援部隊を送り込んでいた。

第7師団第32連隊第3大隊K中隊2等兵でホノルル出身のニール・ノリオ・オガサワラ(21歳)が9月30日戦死した。10月14日から、米軍が「三角高地」、韓国軍が「狙撃稜線」を攻撃した。夜は雨まじりの強風が吹き荒れた。

15日、米第7師団第31連隊第1大隊C中隊上等兵でハワイ・カウアイ島出身のツギオ・ヤマグチ(20歳)、第2大隊F中隊上等兵でホノルル出身のアレン・トメオ・サカモト(19歳)、同中隊伍長でハワイ島カパ出身のムネオ・ヤカ(21歳)が戦闘中に行方不明になった。ヤマグチと同じ第1大隊C中隊上等兵でハワイ・カウアイ島出身のリチャード・リキオ・トクナガ(20歳)が重傷を負い戦傷死した。

米軍は16日にいったん三角高地頂上を占領したがすぐ奪回され、同連隊第3大隊I中隊上等兵でハワイ・マウイ島出身のスエオ・コヤナギ(20歳)が戦死。16日、第511補給中隊軍曹でホノルル出身のイツオ・ヨネシゲ(29歳)が戦死した。白馬高地、狙撃稜線、三角高地などを舞台にしたこの秋の高地戦は激しさを増し、26日の「京郷新聞」は「火の海の中で肉弾戦　弾雨はまるでピアノ協奏曲」とその様を報じた。米軍が5日間で高地を奪えると目論んでいた戦闘は40余日続いた。朝鮮戦争での同連隊戦死者1341人中265人は10月14日の高地戦からだった。しかし、狙撃稜線を国連軍が前哨基地として確保したことで、共産軍の気勢を削ぎ全戦線で作戦の主導権を確保、その後の休戦会談を有利にした。

北漢江東岸で第25師団第27連隊第2大隊G中隊2等兵でハワイ島ヒロ出身のアーネスト・アツシ・ナガイ(19歳)が10月4日、重傷を負って死亡した。6日の「バンカーヒル戦闘」で、米第1海兵師団第7連隊第2大隊重火器中隊上等兵でハワイ・オアフ島出身のショージ・サトウ(20歳)が戦死した。同じオアフ島出身で重傷を負っていた同師団第7連隊第2大隊E中隊上等兵のダニエル・タカシ・トマ(21歳)が12日に戦死した。

鉄原を防衛していた第5連隊戦闘団隷下部隊の第15野戦整備工兵中隊2等兵でハワイ・カウアイ島出身のケネス・マサミ・サカモト(20歳)が26日、死亡した。「断腸の稜線」で28日、第40師団第160連隊重迫撃砲中隊上等兵でハワイ島ヒロ出身のユキノブ・イトウ(21歳)が戦死した。

開戦後6機しか撃墜されていなかったB－29が、中共軍の空軍力の充実により10月下旬、北朝鮮上空で1週間に5機撃墜された。29日、釜山から飛び立ち元山の鉄道施設を夜間空爆していた第17爆撃航空団第37遠征爆撃飛行隊のB－29が「敵高射砲被弾」の通報を残し撃墜され、搭乗していた18歳の空軍上等兵でハワイ・オアフ島出身のティモシー・シト・ヤマカワ(18歳)が空軍で初めての日系米兵戦死者となった。

鉄の三角地帯東方の狙撃稜線の一つ、ピンポイント高地の30日の戦闘では14時間の間に高地の主が12回代わり米軍が共産軍を追い払った。第7師団第31連隊第2大隊G中隊第3分隊伍長アレン・タカノミヤ(22歳)が同日、三角高地で戦傷を負った。タカノミヤはホノルルでトラック運転手をしていた。恋人の祖母から叱咤激励され、1951年9月20日に入隊した。入隊番号は4番だった。訓練担当の軍曹が「番号が奇数の新兵は一歩前に」と命令すると「君らは全員海兵隊だ」と指示した。次に偶数の新兵が一歩前に出ると「全員陸軍」だった。新兵の運命はあっという間に決まった。訓練小隊には白人新兵がたくさんいた。入隊前まで白人と一緒に過ごす経験がなかったタカノミヤは面食らった。翌年1月に配属された分隊でも、自分以外は全員白人なので少したじろいだ。

しばらくして歩兵から通信兵に変わった。分隊長と一緒にいなければならない通信兵は自由がきかないうえに、分隊長と通信兵は敵からイの一番に狙われるから歩兵のままのほうがよかったと思った。分隊長と一緒だからいいこともあった。分隊長とともに一番安全な掩蔽壕《えんぺいごう》に入れるのと、給食が最初に配られることだった。

30日は、三角高地の前哨陣地に敵の砲弾がいつになく激しく撃ち込まれた。タカノミヤはハワイ生まれの戦友が籠る前方のタコつぼが心配で、掩蔽壕からずっと見つめていた。すると、戦友が急に飛び出して敵の砲弾幕の下を一直線に走り抜けると、別のハワイ生まれの戦友が籠るタコつぼに飛び込むではないか。肝を冷やした。砲弾の雨が弱まるや、タカノミヤはタコつぼに駆け寄り、声を荒げた。

「命を落とすような危ない真似を何でしたのだ」

「こいつがタコつぼからまるで顔を出さなかったから心配になったのさ」

敵に戦友がやられたと救出しようとしたのだ。

「そしたらこいつは……」

タカノミヤはもう一人の戦友に目をやった。ペーパーバックの読書中だった。

「本を夢中で読んでいるままで死ねたら最高じゃないか」

と彼は何食わぬ顔をした。呆れて返す言葉が見つからなかった。

分隊が高地を制圧すると隣の峠の占領を命令された。中共軍は手ごわかった。夕刻に撤退命令が出た。タカノミヤは手足がいきなりすくみ、動けなくなった。少し先で日系米兵の戦友が撃たれた。分隊長の後に従っているタカノミヤは助けにいけない。無線で医務班を呼び、ようやくたどり着いた溝に転がり込むと兵士が倒れていた。誰かが兵士の顔を覆ったヘルメットを誤って蹴った。肩から上の顔がなかった。

小隊長が反撃を命じるまで、砲撃でできた大穴の中で4、5人で休むことにした。日が暮れた時に敵の砲弾が穴の端を直撃した。気づくとヘルメットが足元の先に転がっていた。手を伸ばして拾おうとしたが下半身が動かなかった。激痛に堪えて穴から出ようとした。誰かが引き上げてくれた。暗闇で最初は誰か分からなかった。同じ小隊のハワイ育ちの軍曹デビット・ラバンだった。タカノミヤは救護所に運び込まれた。

11月13日、パンチボールで第40師団第223連隊第1大隊C中隊伍長でハワイ島ニコル出身のジュン・マツシゲが重傷を負い、同月29日に戦傷死した。20歳と5日の死だ。

14日、小倉西方のアシヤ・エアーベース（現・航空自衛隊芦屋基地）から休暇を終えた米兵を乗せて飛び立った米輸送機が38度線近くの全谷《チョンゴク》近くで墜落した。死亡した44人の1人がホノルル出身の第151戦闘工兵大隊本部中隊軍曹ハリー・ノブユキ・ツルオカ（23歳）だった。銀星勲章を授与された第3師団第15連隊第3大隊I中隊伍長でハワイ・マウイ島出身のノブミ・シバオ（21歳）が25日、戦死した。敵兵に身をさらして照明弾を発射、友軍を支えた献身は銀星勲章で報われた。

米ソ冷戦が激しさを増す中で1952年11月6日、ドワイト・D・アイゼンハワー（1890～

1969）が米大統領選挙で当選した。12月7日「東亜日報」は米次期大統領アイゼンハワー訪韓を突如報じた。見出しは「七十二時間四分滞韓」。裏表1枚の紙面の大部分がその記事で埋まったが写真は1枚もなく、アイゼンハワーが抱く李承晩への冷えた心中と休戦への心づもりを見通しているかの紙面だった。アイゼンハワーは戦線を上空から確認したが、宿舎の第8軍司令部と目と鼻の先の景武台《キョンムデ》（現・青瓦台《チョンワデ》。元朝鮮総督府官邸）で待つ李承晩に会おうとしなかった。

米軍の信頼厚い、先の白善燁が駐韓米軍首脳に根回しして、アイゼンハワーは米国への帰途にやっと景武台に立ち寄った。その場で李承晩は、韓国軍20個師団の増強と米韓相互防衛条約締結をアイゼンハワーに約束させた。

第3師団第15連隊第1大隊C中隊上等兵、通信兵のジョイチ・ヤマシタ（21歳）は日本の高校を卒業、ロスに戻った帰米2世だった。いつも、同じ大隊の帰米2世の先輩兵に除隊後にGIビルで大学に通う日々への期待を語っていた。9日、哨戒中に戦死した。2016年2月のJAKWV（日系人朝鮮戦争退役軍人会）の新年を祝う会で帰米2世の戦友の1人が「ジョイチを決して忘れない」と挨拶した。

第2師団第38連隊第3大隊L中隊軍曹でハワイ・オアフ島出身のトーマス・ヨシト・フナコシ（27歳）が14日、戦死した。第2次世界大戦では陸軍情報部隊だった。パンチボールで23日、第40師団223連隊軍曹でホノルル出身のユキオ・ムラタ（30歳）が戦傷死した。27日、鎮海基地を離陸した米空軍第483空輸航空団第6461空輸飛行隊のC－47輸送機が墜落。上等兵でホノルル出身のフランクリン・ナルアキ・イズオ（20歳）ら乗員14人が死亡した。イズが52年最後の日系米将兵戦死者であった。

53年を迎えた。元日の「京郷新聞」は「新年を迎える辞」で、「民族の叫び　滅共統一復興」を訴えた。「共産南侵で始まった韓国戦乱はかくして四年目を迎えるに至った。三千里（筆者注／朝鮮半島を示す）の山河を跡形もなく燃やし尽くし、三千万民族が赤狗《あかいぬ》、血だらけの獣のような奴らに疲れ切りながらもなおかすかな望み、一筋の希望を抱いているならばそれは滅共統一だ」

第8285陸軍軍事部隊本部伍長でホノルル出身のアルフレッド・E・オーシロ（26歳）が5日、第1海兵師団第1海兵連隊第2大隊C中隊上等兵でホノルル出身のジェームズ・セイフク・アラカキ（24歳）が8日戦死した。「滅共統一」を熱望する韓国民と、一日も早い停戦を願う米国の思惑がすれ違う中で、休戦までにさらに日系米兵10人の命が朝鮮半島の山河に消えていった。

第4章

捕囚、名誉勲章

誰のための戦争、敵兵守る医師

米軍先遣隊スミス支隊が初めて北朝鮮軍と戦い敗れた1950年7月5日の烏山《オサン》戦闘に戻る。上等兵でホノルル出身のゴイチ・タマエ（21歳）は医務兵ら10人ほどと固まって逃げた。暗くなってから1軒の農家を見つけた。ひもじくてしようがなかった。農家の女が鶏を1羽ひねりチキンスープをつくってくれた。それまでもその後も、タマエにとってその晩のスープほどおいしかったものはない。

翌日の朝、農家を発った。誰も武器を手にしていなかった。広がる畑の中では身の隠しようがなく、9人はあっさり捕まった。銃を脇に突き付けられて尋問が始まるや恐怖でパンツが濡れた。

「何人でここ（朝鮮）に来たのか」と問われ、「（中隊の）120人だ」と答えた途端に、

「バカタレ。たった120人で戦争ができるか」と日本語で怒鳴られ、ののしられた。

「お前らは消耗品なんだ」

と、興奮した敵兵の大声が飛んだ時、「殺される」とタマエは震えた。

その日が朝鮮戦争休戦後の53年8月28日に解放されるまで、1139日にわたる虜囚の日々の始まりだった。

第24師団第34連隊第1大隊A中隊第2小隊上等兵でハワイ・カウアイ島出身のススム・シナガワ

麻袋や天幕を張ってつくった村の商店

（21歳）は烏山戦闘の翌6日未明、降りしきる雨の中、平沢《ピョンタク》の先3キロの京釜道を挟んだ丘で、タコつぼを掘っていた。この1年は佐世保駐屯地でタイプ打ちをしていて、訓練で銃をまともに撃つこともなかった。雨水を吸った泥土はねばつき、作業ははかどらなかった。分隊長が枝や葉でタコつぼをカモフラージュしろと命じて立ち去った。また雨が降り始めた。合羽もなく、ヘルメットをかぶった頭のほかはびしょ濡れだった。足元まで雨水がたまったタコつぼの中にはいられなかった。はい出すとタコつぼの脇で夜は暗い北の雨空を見つめた。

「いったい自分はここで何をしているのか」

夜が明けると、丘はうっすらと朝靄に包まれていた。いきなり砲音がとどろいた。靄越しにうかがうと眼前に敵の戦車3台がいた。反射的に銃撃した時、戦車の砲口から白煙があがり、爆風が襲い、砲弾の破片がタコつぼの周りに降り注いだ。阻止線は2時間も持たず、丘の上から「撤退、撤退」の大声が響いた。シナガワはM1半自動小銃をつかむのももどかしく丘の裏の斜面を下りると、何人かと裏の村落を目指してひたすら走った。

70メートルほど左に並んで追いかけてくる北朝鮮兵が銃を撃ち始めた。シナガワたちはやみくもに撃ちまくって逃げ続けた。シナガワの小銃の銃口が詰まった。銃床をいくら叩いても、引き金は動かなかった。北朝鮮兵の銃撃がやんだ瞬間、飛びあがり疾走した。走りに走り村のはずれ、貯蔵小屋に飛び込むと、追いついた北朝鮮兵が手榴弾を小屋に投げ込んだ。大音響とともに米俵や何もかもが宙を舞った。渦を巻く粉塵の向こうから北朝鮮兵は自動小銃を乱射しまくった。

シナガワの右手が後ろに吹き飛ばされた。反射的に右手を動かそうとしたが動かせなかった。シャツを破り、だらりと垂れ下がった腕に包帯代わりに当て固定した。腕が吹き飛んでいなくて安心した。小屋の隙間から撃たれ続け、反撃する間もなかった。誰かが叫んだ。

「降伏するか、さもなければ全員が殺されるかだ」

誰も口を開かなかった。敵兵の射撃が一瞬鎮まった。

「降伏だ。降伏だ」

一人が叫んで立ちあがり、小屋の扉を開けて外に出た。シナガワも続いた。

面と向かって北朝鮮兵の顔を見た。

「意地の悪そうなやつらだ」。第一印象でシナガワは覚悟した。

「この日が自分の最後の日だ。そうなるに違いない」

シナガワたちは道の真ん中に集められ、1列で歩けと命じられた。歩き始めるとすぐに右太ももも撃ち抜かれているのに気づいた。不思議に腕や足に痛みはなかった。一緒に捕まった医務兵が救急箱を開き包帯を巻いてくれた。立ち寄った村落で中尉と兵士12人、韓国兵2人が捕虜の隊列に加わった。北の警備兵は12人で、「なんで朝鮮に来たのだ」としつこく聞いてきた。

捕虜たちは鉄道の線路のほうに歩かされた。線路脇で銃殺されるのだろう。

「何をされても、もう受け入れるしかない」

途中で北朝鮮兵がシナガワたち24人を赤毛とブロンド、茶色、黒髪と頭髪で4組に分け、黒髪組に向かって「貴様らは全部日本人だ」と叫び、「こっちはアメリカ人だ」と別の組を指して怒鳴った。黒髪だろうが赤髪だろうが、みなアメリカ人なのだと誰も言わず、言う気にもならなかった。4時間ほど歩き、日暮れに小さな村の、門を木の棒の閂《かんぬき》で開け閉めする民家に入れられた。ハワイで見た日本の映画に同じような門の扉の場面があった気がした。どんな映画だったか、思い出そうとしても思い出せなかった。

7日の朝になると撃ち抜かれた右足が硬直して動かなくなった。腕は膨らみ青黒く変色し出した。食事なしで後ろ手に縄で縛られ北に向かった。飲み水も渡されず、喉が渇いた。北朝鮮兵が思いついたように捕虜の列から中尉を引きずり出し、無言で自動小銃を浴びせた。シナガワたちはショックのあまり茫然と立ち尽くした。射殺した北朝鮮兵が脅した。

「のろのろしていたら、ほかの奴もこうして殺すからな」

足と腕の痛みに耐え切れず、歩きながら気絶するように真後ろに倒れた。地面の先に次第に遠ざかる隊列が見えた。このまま後頭部に銃口を突き付けられるに違いない。苦しみから逃れられるのならそれでいいと、自分に言い聞かせた。銃音が響いた。反射的に目を閉じた。一瞬が過ぎ、なぜか自分は生きていた。振り向くと後ろの韓国兵が地面に転がり死んでいた。心の中で何ものかが生きたいと叫んだ。どこから力が湧いたのか、立ちあがり、足を引きずり隊列を追った。

着いた先は、初戦になった烏山の市街地だった。住民たちが狭い通りの両側にひしめき、捕虜になって戻ってきた米兵をあざ笑っていた。

不意にシナガワは唾をかけられた。その時のやるせなさをシナガワは手記でこう書き残している。

「そこは韓国の町。自分たちが北朝鮮から守るために来ていた町だった」

いったい誰のための戦争なのか。若い北朝鮮兵が近づいて来るや言い放った。

「お前を撃ち殺してやる」

悔しさのあまり言い返した。「やってみろ、撃ってみろ」

北朝鮮兵はうすら笑いを浮かべただけだった。いきなり下痢の前兆が襲った。渇きに耐えられず、途中で水田の水を飲んだ。それで腹を壊したのだ。糞をしに列を離れれば撃たれる。が、糞を垂れ流す無様な自分の姿まで恩知らずな町の奴らに見せたくなかった。腹をくくり、列が止まるや脇の土手に分け入った。ベルトを緩めて身をかがめると、野次馬が一斉に指を差して嘲笑した。北朝鮮兵は黙って立っていた。銃を撃つ様子はなかった。下痢を出し切ると列に戻った。

9日、シナガワはトラックでソウルの漢江南岸永登浦郊外、元は小学校だった捕虜収容所に運ばれた。北朝鮮軍の捕虜になった150人ぐらいの米兵がすでに収容されていた。捕虜同士ができるのはアイコンタクトぐらいだった。シナガワの記憶では8月20日、漢江を筏《いかだ》で渡ると、ソウル駅で汽車に乗せられた。汽車は米軍機の攻爆撃を避けるために夜間だけ走り、24日、北朝鮮の首都平壌《ピョンヤン》駅に着いた。「米軍の介入反対」と大書きした巨大横断幕を掲げさせられ、罵倒する群衆の間を行進させられた。足の傷がひどく痛み、2キロも歩けずにシナガワは路上に倒れた。ほかの捕虜たちが押し黙って脇を通り過ぎていった。誰でもいい、何も言わずに後ろから撃ち殺してくれ。早く楽になりたい……。プライドも崩れた。呻《うめ》きながら小便を漏らし、路上に流れた。

不意に抱き上げられた。ハワイからの戦友だった。シナガワは「殺されるぞ！　俺のことは放って列に戻ってくれ」と、半泣きで返した。「いや、大丈夫だ」と戦友はシナガワを放さなかった。

警備兵は銃で脅して無理やり立たそうともせず、黙ってそばに立っていた。将校が乗った通りすがりのジープが2人の脇に停まった。将校は赤ん坊のように泣き叫ぶシナガワを一瞥し、警備兵に何かを尋ねると2人を自分のジープに乗せろ、と命じた。

捕虜収容所に使われている学校は校庭が広く、校舎が2棟あった。捕虜になった米国人医師が一人いた。シナガワを診察した米国人医師は収容所長に「傷が化膿してきている。病院に連れて行かなければ……」と所見を述べた。収容所長は冷たく部下の将校に命じた。

「こいつを病院に連れて行き、腕を切断してこい」

片腕を切断されるか、化膿がひどくなり死ぬかのどちらかだとシナガワは観念した。

病院の医者に「指を動かしてみなさい」と指示された。指はかすかに動いた。医者は「腕を切断する必要はなさそうだ」と将校に所見を話した。将校は納得せず、「所長の言う通りに切断しろ」と迫ったようだった。医者も、「私の意見を伝えて返事を聞いてきてくれ」と引かなかった。

戻ってきた将校は、所長が納得したと告げた。治療がすむと腕と足にしっかり包帯を巻かれた。敵の捕虜にも医者としての誠実さを守る、北のこの医者にシナガワは敬意に近い気持ちを抱いた。それにしてもジープの将校はなぜシナガワを助けたのか。

「きっと俺たちが東洋人だったからだ」と、シナガワは推測している。

包帯は4日たっても替えてもらえなかった。ベッドが湧き出したウジ虫だらけになった。悲鳴をあげ医者を呼んだ。包帯を外されると腕の傷は幅が3センチ長さ15センチほどあった。医者は「順調だ」とつぶやき、傷にガーゼを詰め、包帯は巻き直すだけで替えなかった。

「アメリカでは毎日、包帯を替えるけど」と、シナガワは看護婦に講釈を垂れた。

「それは昔のやり方よ。ここでは5日に一度が普通なのよ」

にべもなかった。ギプスもなかった。遠くからB－29の空爆の響きが届いた。爆音は聞こえず、警備兵は避難せずにいた。いきなり病棟が大きく揺れて天井が波打ち、壁の漆喰《しっくい》の破片が飛んできた。病院の端に爆弾が落ちたのだ。2週間半入院すると捕虜収容所に戻された。

病院で治療されたことで、ひょっとしたら自分の命は助かるかもしれないと思い始めた。収容所には同郷の仲間がたくさんいた。タマエや、7月12日の戦闘で捕虜になったホノルル出身の第24師団の伍長ヘンリー・T・アラカキ、北に連行される途中に自分を助けてくれた重迫撃砲隊のトミオ・タダキ……彼らの存在に勇気づけられた。

北朝鮮軍の中にも日系米兵に同情的で、聡明な北朝鮮将兵がいるのに気づいた。流暢な日本語で日本支配時代の様子をそれとなく吐露する中尉がいた。

「あの頃は土曜日になると集まって酒を飲んで芸者遊びをしたものだった。今はだめになった。共産主義者の国になったから。土曜日の宴会なんてできない」

北朝鮮将兵全部が共産主義の操り人形とは言えないのだとも知った。日韓併合時代に日本語をみなが身につけたようでもなかった。都会育ちは日本語が自由だが、田舎育ちは違った。英語を勉強したがっている兵につかまり、英語でこれは何と言うのだ、あれはどう言うのかと質問攻めにあった。日本語が上手で、刺青を彫った、若いとは言えない女が捕虜収容所で働いていた。昔は慰安婦かその類いのようだった。北朝鮮兵は「あの女は奴隷だ」と言っていたが、女自身の様子はつらく耐えられない奴隷の毎日を送っているようには見えなかった。

季節が秋に向かう9月5日、シナガワたちは平壌駅に向かった。駅で民間人捕虜79人(81人説もある)と合流した。開戦直後にソウルで捕まり、開城に抑留されていた英国公使、27歳の英国副領事ジョージ・ブレイクら英国大使館員3人。英救世軍理事ハーバート・ロード、韓国内で宣教していたアイルランド出身で67歳の修道女マリア・クレア・ホワイティや米、英、仏人神父、修道女、新聞記者などの外国人や韓国人の83歳の反共政治家らだった。

民間人は窓ガラスが全部割れた客車1両に詰め込まれた。将兵は石炭を積む平貨車だった。夜だけ走り、途中で死んだ何人かの遺体は線路脇に投げ捨てられた。9月11日、中朝国境鴨緑江沿い満浦《マンポ》の元日本軍兵舎だった収容所に着いた。タマエは、将兵の捕虜はその時点で722人だったと記憶している。医薬品の欠乏はさらにひどく、皮膚病が蔓延《まんえん》し、肺炎と赤痢でいっぺんに50人が収容所で死んだ。

「捕虜殺し」の虎、死亡率38%の残酷

シナガワらは10月9日、元兵舎から追い出された。鴨緑江を渡った中共軍に使わせるためだった。山や平地を8日間連れ回され、満浦南西の高山里《コサンリ》に落ち着いた。シナガワは鴨緑江を渡る中共軍兵士を目撃した。川を歩いて渡っているように見えたが、よく見ると浮橋ができていた。記録では中共軍先遣隊が鴨緑江を渡ったのはその月の12日で、本隊は19日から満浦大橋など3カ所から北朝鮮内に入った。21日に捕虜たちは高山里から18キロぐらい南にある古い炭鉱の町に移動した。

ダナコンという村で砲撃音を聞いた。負傷した北朝鮮兵が逃げてくるのを見た。戦場は遠くないはずだ。誰かがどこから聞いたのか、「マッカーサーが兵たちにクリスマス前に故郷に帰れると約束した」とのうわさ話を耳打ちしてくれた。シナガワたちは地名も分からない山野や野原を引きずり回されながらも、もうすぐ戦争に勝ち、解放されると信じた。来た道を戻り25日、満浦の鴨緑江近くの荒野に着いた。半年前に着ていた、ボロボロの夏服のままだった。防寒服も長靴もなく、満州からの寒風が吹き始めた荒野で少しでも暖を保つには、自分たちが掘った浅い穴に身を折り重ねて寄り合い、体を温め合うしかなかった。

ようやくごくわずかの綿入れの上着とズボンが並べられた。シナガワはどっちかを選べと言われ、上着に手を伸ばした。これ以上の悲惨なことは起きようがないと、自分に言い聞かせ、名も知らぬその荒野を捕虜たちは「コーンフィールド」と名付けて記憶に残した。

国連軍が清川江で中共軍に打ちのめされたハロウィーンの10月31日、期待は裏切られた。その日、捕虜収容所長が、北朝鮮陸軍の将校から保安隊少佐チョン・ミョンシルに交代した。右頬に傷痕、流暢な日本語を話し、夏は白い軍服を好んだチョンは、捕虜殺しを楽しむ残忍な「虎《タイガー》」だった。朝鮮半島で虎は、山神の使いである聖なるものであると同時に、「海辺の犬は虎の恐ろしさを知らず」ということわざで例えられる、横暴と残忍の化身でもあった。シナガワはこう述べている。

「チョンたちは狂信的なサディストで理由もなく人を殺す連中だった。それまでの軍の警備兵のほうがどれほどましだったか」

「過酷と冷酷」が「残酷と暴虐」に変わった。捕囚の群れは恐怖と憎しみを込めてチョンを「タイガー・チョン」と陰で呼んだ。

チョンがやって来たその日の午後、捕虜758人は雪が積もる北の山に向かった。鴨緑江に近づきつつある国連軍から遠ざかるためだ。零下30度の中で残忍な「虎」は拳銃を抜くと叫んだ。

「脱落は許されない。死ぬか、歩くかの一つしかない。病人や捕虜の遺体は自分たちで運べ」

「タイガー死の行進」の始まりだった。

歩けなくなった捕虜は容赦なく列から外され、銃声が雪中に響いた。

米軍捕虜側の責任者は天安《チョンアン》戦闘で捕虜になった第24師団の大佐、ジョン・J・ダン（39歳）だった。隊列は13班に分けられ、各班に米軍の将校と下士官1人が付いた。2日目の11月1日、数人が雪中に倒れた。警備兵が「道路脇で休み、トラックが来たら乗せてもらえ」と声をかけた。やりとりを小耳に挟んだチョンは、「何だ」と大声をあげて振り向き、形相を変え、ダンたち米将校6人を小さな丘に集めた。「あいつらを殺す」と口走るチョンにダンが抗議するやダンの頭を殴りつけた。巧みな韓国語を話す英国救世軍理事ロードが間に入り、ダンがもう一度兵たちの命乞いをした。

チョンは「それならばお前を殺す」とダンを睨みつけ、「将校を1人殺す」と脅し直し、居並ぶ将校たちを一瞥して一呼吸置くと、7班を引率していた第24師団34連隊第3大隊L中隊野戦通信主任中尉のコルドゥス・ハミルトン・ソーントン(34歳)を指さし、

「7班の捕虜が一番多く道路脇に倒れていた。お前、文句あるか」

となじり、詰め寄った。ソーントンが、

「米軍には有罪無罪を決める裁判所がある」

と、抗弁した。チョンはやおら警備兵たちに向かい荒げた声で尋ねた。

「中尉は有罪か」。警備兵が一斉に、「ハイ、ハイ、殺せ！　殺せ！」と叫んだ瞬間、チョンは中尉の後頭部に突きつけた銃口の引き金を引いた。

「中尉はたじろがず、おびえず、涙も見せず、堂々と男らしく撃たれた」

居合わせた第24師団第19連隊B中隊伍長ショーティ・エスタブルック(20歳)はそう証言している。

トウモロコシ畑で野宿した夜は、枯れたトウモロコシを燃やし、わずかな火で暖を取った。シナガワの隣で寝ていた米兵が1、2時間後に凍死した。遺体を置き去りに降りしきる雪中を歩いた。

どこに行くのかも分からず、1日一度、カップ1杯にも満たない干からびたトウモロコシが配られた。雪水でトウモロコシを柔らかくし、歩きながら食べた。1人が便をしようと列を離れしゃがみ込んだ途端に射殺された。殺されるよりクソだらけのほうがましだった。歩きながら便をした。誰

かが布団代わりにしていたゴザを持つ力も失せて捨てた。

「我々全員にとって恥ずべきことがあった」

とシナガワは述懐している。それは飛行兵の身に起きたことだった。

「飛行兵は足をひどくけがしていたが、愚痴一つ口にせず2日間、松葉杖を使いついてきた。ところが朝、松葉杖の片方がなくなっていた。起きるや出発だったから、どうしてなくなったのか調べる時間はなかった」

飛行兵は降りしきる雪の中を残った松葉杖1本でついてきた。次第に遅れ始めた飛行兵を警備兵が列から引き離した。班長の将校が「彼をこのまま歩かせてほしい」と懇願したが、押し戻され、数秒後にシナガワは銃声を聞いた。飛行兵は射殺された。

「後に、俺たちの誰かが飛行兵が寝ている間に松葉杖を盗んで燃やし、暖を取っていたと分かった。頑強で卑劣な奴だけが生き残った」

修道女マリア・クレア・ホワイティは6日に雪の中で殉教した。「タイガー死の行進」で89人が殺された（韓国国防部・軍史編纂研究部編『国軍捕虜と6・25』2014年。6・25は韓国内での朝鮮戦争の一般的な呼称。犠牲者は103人説もある）。落伍した戦友を助けたくても、警備兵に後ろから銃で脅される中では助けることはできなかった、とシナガワは語っている。

9日、隊列は満浦から250キロ、鴨緑江上流、北に向かって突き出た標高330メートルの中江鎮《チュンガンジン》に着いた。1933年にマイナス43度を記録した朝鮮半島最厳寒の地だ。「タイガー死の行進」で銃撃される中尉を目撃した先の伍長エスタブルックはこう書き残している。

「私たちの居場所（中江鎮）は国連軍がいるところよりずっと北だったが、本当に助けてもらいたかった。しかし国連軍が野を越えてやって来たら私たちは、皆殺しにされていた」

「タイガー死の行進」を生き延びた1人が、第24師団第21連隊L中隊上等兵のウェイン・アーチャー・ジョンソン（18歳）だった。ジョンソンは7月11日の鳥致院《チョチウオン》戦闘で北朝鮮軍に捕まった。押し込められた建物が米軍機に爆撃され、戦友3人が死亡した。とっさに壁紙を破って3人の名前を鉛筆で書き残した。それから休戦協定成立で解放されるまで、戦友の最後をいつかその家族に伝えようと、496人の死んだ日にち、場所と所属部隊、出身地などを密かに煙草の紙の裏などに書いて、命の危険を冒して米国に持ち帰っていた。1996年夏、インディアナ州エバンスビルで開かれた戦友会で、酒に酔った彼がその経緯をしゃべり戦友たちを驚かせた。「ジョンソン・リスト」としてその後報道された死の記録は、共産軍の死の行進と捕虜収容所での事実を全米に伝えるものとなった。コーンフィールドから中江鎮までの死者は次の通りだった。

10月28日6人、29日4人、30日4人、31日11人。11月1日9人、2日15人、3日9人、4日24人、5日2人、6日3人、7日3人、9日1人。

1週間後の真夜中、捕虜たちは中江鎮より8キロほど上流で、鴨緑江が曲がりくねるハンジャン里まで再び歩かされた。ハンジャン里でも死者が相次いだ。

17日3人、18日2人、19日1人、20日5人、21日4人、22日10人。

英国副領事のジョージ・ブレイクは英国情報機関MＩ6の諜報員だった。ソウルでロシアの動向を探っていたが、北朝鮮軍に捕まり、「タイガー死の行進」を生き残った。後にソ連国家保安委員会（KGB）のダブルエージェント（二重スパイ）になった人物だ。51年3月に解放され、MI6に戻り、欧州冷戦の最前線ベルリンに派遣されると西側の電話盗聴用地下トンネルの存在やスパイ網情報などをソ連に流し続けた。1961年に二重スパイであることが発覚して英当局に逮捕された。5年後に脱獄、モスクワに亡命してソ連からレーニン勲章を与えられ、その後はKGBのスパイ養成に励んだ。

西側メディアのブレイクの追跡報道などによると、彼は「タイガー死の行進」で、米兵捕虜の意気地のなさに失望し、米軍機に誤射されたこと、さらに平壌への無差別空爆などを目撃したことや、平壌で読破したマルクスの『資本論』に心を揺さぶられ、共産主義者に転向したと弁明している。

しかし、米国のシンクタンク「ランド研究所」が1994年に公表した *POW/MIA Issues Volume1, The Korean War* では、ブレイクは同研究所の電話インタビューに、「タイガー死の行進で射殺されたのは10人か20人、それ以上ではない」と事実から遠い証言をしたと報告されている。二重スパイになった真の理由には口を閉ざし、2020年モスクワで亡くなった。98歳だった。

ハンジャン里では、学校の校舎と、床も壁も泥と藁造りのあばら家に分けて収容された。シナガワたち13人は一間に押し込まれ、昼はみなが足を曲げたまま座って過ごし、足がつると交替でストレッチをした。寝る時は、広げた足の間にもう1人が割り込んだ。喧嘩になると北朝鮮兵がうれしそうに様子を眺めた。米軍機に煙が見つかるのを恐れ、火は使えなかった。壁板を燃やして暖を取ろうとした米兵が捕まった。警備兵2人が両腕をつかみ、もう1人が殴り続け殺した。

シナガワは日本語ができる、と気づいた炊事場の警備兵からほかの米兵との間の通訳を命じられた。警備兵と捕虜をつなぐ言葉も日本語だったのだ。「自分は本当に少ししか日本語が分からない」と正直に白状すると、「お前は日本人か」と聞き返された。「そうです」と答えるや、

「バカヤロー、ニホンジンデニホンゴガワカラナイノカ」

と、平手打ちを浴び、蹴とばされた。周りにいたほかの米兵まで八つ当たりで殴りつけられた。

それからも、うまく伝えられないと殴打された。殴られるたびに両親が話していた日本語を懸命に思い出そうとし、両親からもっと日本語を学んでいたらと後悔した。

年明けにやっと綿入れの服が配られた。インフルエンザがはやり、赤痢も蔓延した。今日は大丈夫でも明日は自分も感染するかもしれなかった。あばら家の1軒が「病院」になったが、運ばれた捕虜はみな死んだ。誰もが「病院」に運ばれないために感染を隠した。ハンジャン里では将兵203人と民間人の3人が死んだ(両方で222人説もある)。シナガワは、「そのほとんどは、生きる意志を失い、ギブアップしたためだ」と回想している。「タイガー死の行進」に遭遇した米軍捕虜のうち、休戦後に生還できたのは262人だった(米国防総省 捕虜・行方不明者調査庁)。

共産軍の捕虜になった米軍将兵の人数、捕虜中の死者数などは、米国の機関や公表年度によって少しずつ異なり一定していないが、国防総省による55年の記録では、7160人が捕虜になり、4428人が帰還、2730人が捕虜収容所などで死亡した。死亡率は約38%。第2次世界大戦での米将兵捕虜死亡率約10%、ベトナム戦争の約14%をはるかに上回っている。「死の行進」や捕虜収

容所での銃殺や残虐行為、劣悪な食料、住居、衛生環境、医療の不在などの結果だ。死亡時期では、開戦から51年の春までが90％を占めているのも特徴的だ。

*POW/MIA Issues Volume1, The Korean War*によると、脱走に成功した米将兵670人のほとんどが戦場で捕虜になってすぐに脱走したケースで、捕虜収容所に連れて行かれてから脱走できたのはゼロだった。高い死亡率が示す劣悪な環境による衰弱、厳しい気候などに加え、捕虜収容所が人里離れた山中にあったためだ。94人が脱走を試みたが、山中で逃げる方向に迷っているうちに平均2日半で村人らに捕まり、半殺しにされた。収容所の中で「裏切り者」となった米将兵の存在が絡んでいることも指摘している。

年を越した51年1月に捕虜収容所は中共軍の管理になり、タイガー・チョンは姿を消した。警備兵のリンチは減り、タマエは扱いが少しだがましになった気がした。北朝鮮兵は捕らえた米兵から情報を得るより、極端に言えば殴り殺すことに快感を持っていたようだった。

共産軍は開戦後、北朝鮮内に国連軍捕虜収容所を約80カ所設営し、戦況に応じ捕虜たちを極寒の「死の行進」であちこちに移動させていたが、50年12月から51年春ごろまでに捕虜収容所は中共軍の管理となり、同時に鴨緑江沿いを中心に集約していった。51年3月に鴨緑江からは約24キロ奥で、新義州の北東約160キロ、平安北道昌城《チャンソン》郡の山中の村を昌城(第1)捕虜収容所に変えて、米英兵捕虜を中心に約2000人を収容した。その後、8月に昌城(第3)捕虜収容所、同年10月ごろに昌城の隣、碧潼《ピョクトン》郡に第2捕虜収容所を設営し、昌城捕虜収容所から将校435人前後を移した。翌年1

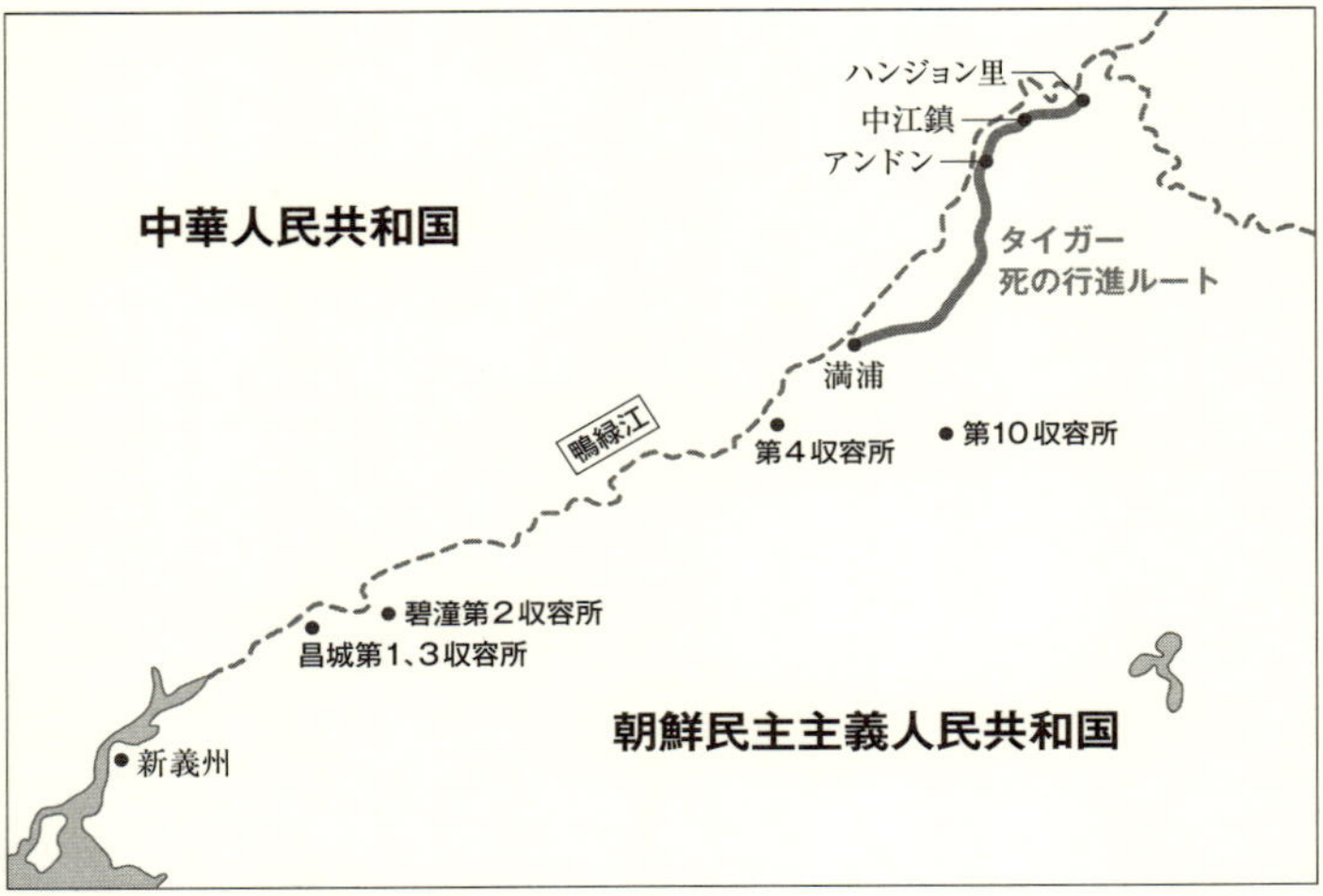

鴨緑江沿いの主な北朝鮮軍捕虜収容所

月に黒人兵、3月に下士官を第2捕虜収容所より北の第4捕虜収容所に移した。米兵捕虜らを人種や階級ごとに分離したのは、管理面からだけでなく洗脳の効率化のためだったろう。

日中戦争時の中共軍（八路軍）は、日本軍捕虜を殺害するより、懐柔、洗脳、共産党シンパ化、そして来るべき日本侵攻の先兵に変えていくことに重点を置いていたそうだ。中共軍は朝鮮戦争でもそのやり方を踏襲していたようだ。中共軍政治将校は、

「君たちは、朝鮮の戦場に無理やり連れて来られたアメリカの貧しい労働者たちだ。こんなところにいたくないことはよく理解している」と捕虜たちを揺さぶり、共産主義がアメリカの資本主義よりいかに素晴らしいかを講義した。講義が終わると1人ずつ捕虜に意見を求めた。政治将校の講義を称賛し、同調する感想文を書き上げ、共産主義に賛同する発言や行動をとっ

た捕虜は「進歩派」と持ちあげた。

共産主義を否定したり政治将校の話をあざけったりすると、たちまち「反動派」の烙印を押された。「進歩派」は肉や酒、煙草などの褒美にありつき、密告は無論、朝鮮半島への米国の関与を批判する「平和請願書」への署名や捕虜仲間の勧誘を命じられ、「君はすぐに解放され、帰国できる」と断言した。実際、中共軍は51年2月にオーストラリア兵3人を釈放し、5月に米海兵隊将兵18人など59人を江原道春川付近で釈放した。中共軍の目的は「捕虜管理の負担を減らすとともに、捕虜を優遇していることをプロパガンダするため」と韓国軍は分析している（『国軍捕虜と6・25』）。

休戦協定成立後、「進歩派」米兵捕虜21人が帰国を拒否して中国などに渡った。うち2人はその後米国に帰還し、ほかの「進歩派」12人とともに、「利敵協力者」（13人）、「殺人」（2人＝1人重複）容疑で軍法会議にかけられた。実際にははるかに多くの米兵捕虜が共産軍に協力し、密告者になっていたが、軍当局は訴追者をごく少数にした。米国民への悪影響に配慮し、捕虜収容所での身体的虐待と心理的強制下での行為は不問との「政策的起訴」で絞ったのだ。帰還拒否の2人への判決は無期など重刑だったが、何回か減刑され、3年半と4年半の収監で仮釈放された。日系米兵に訴追を受けた者はいない。

シナガワたちは51年3月下旬、ハンジャン里から鴨緑江下流、アンドンの元日本軍施設だった収容所に移った。対岸の中国に連れて行かれ中共軍の尋問を受けると、戻された。春が近づくと野菜が口に入った。タマエは、食事の量はほぼ同じだったが、キャベツや豚肉がわずかに増えたと感じた。

春の訪れはまた、ノミとのさらなる闘いの始まりだった。

収容所の周りには野生の大麻がいくらでも自生していた。引き抜いて屋根に放り投げて乾かせば、マリファナができた。天下御免で吸うと気分はハイになり、捕虜生活の日々をすべて忘れてゲラゲラ笑い合った。食欲がなくても吸うと腹が減った。麻薬類は今でも北朝鮮に外貨をもたらす貴重な密輸品だ。

捕らわれて以来、風呂なしだったが、川のほとりで水浴びができるようになった。季節が変わると夏服も支給された。毎日のように上空では、旧満州から飛んできたミグ機を米軍機が迎え撃ち、空中戦をしていた。見上げるたびに戦争は続いていると知った。アンドンでは69人の米軍将兵と少なくとも民間人1人が死んだ(Korean War Ex-POW Association ホームページより)。

10月1日、アンドンの民間人捕虜は満浦に連れ戻され、米軍捕虜らは荷船で鴨緑江を下り、昌城(第3)捕虜収容所に移った。1戸に押し込められる人数は減った。最終的には昌城(第1)捕虜収容所に約800人、昌城(第3)捕虜収容所にはシナガワやタマエたち1000人ほどが収容されたとみられている。

西部劇の町から来た分隊長の責務

51年春の「鉄の三角地帯」攻防戦で、東端の漢灘江《ハンタンガン》沿いから約2・7キロの高地、漣川《ヨンチョン》郡青山面《チョンサンミョン》大田里《テジョンリ》にある前哨陣地の第7師団第7連隊戦闘団第2大隊H中隊第2小隊機関銃分隊長は伍長ヒロシ・ミヤムラ＝宮村浩だった。すでに25歳。しかも殊勲《しゅくん》とどろく442部隊出身のミヤムラは、押すに押されぬ分隊長だった。

ほとんどの前線で4月攻勢の砲声が響いていたが、大田里は静まり返っていた。早春の日を浴び、兵士は故郷の母や恋人からの手紙の封を開け、届いた手づくり菓子を頬張り何度も読み返していた。米軍ラジオ放送がトップ歌手、ペリー・コモらの歌声を流していた。すがすがしい1日だった。前哨陣地の歩兵部隊は苦戦中の英軍旅団支援に向かった。

ミヤムラの故郷は国道ルート66が横切る西部劇の町、ニューメキシコ州ギャラップ。インターチェンジを降りると、西部劇の大スター、ジョン・ウェイン（1907〜1979）が定宿にしていたエル・ランチョホテルがある。今、角の信号には「MIYAMURA通り」の道路標識が飾られている。

アイゼンハワー大統領から名誉勲章を授与されるミヤムラ（1953年）

街角には「英雄」の肖像画（2017年）

名誉勲章を授与されたミヤムラは朝鮮戦争を記憶するこの町の英雄なのだ。

1881年にギャラップにアメリカ大陸横断鉄道の駅ができると、線路工事や炭鉱の職を求め、さまざまな人種、民族の男たちが集まった。父、ヤイチは1904(明治37)年、16歳の時に町から約5キロ離れた郊外の炭鉱街で下宿屋を営む姉夫婦を頼りに熊本県下益城郡小川町(現・宇城市小川町)からやって来た。93歳の年齢を感じさせない張りのある声で、ミヤムラは父について語った。

「父の父、つまり祖父はサムライでした。父は炭鉱でしばらく働くと日本に帰り、30歳の時、8歳下の同郷の妻トリと赤ん坊の長女を抱いて戻ってきました。アメリカの大自然と自由の気風が忘れられなかったのでしょう」

トリは下宿屋を手伝いながらさまざまな国の人々の口に合う料理を覚えた。夫婦は5年後にダウンタウンで小さなスタンド式の軽食店を開くと、1年もしないで商店街の24時間営業のレストラン「OKカフェ」を買い取った。7人の子に恵まれ、1925年に生まれた5番目の子がミヤムラだ。

ミヤムラの記憶に残る両親も、休みなく店で奮闘している姿だけだ。

「両親は日本について何も語らなかったです。それでも子ども心に日本のことは意識していました。正月を家で日本式に祝ったからです。悪いことをすると父にもぐさでお灸を据えられました。そんなことでアメリカと日本は違う、文化は相当に違うと気づいていました」

西部特有の強い日差しを遮ったリビングは少し暗かった。母は11歳の時に39歳で他界した。

「8月でした。あまりにも突然でした。なぜ病院にいるのかも分からなかったです。どうして亡くなったのかも理解できませんでした。教会の子どもたちとロサンゼルス(ロス)に遊びに行くことになっていた日でした。亡くなる2日前、母は自分のことは心配せずにロスに行きなさいと言いました。それが最後の言葉でした」

「日系米人がアメリカで尊敬されているのには理由があります。まず正直な国民性であること。それに文化は違っていても日本人は丁寧な優しい国民であるからです」

と窓の外を見た。母はその通りの人柄だったに違いない。

16歳の冬、日米が開戦した。内陸部のギャラップは強制移住の対象ではなかったが、ニューメキシコのいくつかの町で、日系人家族が強制収容所に送られた。イタリア系だったギャラップの保安官は「日系人もイタリア人と同じ扱いにする」と広言し、実行した。

「(強制収容された時は)全米で30万人の日系人がいました。白人の多い大都市に日系人は少なかったのも関係していましたが、米国政府は日本人移民のことをまったく理解していなかった。日系人が持っていた(米国への)忠誠心について何も知らなかったし、考えなかったです。もちろん私も自分が米国人であることをその時までもその後も一度も疑ったことはありません」

と、ミヤムラは振り返った。1943年に高校を卒業した。陸軍は戦場の中で丸1日過ごし、吹きさらしの戦場で寝る毎日のようで気が進まず、空軍か海軍を希望して志願した。すでに触れたが当時の米軍は人種別部隊編成方針を貫いていて、日系人は海空軍に入れなかった。ミヤムラは、欧州戦線の陸軍442部隊要員としてフロリダ州内の新兵訓練基地へ送られた。

基礎訓練を終え、442部隊の訓練基地であるミシシッピ州ハッティズバーグのキャンプ・シェルビーに移った。ハッティズバーグでは、レストランや劇場、酒場のどこもかしこも入り口に「ホワイト（白人）」「カラー（有色人種）」の札がぶら下がっていた。ギャラップ育ちのミヤムラは、自分がどちら側なのか、おぼつかなかった。町の人にどっちの店に入ればいいのだと尋ねた。

「ニグロ（黒人）じゃないな。じゃあ、ホワイトのほうに行け」

町では、ホワイトはおろかブラック（黒人）の誰一人といってもいいほど偏見や差別の存在に少しも疑問を抱いていないようだった。それがこの町の人々が送っている人生で、日系人強制収容所をつくった米国社会の姿だった。朝鮮戦争から戻った黒人復員兵が1960年、この町の大学にGIビルで入学しようとして拒否された。それがきっかけでこの町は公民権運動の舞台となったが……。

いよいよ欧州戦線に向かうためハッティズバーグ駅頭に整列した。輸送列車に乗り込む数分前、19歳以下の兵は戦闘に投入しないとの陸軍省の新たな決定が駅に届いた。少尉が「名前を呼ばれた者は反対側に並べ」と命じた。ミヤムラも名前を呼ばれ、出陣する仲間を黙って見送った。10月6日、19歳の誕生日を迎えた。身体検査でヘルニアと診断され、再び戦場は遠のいた。

45年5月7日、ミヤムラは輸送船に乗り込んだ。ナポリ港に着いた日、ドイツが降伏した。戦争が終わったことはうれしかったが、アメリカの敵と戦う機会が奪われたのは無念だった。翌年6月に442部隊の英雄たちとニューヨークに帰還した。7月15日、ワシントンを凱旋してトルーマンの閲兵を受けた。トルーマンはこうたたえた。

「諸君は敵のみならず偏見とも戦い勝利した」

1週間後、除隊となった。戦場で戦うことがなかったことが心に引っかかったままギャラップに帰郷した。別の戦争があれば、戦場で自分自身を見つける何かをつかむことができる気がした。3年間の予備役に志願し、父の自動車整備工場で働いた。

3年後の6月、ロス生まれのツルコ・テリー・ツチモリと結婚した。ツチモリ一家はポストン日系人強制収容所から解放されるとニューメキシコの日系人が1人もいない町で暮らしていた。まだ多くの町で日系人は排斥されていた。47年に父ツルオが50歳で亡くなるとツルコは、日系人がいる約200キロ離れたギャラップに向かった。同い年で親同士が同郷の2人はすぐに親しくなった。

予備役の3年が終了したが、新妻に相談せず3年延期した。2人はGIビルを利用して家も買い、ゆったりとした暮らしをギャラップで築き始めた。

50年8月、召集令状が届いた。母の死から13年後。自分自身を見つける機会が再び来たのだ。応召したミヤムラは米本土から別府のキャンプ・チッカマウガの第3師団第7連隊戦闘団に送られ、同年10月に佐世保から揚陸艦で元山に上陸、「感謝祭攻勢」で中朝国境地帯を目指して北上を開始した。雪の山中では絶えず足を動かして凍傷を防いだ。11月5日に豆満江沿いの白岩《ペガン》に進出した。

「新聞は（朝鮮戦争は）戦争ではなく紛争だと書いていましたが、中共軍と交戦するとこのままでは戦えないと分かりました。輸送トラックは雪の山中に入れず、食料も不足することがありました」

「クリスマス攻勢」の大敗で釜山へ撤退したが、大邱から再び進撃を開始、町から町へと戦い、51年3月に二度目のソウル奪取を果たすと、ミヤムラは5日間の休暇になった。日本で皇居前を訪ねると太平洋戦争がなかったかのような、昔と変わらない佇まいであるように感じられ、うれしかった。

「ギャラップの家で天皇誕生日を祝ったのを子ども心に覚えていました。国王がいる国はたくさんあるので、日本に天皇がいて当たり前だと感じていました。空軍が皇居を爆撃しなかったのは王家を尊重していたからだと思いました。イタリアでもバチカンを米軍は攻撃していません」

大田里に戻ったのが51年の中共軍「4月攻勢」の1週間前だった。

24日の真夜中。谷からの風が吹きあげていた。配属されたばかりの新兵が哨戒していた。何も動かず何も聞こえなかった。しかし新兵の拙い目と耳であっても闇の気配から不吉な予感がした。臆病者と言われたくはなく、数分間ためらい思い切って分隊長ミヤムラの肩を揺すった。

ミヤムラは闇に目を凝らして耳を澄ました。何も動いていなかった。命令した。

「全員、起きろ。騒ぐな。煙草を吸うな」

数分後、麓から閃光信号弾が1発あがった。周囲が陽炎《かげろう》のようにしばらく浮かび上がると闇の中に沈んでいった。数秒後また1発あがった。谷底からよじ登ってくる中共軍兵が双眼鏡に映っては消えた。と、数千の兵が踏み散らかす地響きが一気に広がり、ドラとチャルメラが狂ったように鳴り響いた。中共軍は270メートルほど手前から一斉射撃してきた。「撃て」。ミヤムラは応射を命じた。いくら倒しても死体の山を越えて登ってくる中共軍との山中の戦闘は3時間に及び、兵たちの疲労は極限になってきた。射撃手の1人が震え声で、

「次に奴らが攻めてきたらもう防げない。終わりです」と口にするや18歳の弾薬係が、

「伍長、どうしますか」と、腹ばいのままミヤムラを見上げた。

「銃剣で戦うまでだ」

全員が銃に銃剣を装着した。再びドラの音が闇を圧すると中共軍が再攻撃してきた。塹壕を挟み肉弾戦になった。3人の部下が傷口から血を流しながらM1小銃を撃ち続けた。眼前で数人の中共兵が胸を蜂の巣のように撃たれ、後ろに吹き飛んだ。銃火は次第に鎮まってきた。突然、重機関銃の連続音が止まった。銃座に駆け寄ると射撃兵が、

「こん畜生。俺は逃げる」

と銃座から離れた。この部下を撃つべきか、瞬間迷った。まだ数人の兵が無傷で弾も残っている。今自分がすべきことは何か。一瞬で判断した。自分が重機関銃を撃ち続けることだ。銃座に飛び込み、撃鉄を引き続けた。中共軍の攻撃がしばらくやんだ。

多勢に無勢だった。敵はあまりにも多く勝ち目はなかった。中共軍はすぐ勝負の総攻撃をしかけてくる。部下はまだティーンエージャーだ。若い部下の死を見たくない。10代の大切な人生を守ることが分隊長の自分に課せられた最大の責任と任務ではないか。自分の命と引き換えでも。

「ここを離れろ。俺は敵をできるだけ引き付けておく。その間に撤退しろ」

前方に広がる闇をなめ回すように援護射撃する間に部下たちは身を屈め、次々に塹壕から消えた。

重機関銃は銃弾のベルトを滑らかに送る射撃助手なしに長く撃ち続けることはできない。かたっと止まった。ミヤムラは銃座から飛び降り、重機関銃の弾倉の口に手榴弾を素早くはめて爆破した。重機関銃を敵に渡さないためだ。

手榴弾を殺到する敵兵の真ん中に投げ込むと同時に塹壕から飛び出した。手当たり次第に銃剣で10人以上を倒すと、第2塹壕に飛び込んだ。塹壕から撤退する分隊を重機関銃で援護し、迫りくる中国兵に向かっているミヤムラの姿を目に、分隊の兵は山を下った。

その最中に、ミヤムラは爆破音とともに塹壕に叩きつけられた。友軍の砲兵部隊の爆弾がすぐそばで爆発したのだ。意識を取り戻すと足から血が流れていた。

名誉勲章ミヤムラの戦闘ぶりを描いた絵

蜂の巣のように広がる両軍の塹壕や連絡溝。友軍につながっていそうな塹壕に飛び込み闇の中を進んだ。角を曲がるといきなり機関銃を持った中共兵と鉢合わせになった。

間髪を入れずに敵のみぞおちを銃剣で刺して逃げた。振り向いた瞬間、倒れた敵兵が手榴弾を投げるのが見えた。転がってきた手榴弾が足にぶつかって止まった。蹴り返すや身を翻した。2秒もしないうちに背後で手榴弾が爆発した。破片が逃げる自分の右足に突き刺さった。

450メートルぐらい走れば友軍陣地にたどり着くはずだ。立ち上がり、足を引きずり走った。突然、何かにぶつかった。暗闇に目を凝らすと錆《さ》びた鉄条網のコイルだった。その中に飛び込んだのだ。傷だらけになって抜け出し、壕からはい出すと、追いかけてきた敵兵が後ろに迫っていた。目の前の闇から不意に米軍の戦車が現れた。塹壕から700メートル離れた麓の道にたどり着いたのだ。反射的に戦車を停めようとして我に返った。容貌が敵と変わらない自分。飛び出せば敵兵と間違えられ撃たれる。戦車の後を追うしかない。走り出そうとして足元から崩れ、倒れた。力尽きた。

意識が戻った。脇を中共軍が通り過ぎていた。友軍は退き、一帯は敵に占拠されていた。顔をあげて探るのは危険な明るい朝に変わっていた。戦闘の高ぶりは鎮まっていた。このまま道端の戦死者に紛れ、中共軍をやり過ごそうと決めた途端一気に眠りに落ちた。

太陽の光が閉じた目にもまぶしく目覚めた。目を閉じ死んだままでいた。もう一度眠り込んだらいびきをかきそうだった。頭上からシャーロック・ホームズのごときキングズイングリッシュが聞こえた。

「起きろ。君は捕虜になった」

濃紺の軍服を着た中共軍将校が立っていた。「心配するな。人道的に扱う。ついて来い」

その瞬間に心中で何を思ったかを尋ねた。

「今でも思い出せない」とミヤムラは答えた。

若者は死に、生き残れたのは

翌朝、ミヤムラら30人を超える米兵の前で、木箱の上に立った中共軍将校が大声を張りあげた。

「諸君は中華人民共和国の捕虜である。諸君らにはよい食事と人道的な待遇が与えられる。我々は諸君に、諸君らが邪悪な側のために戦ったことを教え諭し、諸君一人一人に自らを清算する機会を与えるであろう。諸君らの個人的な持ち物はそのまま保持することを許される」

将校が去ると、警備兵が米兵のポケットに無造作に手を入れ、中のものを全部持ち去った。

「それからの2週間は食料も水も与えられず、北へと歩かされた。みんな骨と皮になった」

それが中共軍の人道的扱いだった。険しい岩山の上り下りは、負傷し衰弱した身には拷問だった。ここでも落伍した捕虜は警備兵によって射殺か、刺殺された。自分がどこまで耐えられるか、誰も分からなかった。腹に銃弾が残った10代の兵士が激痛に耐え歩いていた。薬も手当てもなくウジ虫が湧いていた。空腹のあまりミヤムラは傷からこぼれ落ちるウジ虫が飯粒に見えた。何日も経ち、傷がだんだんきれいになるにつれウジ虫がすっかり消えたのには驚いた。自分の傷も必ず治ると確信した。

「捕虜になって2週間目ぐらいから、細長いゴム風船に入ったヒエと大麦の粉末を1週間に1回渡されました。燃えカスのような灰色がかった代物で虫が交じっている場合もありました。それを1食分だけ飲み込み、水で腹を満たしました。若い兵は空腹に負け、すぐに平らげ、後は何も腹に入れられなくなり、余計飢えに苦しみました」

昼は小さな村の農家や緑深い山中で眠らされた。みなが道端の草やタンポポをむさぼり、根を掘り起こして食べた。空腹のあまり地面に崩れ落ちるように倒れた時、ギャラップの父のレストランで温かいホットパンケーキを頬張っている幻想を見た。

捕虜になってほぼ3週間、村にたどり着くや空腹で路上に倒れた。人の気配で目を開けると、髪が白くなった老女が悲しげにミヤムラを見下ろしていた。必死に日本語を思い出し、「おねがい」「たべもの」と繰り返した。老女が背を向け、近くの農家に戻って行く後ろ姿がぼんやりと見えた。諦め、目をつぶった。

目の前に再び老女が現れると、アワと少し米の混じった粥《かゆ》を盛った茶碗を差し出した。

「コマウォ（ありがとう）」

と覚えた韓国語で礼を口にすると一気に粥を飲みほした。息子が飛んできて、老母を激しく叩いた。警備兵が思わず止めるほどの勢いだった。息子は老婆を家に引きずり、ぴしゃっと戸を閉めた。

騒ぎが起きたのは翌日だった。中共軍将校が老女を連れてきた。

「こいつから飯をもらっただろう……。罰として女の息子を処刑する」

そう宣告した。とんでもないことに老女を巻き込んでしまったとミヤムラは後悔した。その後の2人の消息は知らない。

数日後に昌城（第1）捕虜収容所に着いた。漢灘江から約450キロ。1カ月近くの「死の行進」から生き延びたのだ。小屋に9人ぐらいが入れられ、木綿の布と小さなお椀、ブリキのカップにスプーンが1個渡された。夜が更けると米軍機の爆音が聞こえた。中共軍の輸送路となっていた鉄条網脇の一本道が米爆撃機に空爆された。

ロシアで教育を受けたという中共軍将校から尋問された。「司令官は誰か」「親友は誰か」「軍で何をしていたか」。何を聞かれても「私は知らない」と答えた。

ほかの米軍捕虜の証言などをまとめると、中共軍尋問官の関心は米国での入隊前の職業や収入、住宅、家庭環境、大統領らへの評価など、兵自身の経済環境や政治的立場に集中していた。

将校は「朝鮮の真の侵略者は誰か」と米兵に尋ねては、自分から「ウォール街の資本家たちだ」と叫び、捕虜の反応を探った。上海育ちや南カリフォルニア大学に留学した中共軍将校たちが、生粋の米国人顔負けのスラングで、自分たちは米国で黒人がどのように差別され、虐待され、強姦され、絞首刑にされているかを知っていると黒人兵をあおり、我々は黒人の友であると囁《ささや》いた。広場に捕虜を集め、大量の米飯と蒸しパンを配る日もあった。

日の出前に毎日、捕虜収容所から5キロほど行進して森に行き、斧とのこぎりを渡され伐採し、薪をつくった。2時間ぐらい作業し、朝食の豆乳が1杯配られた。昼飯はカブや豆のスープだった。夜は雑穀だった。トマトとジャガイモが1日1個配られた。1日1人は捕虜が死んだ。午後にまた集められ、中共軍の政治将校から共産主義礼賛の洗脳教育を受けた。「ハイ、同志諸君」と適当に答え、夜、小屋で互いに「くだらない」と小さく吐き捨てて憂さを晴らした。収容所から海までの距離はどのくらいだろうか、と当てずっぽうで推測し、警備兵のライフルの威力や、時に脱走の話もした。

1、2カ月後、何人かの捕虜が殴られ、戸外に放置された大きな林檎箱のような檻《おり》に入れられた。檻は高さ約1メートル、長さ約1・5メートル、幅が60センチぐらいで、正面が木製格子になっていた。「囚人」は手錠をかけられ寝る時間まで正座を強いられ、あるいは足首を縛られた。それからその類いの話は口にしなくなった。

零下30度のシベリアからの突風が小屋に吹き込み始めても、体を温めるものはなかった。朝の森での作業が歩いて1時間ほどの木立に変わった。1時間ほど木を切りロバが引くそりで運んだ。最初の9人の仲間の3人が肺炎で息絶えた。なす術《すべ》はなく、燃え上がる荼毘《だび》の炎を見続けた。肉体的にも精神的にも限界だった。みなが無気力になり、笑いも誇りも涙すら忘れた。容赦なき空腹。生きる気力を失い、小屋で床に倒れ、死を待つだけの日々になった。

「それでもあなたは生き残れた。どうしてなのか」とミヤムラに尋ねた。

「若い人ほど先に死んでいった」と、太い声が戻ってきた。

「生き残る努力をしなければならない。生きる努力をすることだと知ることが私はできたからだ」

私の目を見つめ、身を乗り出して続けた。

「努力をし続けるところに希望が与えられるとある時、考えるようになった。食べる努力をすることがつまり、生き残ることだ。私は毎日食べることを懸命に試みた。若い人は食べる努力をすることの意味が分からずに生を諦めギブアップしてしまった」

沈黙がしばらく続いた。窓の向こうに玄関前のポールに掲げた星条旗が見えた。気をとり直したかのようにミヤムラは、胸の名誉勲章に手を置いた。

「私は捕虜生活の中で人間の体は長い期間食べなくても死なないことや、体の傷も自分の力で治せることを知った。何よりも自分の性格を知ることができた。常にやり続けるべきことをやることが人生のすべてで、それをやり遂げるのが私だと悟った」

自分自身が何者かをミヤムラは朝鮮戦争で見つけた。戦場ではなく、捕虜収容所で生き残る努力を続ける中で。

疑惑の解放、シャイな戦士の孤独

昌城（第3）収容所のシナガワは53年春、警備兵から出し抜けに「自分の持ち物を集めろ」と命じられ、面食らった。「お前は病院に行く」と言われたが、病気でもなく、体の不調や病院に連れて行ってくれと警備兵に訴えたこともなかった。いったいどういうことかと不安が増した。全部で14人が集められ、町の病院に連れて行かれた。どんな目にあわされるかと怯えて4日過ごした。

5日目に揚げた肉や野菜、パンが並ぶ豪華版の食事が出た。日本酒まで並べられ、14人は仰天した。キャンディと煙草のおまけまでつき、さらに混乱した。これも洗脳するための心理作戦の一つに違いない。すると、近寄ってきた中共軍将校が「送別会を楽しみましたか」と話しかけてきた。送別会って？　みなが息をのんだ。送別会って……、死への送別会か。

1人が思い切って尋ねた。

「私たちはどこへ行くのですか」

「傷病捕虜の交換が行われます。交換する兵に選ばれて家に戻るのですよ、あなた方は」

紆余《うよ》曲折の休戦会談で53年4月11日に双方の傷病捕虜交換が決まったことをシナガワたちは知らなかった。藪から棒の返事は逆に期待させ、大喜びさせた揚げ句に一気に地獄に突き落とす、いつもの中共兵のやり口と同じに違いない。話は全部逆さまになるのだ。

すると、中共軍将校が捕虜になった時に何を取られたかとシナガワに尋ねた。140ドルと時計だと告げるとすぐに、将校がドル札と奪われた時計の代わりだとロシアの腕時計を持ってきた。ドル札と時計を手にするとシナガワは初めて、本当に戻れるような気分になった。14人は17日に平壌に着いた。待遇が良かったように見せかけるため、またどんどん食べさせられた。

「歴史的な日　四月二十日傷病捕虜交換が始まった。春霞が立ち込めるなかで板門店の朝は国連軍重砲が中立地帯近辺の共産軍高地に砲弾の雨を振りそそぐ振動の音とともに明けた。午前八時一七分国連軍傷病捕虜を載せた共産軍病院車トラック十七両が板門店中立地帯に入って来た」

53年4月21日付「東亜日報」のこの記事が1面でなく2面だったことが、当時の韓国の国民感情を表現している。傷病兵交換5日目の24日、シナガワは板門店まで運ばれた。「帰らざる橋[17]」の手前でトラックは止まった。北朝鮮兵がトラックの荷台を開け、降りろという仕草をした。ある捕虜は走り、ある者は歩いて橋を渡った。シナガワは足がもつれ走れなかった。橋を渡ると星条旗が見えた。感動で全身が鳥肌立った。泣きながら、自由に向かって自分が橋を渡るのを実感した。

7日間で国連軍側から6670人、共産軍側からは684人の傷病捕虜が交換された。うち米将兵は149人。日系米兵はシナガワ1人だった。

シナガワは板門店から南に500メートル離れた韓国域内の「自由の村」の米軍キャンプにヘリで運ばれた。33カ月ぶりにラクダがシンボルマークのアメリカ煙草、キャメルを吸い込むやくらくらした。最高だった。コーヒー、牛乳、ミルクシェイク、チューインガム。囚《とら》われの日々に口に入れたくてたまらないものだらけだった。東京の陸軍総合病院で尋問と検査を受け、故郷の空へ向かった。カウアイ島が見えた。故郷に戻ったと自分に言い聞かせた途端、体が震え、止まらなかった。

収容所のタマエたちは傷病捕虜交換協定が結ばれたことを知らなかった。シナガワたちが連れ去られると、どこかで良くされているらしいとのうわさが流れた。ある晩、タマエは管理室に呼び出され、「反動派のリーダーはお前で、お前がコミュニストの話を聞くなと扇動している」と決めつけられた。否定しても否定しても、何日も追及された。捕虜の誰かが根も葉もない告げ口をしたのだ。

密告者は軍曹のハンソンに違いない。昔の刑務所暮らしのこととかをしゃべりまくっている男だ。ハンソンが衰弱した捕虜の飯を盗んでいるのに感づいていた。盗みは盗みだ。タマエは不愉快だった。ふと、いつかボクシングの試合で将軍ディーンからトロフィーをもらい握手したのを思い出した。囚われの日々はまだまだ続きそうだった。

前述した中共軍の「5月大攻勢」の18日、行方不明になった第2師団のハワイ島ヒロ出身、ヒサシ・モリタは戦友から〝シャイ・モリタ〟と呼ばれる、物静かで自分のことを口にしない恥ずかしがり屋だった。徴兵された時は新兵訓練後に結婚式を挙げる、と婚約者と決めていた。計画は挫折した。婚約者の母が朝鮮で戦死するかもしれないのにと言い出したからだ。結婚は無事帰郷してからと延期された。

50年11月の平安北道軍隅里での「インディアンの笞刑場」の大敗で再編された第2師団に翌年1月

配属された。多くの将兵が戦死している第2師団に新兵は誰も行きたがらなかった。訓練小隊で一緒だった戦友が精神異常をきたし、20日間、モリタは戦友の背嚢や銃を持ち、戦友を脇に戦い、医務隊に預けた。前述した51年2月の京畿道砥平里戦闘も生き抜いた。

18日、モリタの分隊は同師団第38連隊の撤退を支援していて中共軍に包囲された。激しい砲撃で根元から倒れた木陰からのぞくと、90メートルぐらい下から登ってくるたくさんの敵兵は機関銃をいくら浴びせてもひるまなかった。モリタは戦友からトスされた手榴弾を40メートルぐらいまで近づいてきた敵兵に投擲《とうてき》し続けた。野球のピッチャーになったような気がした。どうして自分で投げないんだと、戦友を怒鳴る余裕もなく、手榴弾が手渡されるや反射的に投げた。

激しい砲撃で木々は根元から折れた

すぐそばまで攻めあがってきた敵兵が手榴弾を投げつけてきた。1発が近くに落ちた。激しい痛みを右側の手足に感じた。一瞬、血まみれの敵兵が目に留まった。手榴弾のピンを左手で抜こうとして抜けなかった。顔をあげた。目前にサブマシンガンを構えた中共兵が銃口をモリタに定めていた。握りしめていた手榴弾を敵兵に見せた。サブマシンガンで体をぶち抜かれる気がした。敵兵はサブマシンガンを振って手榴弾を放せという仕草をした。周りを眺めると戦友は誰一人おらず、傷ついた敵兵と敵兵の死体ばかりだった。

「俺の運も終わった」

観念した。中国兵が前をさっさと歩けと突っついた。戦友はこの地獄の山中でどうなったのかと脳裏をよぎった。昌城（第１）捕虜収容所に連れて行かれた。

53年7月27日、広場に捕虜たちは集められ、休戦協定調印を知った。捕虜たちの多くがにやりと笑うだけだった。共産軍の言葉を素直に信用するのは危険すぎた。通常の捕虜交換は8月5日から始まった。北方の収容所から国連軍捕虜を乗せたトラックが連日、昌城の鉄条網脇の一本道を板門店へ向かった。収容所でも毎日、何人もが名前を呼ばれトラックで去った。しかし、ミヤムラやタマエ、モリタたちの名前は呼ばれなかった。共産軍側は、「反動派」の捕虜は引き渡さないつもりだった。

交換開始から10日も経ずに収容所ががらんとなった。帰還した英軍捕虜が、昌城捕虜収容所にはまだ引き渡されない捕虜たちが残っていると国際赤十字に伝え、未送還の「反動派」捕虜の存在が明らかになった。モリタは53年8月16日にやっと解放された。囚われの2年4カ月で7回逃亡を試み失敗し、そのたびにひどく殴られた。２０１５年1月にモリタはこの世を去った。日系米国人退役軍人協会の機関紙*JAVA ADVOCATE*は、彼が戦場と捕虜の体験を語ることはほとんどなかったと伝えた。延期した結婚式が実現したのかは分からない。

ミヤムラたち58人は8月18日朝、２台のトラックで捕虜収容所を離れた。20日に板門店に着いた。ミヤムラの体重は46キロにも満たなかった。まだ解放の実感がなかった。「帰らざる橋」を渡ると、米軍大尉が近づいてきた。

「あなたがミヤムラ伍長ですか」

「そうです」

「私について来てください」

解放されるやの命令にミヤムラは面食らい、一瞬、不安になった。捕虜となった日の戦闘で何か咎《とが》められる指揮をしたのか？　重機関銃を壊し切っていなかったのか……。米軍の大きなかまぼこ形の兵舎には准将が立っていた。

「ミヤムラ軍曹。あなたに名誉勲章が授与されています。おめでとう」

米国軍人にとって最高位の名誉勲章が、戦場から生き抜いてきた日系米兵に初めて与えられたのである。ミヤムラへの名誉勲章授与はミヤムラが解放されるまで軍内部で秘密だった。日系米兵で最初の名誉勲章授与者は第2次世界大戦下45年4月5日のイタリア戦線で、塹壕に転がっていく敵の手榴弾に覆いかぶさり爆死し、部下を救った第442連隊戦闘団第100大隊上等兵サダオ・ムネモリ＝旨森貞夫（23歳）だが、米軍は第2次世界大戦ではどれほどの軍功をあげても、生還してきた日系米兵には名誉勲章を与えず殊勲十字勲章にとどめていた。軍功までも人種差別があったのだ。

2000年、米政府は勲章での人種差別を認め、ホノルル出身の同連隊少尉であり、日系人初のアメリカ議会議員であるダニエル・ケン・イノウエ（1924～2012）ら元同連隊の殊勲十字勲章20人に改めて名誉勲章を授与した。第2次世界大戦と朝鮮戦争に参戦した約3万8000人の日系米兵の血の貢献と、米本土選挙区で初の日系下院議員となったノーマン・ヨシオ・ミネタ（1931～

２０２２）らを中心とする日系人社会の粘り強い人種差別廃絶運動の成果の一つだった。

ミヤムラは53年9月9日、ギャラップに凱旋した。町民のほぼ半分、１万人が駅に出迎えた。オープンカーで妻ツルコとともに凱旋パレードを終えると、戦争や名誉

ヒロシ・ミヤムラ。星条旗が舞う自宅前で（2017年）

勲章のことを口に出すこともなく、町はずれの自動車修理工場とガソリンスタンドを黙々と切り盛りし続けた。ところが、55歳で修理工場をたたむと一気に体調が悪化した。

変調は精神面にも及んだ。退役軍人病院で朝鮮戦争の心的外傷後ストレス障害（ＰＴＳＤ）と診断され、効果的な療法は、自らの戦争体験を語ることだと教えられた。

「ＰＴＳＤで苦しむ中で、捕虜の時に食欲がなくなり食べたくなくなっても、生き延びるために食べる努力をした経験を思い出しました。常にトライすることが希望を持つということで、目標を持ったら突き進むのが自分だと自分に言い聞かせました」

ミヤムラが全米でベトナム戦争のＰＴＳＤに苦しむ退役軍人への講演をしていることが新聞で報じられ、名誉勲章の英雄であったミヤムラは再びギャラップの誇りになった。高速道路降り口の壁に「祝　名誉勲章　ＨＩＲＯＳＨＩ　ＭＩＹＡＭＵＲＡ」と刻まれ、２００９年にメインストリートの一つが「ミヤムラ通り」と命名された。３年後に地元の高校が「ヒロシ・ミヤムラ・ハイスクール」になった。校名が変わった高校の体育館に、戦うミヤムラ伍長の姿が描かれた。謙虚に暮らしてき

た毎日の積み重ねが住民たちの好感を高めていた。

「ギャラップでほかの人種の人と対立することなく25年間商売をやってこられたのは、日本人を知っている町の人に助けられたからです」

「日本人はアメリカ人にない文化を持ち、伝統と原則、規律を持って生きている民族です。日本人であることに誇りを持っています。同時にアメリカに生まれたことにも誇りを持ち生きてきました」

別れ際にもう一度、玄関先のポールで揺れる星条旗を見上げた。名誉勲章受章者は、幾多の英雄が眠るアーリントン国立墓地に埋葬される。

「いいえ、私はアーリントンではなく、ギャラップの父母の元で眠ります」

英雄ではなく父母と静かに、と語ったミヤムラは、２０２２年11月29日、その生を終えた。

タマエが「帰らざる橋」を渡ったのは8月28日だった。「反動派」のレッテルを貼られていたタマエはトラックに乗せられてからも、「シベリアに連れて行かれるのかもしれない」と、不安だった。板門店でトラックの幌が開けられると、共産軍の警備兵の脇に立っていた米軍憲兵が、「WELCOME HOME（お帰りなさい）」と声をあげた。

捕虜服を脱ぎ捨て、救急車で「自由の村」に運ばれ、一休みすると殺虫剤ＤＤＴを頭からかけられた。慌ただしくシャワーを浴び、新品の軍服を渡され、食事が運ばれてきた。ステーキも食べ放題だった。いきなりステーキを平らげた捕虜兵の多くが胃に変調をきたしたそうだ。

ヘリで金浦飛行場に飛び東京に送られた。日系紙「ハワイタイムス」は53年9月5日、上等兵ゴイチ・タマエがホノルルに生還したと報じている。スミス支隊の89人が捕虜になった。生存者はタマエら51人だった。生存率は57％。過酷な捕虜生活を数字は示している。筆者が把握している限りでは、朝鮮戦争で捕虜になった日系米兵は16人、生還者は6人、脱走に成功したのは先に紹介した開戦直後の錦江攻防戦で捕虜になったハワイ出身の第24師団第19連隊C中隊上等兵ジャック・チュウイチ・アラカワだけだった。

「帰らざる橋」を渡る捕虜たちをカレイツイ鄭尚進が見つめていた。戦況が膠着する中で52年12月、北朝鮮文化宣伝省第一副相となり、休戦交渉で北朝鮮赤十字代表団の一員になり板門店に来ていた。

「食事は米軍の提供でした。肉の缶詰、クッキー、アイスクリームはそれまで知らなかったおいしさでした。缶ビールを初めて飲みました。アメリカはとても遠く、とても豊かな国なのだと痛感しました」

解放される捕虜の姿は物悲しく、一つの民族が北と南、共産主義と資本主義に分かれ、大国を頼ったこの戦争は、どちらかが勝者になれる戦争ではなかったと思い知らされた。起こすべきでなかった殺戮への虚しさと愚かさが込みあげてきた。

強制移住の前に別れ別れになった父と再会することはなかった。父はその年11月に強制収容所で日本のスパイとして射殺されていたのだ。その事実を鄭尚進はスターリン死後の54年に平壌のソ連大使館で教えられた。56年には対日本戦勝記章が鄭尚進に授与された。一方で休戦後、金日成は勝利できなかった朝鮮戦争の責任を転嫁し、自らの独裁を強固にするための粛清で55年10月ごろからカレイツイにも刃《やいば》を向けた。「ソ連派」を糾弾する集会が続き、ほぼ1年で45人のカレイツイの行方が分からなくなった。57年秋から59年にかけて鄭尚進や張学鳳、兪成哲たちはソ連政府に帰国願いを出して北朝鮮を離れた。カレイツイの父母の祖国への旅路は、おびただしい血で金日成と李承晩という2人の独裁者を助け、朝鮮半島の分断を決定づける旅でしかなかった。

「ソ連に戻った私たちは、北で粛清されたカレイツイの子どもたちを奨学金で支えてきました」

鄭尚進はそう言い終えると席を立った。

ゴイチ・タマエが朝鮮戦争から帰還して47年、朝鮮戦争勃発から50年の2000年。ハワイの国立墓地で開かれた追悼集会。大田防衛戦で戦死した第24師団第34連隊上等兵ジョージ・ヒロシ・タノナカの肉親の姿はなかった。戦友たちとタノナカの姉との間の音信は途絶えて久しく、墓に花を供えたのはタマエだった。タマエは追悼の日に必ずもう1人の戦友の墓に花を手向ける。タノナカと同じ連隊で、8月11日、釜山橋頭堡、霊山の「象の鼻」で戦死したタカシ・シシドだ。彼の母も兄弟もすでになく、追悼に訪れる家族はいない。

3人は、同じ町で育ち同じ学校に通い同じ師団に配属され、朝鮮半島に向かった。タマエはあるインタビューで、「あなたはどうして生き残ることができたのか」と尋ねられて、こう答えていた。

「どうして私が生き残り、ほかの人が生き残れなかったのか？　それは私には分からない。知っているのは、状況次第で自分もどうなったか分からないということだ」

ゴイチ・タマエの生還を報じる1953年9月3日の「ハワイタイムス」

北朝鮮兵は日系人を憎み、タマエは事あるごとに殴られた。捕虜収容所での悪夢の経験にずうっと長く苦しめられていると、彼は続けて語った。ゴイチ・タマエが先に朝鮮戦争で逝った幼なじみ2人の元へと発ったのは2016年4月。87歳だった。

第5章

休戦

日本語が武器、二つの祖国の姿

カレンダーを再びめくり直そう。共産軍がソウルを再度奪った1951年1月、サンタモニカの私立大学2年、20歳の帰米2世、アッシ・アーチ・ミヤモト＝宮本篤に徴兵令状が届いた。大学生は徴兵を猶予できたが、ミヤモトは徴兵に応じた。

「米国に戻ってからも続いた苦学に疲れていました。2年間軍隊に行けば、卒業するまでGIビルで奨学金がもらえます。だったら苦労することはないと軍に行きました。冒険心もありました」

ミヤモトはロサンゼルス（ロス）郊外の静かな平屋建ての自宅で当時を語った。

中共軍の「5月大攻勢」後の6月、到着したキャンプ・ドレイクで日本語の試験を受けさせられ、日本の太平洋戦争指導者を裁いていた「極東国際軍事裁判（東京裁判）」の通訳になることを勧められた。「学生の身分を捨てて軍隊に入ったのは、軍事裁判の通訳をするためではない」と断った。

安全な通訳でなく、死と隣り合わせの戦地をどうして選んだのか。

「ただ軍隊に入るのが目的で入隊したのなら、東京で通訳の日々を送るのもよかった。しかし朝鮮半島の戦場へ行くことを覚悟したうえで大学を中退して軍に入ったのに戦場を避けたら、それまでの苦学の意味すら消えてしまう気がしました」と、当時の気概を語った。

「東京裁判そのものについてはどう思っていたのか」と尋ね直した。

「戦争裁判そのものに対してその時はあまり関心がありませんでした。数年後からはそれは非常に不公平な一方的な勝者の復讐と思うようになりました」

朝鮮で体験した戦争の実相が、見方を変えさせたのかもしれない。

佐世保港から、敗戦の混乱期に日本人の引き揚げ船だった興安丸に乗り、翌朝釜山に上陸した。兵営での初めての朝食は肉を載せたトーストとアールグレイティーにミルクだった。味は上々だった。大邱一帯で共産ゲリラ掃討中の部隊に配属された後、米第523情報小隊に転属した。捕虜の尋問や敵のメモなどから、共産軍の動向や内情をつかむ情報部隊だ。

「朝鮮戦争はいったいどういう戦争でしたか」と、ミヤモトに尋ねた。

陸軍情報部だったアツシ・ミヤモト

「それは日本語の戦争でした」

という答えが即座に返ってきた。

日本語の戦争？　どういうことなのだろう。

「そうです。あの当時、韓国兵も捕虜にした北朝鮮兵も日本語はペラペラですが、英語はだめでした。韓国語ができる米兵もいませんでした。日系米兵を仲立ちにした日本語が、米兵、韓国兵、北朝鮮兵の間で通じる共通語だったのです。北朝鮮軍捕虜を日系米兵が日本語で尋問し、英語で上部に報告しました。日本語で直接質《ただ》せた成果は大きかったので、日系軍事情報部隊が各軍団、各師団に配属されました、韓国師団にも日系情報部員2人と韓国人通訳1人を配置して、情報を収集していました」

そういえば捕虜となったシナガワらも日本語ができると北朝鮮兵に重宝された。

北朝鮮軍捕虜への尋問は、「おい、日本語できるか」から始まった。

「通常は情報部の宿営地にある尋問用幕舎で尋問しました。ケースバイケースですが、時間はだいたい1人1〜2時間ぐらいです。司令部から伝達された情報必須要項に従って尋問します。聞き出す内容は前線レベル、師団レベル、軍団レベルで違っています」

当然だが前線レベルでは、目の前の敵の実態、つまり兵員数や武器、無線兵は何人かといった戦闘に直接関わる情報の入手に力を注ぐ。師団レベルとか軍団レベルでは、中国や北朝鮮の国民の士気がどの程度かなどの戦略的情報に価値を置く。将校は持っている情報が充実しているから、捕虜の階級が高いほど尋問の重要性が増した。

「日本語が分からない北朝鮮兵には、日本語が達者な韓国軍兵がまず朝鮮語で尋問し、やりとりを日本語で教えてもらいました。中国系米兵の大概は広東語育ちで、満州育ちの中共兵の中国語は理解できませんでしたから、満州育ちで日本語も満州の中国語も分かる韓国兵を間に入れました。一度に英語、日本語、韓国語、満州なまりの中国語が飛び交う尋問に、たまたま居合わせた米軍の看護婦がいったいどれだけの言葉を使って尋問しているの、と目を丸くしていたものです」

日本は韓国併合後、皇民化政策を次第に強化、1911年の「第1次朝鮮教育令」で小学校から教科書のほとんどを日本語とした。日本支配の35年間に日本語は朝鮮の生活に深く根を下ろした。先の姜英勲の満州建国大学の先輩、呉昌禄《オチャンノク》（1921～2000）は元学徒兵でサハリンの部隊で日本の敗戦を迎えたため日本にも韓国にも戻れず2000年までサハリンでの生活を余儀なくされた。彼は、

「私が学校に入る頃には学歴の高い朝鮮人、成績の良い子どもほど日本語が堪能で、朝鮮語はできなくなっていました。私が朝鮮語の本を読んだのは建国大学に入ってからでした。子どもの頃から日本語ばかり話していたから、私も朝鮮語はそんなにしゃべれなかった。日本の朝鮮支配のレベルはもう、そこまで達していました」

と教えてくれた。朝鮮戦争勃発は、そうした日本語の生活が終わってまだ5年後のことだった。米国軍政下で、英語使いが自分の都合に合わせて話を変え、米軍政部に伝えて甘い汁を吸う「通訳統治」がまかり通っていたものの、米軍政部自体が先に触れたように多数の日本語要員を必要としたのは、英語はまだ一部の人に通用するだけで、日々の生活では依然として日本語が生きている言葉だったからだ。

韓国軍内では、80年代ごろまで「前進」「突撃」「飯盒」「投擲」「内務班」といった類いの言葉から「シゴキ」などの隠語までが日本語のまま通用していた。90年代、交換記者として派遣された「東亜日報」では「ゲラ」「サツ回り」などの日本語が飛び交い、「反日の国」の断面に驚いたものだ。

朝鮮戦争勃発3日目にソウル上空で撃墜されたヤク戦闘機の若い操縦士が、

「韓国軍にいる陸軍飛行兵学校同期生に会いたい」

と言い残し、目を閉じた。敵味方に分かれたとはいえ、南北の操縦士のほとんどが日本軍少年学校で学んだ少年飛行兵出身だった。呉昌禄は、学徒兵に志願した動機を「朝鮮民族は軍事を知らず、亡

国の民になりました。軍事を学ぶことは民族の将来のために必ず役に立つと、私は日本軍学徒兵に志願したのです」と吐露していたものだ。少年飛行兵も同じ思いで日本軍の飛行兵学校の門をくぐったに違いないだろう。解放された祖国は分裂し対立しても、飛行兵学校で同じ志を語り、同じ大空で訓練に励んだ青春の友は忘れ難かったろう。いつの日かの再会を夢見ていた同族の飛行兵を敵味方として引き裂き、「日本語の戦い」にしたのは誰の仕業なのだろうか。

ミヤモトが転属した情報小隊は春川に宿営していた。春川がどこにあるかも、どう行けばよいのかも分からなかったが、とりあえず飛行場に行った。

「春川？　38度線の中部戦線のほうだよ。あの飛行機で1時間ぐらいだ」と指示された。降りた飛行場は場所の見当すらつかなかった。情報小隊が駐屯している前線を尋ねても、「もっと北だ。軍用バスもない。ここから向かう車もない」とにべもなかった。

北に向かう米軍トラックをヒッチハイクして行こうと思いついた。道路際に立って軍用トラックに合図しても、1台も止まらなかった。自分を米兵と思っていないと気づいた。アメリカ人ならではの、大きく体を動かしながら指で北を指す身振りをするとすぐ1台が止まった。乗り込むと、「春川？　あぁ、あそこから先は北には行けない町だよ」と教えられた。これ以上は進めないと言われ降りたところが、大邱から直線で約240キロの情報小隊の宿営地だった。米軍の新兵は、自分の知恵を使って配属された最前線の部隊までたどり着くようだ。米軍式新兵教育なのだろう。ミヤモトは「兵の創意工夫を生かそうとするところが、日本軍との大きな違い」と言った。一方で、配属部隊に自力で到着する前に命を落とす新兵も少なくはなかった。

ミヤモトは、「帰米2世」の中でも数少ない特異な体験をしている。日米開戦後、米英やその植民地で敵性国民扱いとなった日本人の外交官や民間人らと、日本領内に暮らしていた米英人を交換するために１９４２年6月18日と翌年9月2日の2回運航された「日米交換船」で強制的に日本へ送還された1人だからだ。1回目の交換船は日本人１４４９人と日本からの浅間丸の米英人を交換し、同年8月20日に横浜港に戻った。

ミヤモト一家は2回目の交換船だった。父は１９０３年に渡米、地域の日本人会の役員もしていた。日米開戦で父はノースダコタ州のビスマーク敵性外国人抑留所、家族はボストン日系人強制収容所と別れ別れになった。姉2人は開戦前に日本に戻り玉川大学で勉強をしていた。父母、男兄弟3人、妹1人の6人が第2回交換船で帰国した。日系人５４６人を乗せニューヨークを発つと、リオデジャネイロ、ウルグアイのモンテビデオなどで日本人移民ら９７２人が加わった。10月16日、インドのポルトガル領ゴア港で日本からの交換船「帝亜丸」に乗り換えた途端、食堂の飯がひどくなったのに13歳のミヤモトは驚いた。

交換船の中では日本語ができない2世のために日本語教室が始まり、南アフリカのエリザベス港に入った翌日の10月5日から、遠い海の彼方の皇居のほうを向いて礼拝する「宮城遥拝《きゅうじょうようはい》」と「海ゆかば」の斉唱となった。ミヤモトは船上の日本人化教育に特別な違和感や抵抗を持たなかった。

11月14日に横浜港に到着、菅原道真公ゆかりの綱敷天満宮で知られる父の故郷、福岡県築上郡椎田町《しいだ》（現・築上町）に落ち着いた。

「日本でもアメリカ国籍のままでしたが、帰米2世は特定の学校や日本国籍が必要な仕事のほかは、日本ではどんな制限も受けませんでした。その一方、外国人なので徴兵検査の対象外でした」と振り返った。民主主義の国・米国では、米国籍の日系2世が否応なしに収容所に送られたが、「鬼畜米英」一色の日本で帰国した日系2世の少年が米国籍のまま「敵国民」扱いされずに暮らしたという証言は驚きだった。

少年ミヤモトは血を流し合って戦う「二つの祖国」の日々を戦火の下で体験する中で、米国の元来なら良識があって善意にあふれた人々が、同じ日系米国民の権利と自由を蹂躙し、敵国日本の国民にどれほどの残虐行為を犯しても平気でいるのを知った。同時に日本もまた「欲しがりません　勝つまでは」と忍従を国民に強い、「アメリカ人をぶち殺せ！」と国民を煽っていた。双方の国民はまるで相似形のように戦争に至った自分の国の大義を信じ、相手は絶対の敵だと憎しみを募らせていた。

ミヤモトは次第に、両方の国民が叫ぶ、正しいとか不義だ、善だ、悪だという絶対的なものは、本当はこの世界に存在しない、と考えるようになった。米国は鬼畜でもなく、１００年の恨みを晴らす相手でもなく、かといって生まれ育った米国への望郷もなかった夏、日本は敗れた。

原爆はひどくむごく感じた。原爆だけでなく60もの都市が爆撃され、１９４５年3月10日の東京大空襲で10万人以上など40万人を超える民間人が無差別爆撃の犠牲にされた。それなのに、アメリカへの激しい怒りを爆発させない敗戦後の日本人は驚きだった。

「どの国も本当の姿は外からは分からないものだ。また、内側から眺めた外の世界も客観視した世界だとは言えない」

二つの国の姿を内と外から観察したミヤモトが得た結論だった。

傲慢な反日大統領の履歴書

17歳の1947年、中央大学予科に合格すると次兄を追い上京した。東京の食糧難は椎田町よりひどく、焼け野原の街では生きていくことだけで精いっぱいだった。進駐米軍の通訳をして生活費を稼ぎ、時間ができたときになんとか大学に通ううちに、ミヤモトは「もともと自分はアメリカ人じゃないか、だったらこんな生活には見切りをつけてアメリカに戻ろう」と考え始めた。ミヤモトと次兄は米国の大学に入り直すと決めた。5歳上の長兄は2年前に米国に戻り陸軍に入隊していた。18歳で米国に戻ってからは食べ物だけには困らなくなったと、ミヤモトは笑った。

中共軍捕虜（中央）を尋問した
陸軍情報部マツザワ（右）とミヤモト（左）

第523情報小隊でのミヤモトの戦友が、ディーン・マツザワ＝松沢伝だ。姉2人は米国生まれだが、マツザワは1927（昭和2）年に日本で生まれ、3歳の時に米国の両親の元に戻った経緯から米国市民権はなく日本国籍だった。父が敵性外国人抑留所に連行され、一家はアーカンソー州のローワー日系人強制収容所で過ごした。朝鮮戦争が起きると米陸軍に50年11月入隊、最初は工兵隊だった。2カ月後に情報小隊になった。米軍と韓国軍では待遇が天と地だった。米兵は支給品のキャンディーが余ると平気でポイ捨てをしていた。マッザワはキャンディーを集めてはカトリック教会の孤児院に持って行った。とても喜ばれ、日本人の評判がよくなるのを肌で感じた。キリスト教は中国と国境を接する朝鮮北部より浸透した経緯から信者は北の人間が多かった。北朝鮮出身の李承晩もキリスト教徒だった。しかし傲慢なキリスト教徒であったようだ。

マッザワは51年11月ごろ、ソウル東部の公園で李承晩が米将兵を激励する行事で一度、言葉を交わした。整列していたマッザワの前で李承晩は足を止め、声をかけてきた。

「あなたは何人か」

「日本人だ」

その瞬間、李承晩はプイと横を向き、後はずうっとマッザワを無視するそぶりに変わった。

「日本と韓国の過去も、あいつが日本人を毛嫌いしていることも私は知らなかったが、なんていう奴かと驚いたよ」

李承晩は朝鮮戦争勃発2日後、日本の外務省に対し、山口県に亡命政府を置き、韓国人5万人の難民居住区を建設するなどの可否を打診している（山口県編『山口県史　史料編　現代2』2000年）。韓国を米軍が守り切れたのも、兵站基地日本があったからだった。にもかかわらず76歳の李承晩がマッザワに見せた幼稚な姿は、李承晩の反日の根源がどこから生じているかを探るうえで興味深い。

李承晩は李朝王族に連なる、北の没落した両班の家柄に生まれた。王朝末期の開化派と守旧派がせめぎ合った時代に宗主国清からの自主独立を主張し、「独立門」を建設した「独立協会」（１８９６年7月設立、現在では売国奴とされている、日韓併合条約を締結した親日派のリーダー李完用らが創立）のメンバーになった。「独立協会」は第26代国王、高宗《コジョン》と対立し、高宗廃位を企んだとして１８９８年に強制解散になり、李承晩も5年7カ月間投獄された。獄中で日露戦争勃発直後の朝鮮半島をめぐる清、ロ、米、日などの動きを説明し、国民を覚醒させようとした啓蒙書『独立精神』（邦訳は李承晩著、金永林訳『独立精神』原書房、２０２４年）を書き上げた。

執筆の動機は「どうすれば、我々も彼ら（＝日本人）のように富強な国を作り、彼らのように（初戦でロ軍を打ちまかし）全国民が喜ぶようなことができるのだろうか」（同書２５２頁）の一節に集約されている。そのために「自主と独立」「立憲、協和」など政治制度の違い、6大陸と人種の違い、米国独立やフランス革命の歴史、そして日本とロシア、清の関係や朝鮮（当時は大韓帝国）の国民性などを論じている。明治維新と日本の近代化を評価し、「自尊自大」で「故なく他人に屈服しない（日本人の）精神」は自国の独立を守るために適したものだと、当時の李承晩は日本人に好意的だったように思える。

他方で李承晩は１９０４（明治37）年2月の日韓議定書締結で、「（日本は）表では大韓帝国のための条約だと我が国の顔を立て、裏では我が国のすべての権利を手に入れた。驚嘆を禁じ得ない日本の策略である」と断じ、「このようになったのが、我が国の官民にも責任があると悟らなければならない」と慨嘆している（同２５６頁）。李承晩は「今日本は、我々の独立国という体面を尊重し、責任をもって領土を保存してくれるという。これは大韓帝国に対する日本の好意だといえるかもしれないが」と揺れる心中を吐露する一方で、「下層階級の日本人たちが我が国を訪れる目的は、西洋から来た商人や宣教師たちとは違う。将来日本人たちは我が国の津々浦々まで向かい、我が国の様々な経済的利益を、前後左右で占有するはずだ。もし、経済的権利を日本人たちに奪われてしまったら、私たちは将来どこに住めばよいのであろうか」（同２９４頁）とアジアで唯一近代化を果たした日本への警戒をあらわにしている。李承晩は１９０４年秋に朝鮮の独立保全の支援を米国政府に働き掛けるために高宗の密使の資格で渡米し6年間滞在、その間にプリンストン大学で博士号を得て帰国した。日韓併合1年半後に朝鮮総督府の独立運動家弾圧の網から逃れ、米国に逃げた。１９１９年に上海で「大韓民国臨時政府」が樹立されると、米国への影響力の期待から首班に選ばれたが6年後、弾劾され罷免された。１９０９年に伊藤博文をハルビンで暗殺した安重根《アンジュングン》を「一国の名誉を傷つけた犯罪的暗殺者」と糾弾している（李景珉「朝鮮分断に苦渋した頑固な政治家李承晩」『歴史群像シリーズ朝鮮戦争・上』学習研究社、１９９９年）。

朝鮮戦争下の53年1月に来日し吉田茂と会談した。帰りの機中で陸軍参謀総長に昇進していた白善燁に「国交正常化はまだ早い。日本統治下で生活した世代が去り、独立後に生まれ育った者たちが主流を占めてから、日本と国交を結ぶべきなのだ」と語った（白善燁『若き将軍の朝鮮戦争』草思社、２０００年）。李承晩自身も紹介したように日韓併合時代の朝鮮での実体験は薄く、日本統治下の朝鮮で長く生活したわけではない。ひょっとしたら李承晩は、解放後ソウルに戻って初めて日本支配のもとで実力を養い、実務能力を持った多くの有為な人材が育っており、彼らなしには解放後の韓国を運営できないことを実感し、驚いたのではないか。自分に代わり得る存在への恐れ。同時に、親日派なしには政権を維持できない焦りと不安。その表れが、「米兵」マッザワへの反射的な幼稚な振る舞いとなったのではないだろうか。

植民地下での生活体験が乏しいのは、幼い時期に満州に移住し、中国共産党に入党した金日成も同じだ。ソ連、米国という逃亡先の大国を後ろ盾に解放後の朝鮮の政治権力を握った点も2人はよく似ている。独裁政治に走り、国民を弾圧し、殺害したことも。やや違うのは、金日成はパルチザンとなり武力独立を目指したが、解放前の李承晩は武力闘争に批判的だったことだ。

李承晩への歴史的評価はすでに定まっているはずだが、学生運動圏だった左派親北の文在寅政権に反発する韓国内ニューライト層による李承晩の再評価が2010年代頃から高まっている。「李承晩の時代」にスポットを当てたドキュメンタリー映画「建国戦争」が2024年2月に公開され、韓国メディアによると観客動員数は100万人を超えた。

李承晩について、大概の日本国民は反射的に「李承晩ライン」を思い浮かべるだろう。明治以前の日本と朝鮮半島の大きな差の一つが道路網だった。江戸時代の日本は、東海道をはじめ街道が発達し、日本海の漁村から山の彼方の京都や飛騨の山中にまで鯖《さば》街道といわれるルートで鯖を運んでいた。李朝の朝鮮では道路網は未発達で日本海で採った魚を切り立つ山々を越えて内陸部に運べなかった。朝鮮半島で漁業が発達しなかった要因の一つだ。道路網の差は江戸幕府と朝鮮の圧倒的な国力差につながった。ちなみに朝鮮総督府は、朝鮮の未熟な漁業を保護するために竹島を含めた海域を日本の漁船の立ち入り禁止にした。日本敗戦後はＧＨＱもそれを踏襲した。朝鮮戦争で早まった52年４月28日のサンフランシスコ平和条約発効直前、日本の主権回復前にその境界線をそのまま自国の権益だと主張し、竹島（島根県隠岐郡隠岐の島町）は自国領土だとしたのが李承晩だ。

52年１月に「李承晩ライン」を問答無用で設定、日本人漁民を銃撃した。１９６５年の日韓基本条約で廃止になるまでに拿捕《だほ》された日本漁船と船員は２３３隻、２７９１人（３２８隻、３９２９人との説もある）、日本人漁民44人が死傷した事態は日本社会の韓国観を決定づけ、左派知識人や左派陣営の北朝鮮礼賛に活力を与えた。１９５９年からの「北朝鮮帰国事業」で、故郷が韓国内である在日朝鮮人約９万人が北朝鮮に「帰国」した。李承晩政権は日本国内に工作員を送り乱暴なやり方で妨害を試みたが、かえって日本社会の反感を買った。北朝鮮の〝策略〟通りに帰国事業が進んだのも李承晩への日本社会の嫌悪感と無縁ではない。「竹島」は韓国の反日構造の身勝手さを象徴する岩礁だ。

日韓国交回復後は両国がアンタッチャブルにすることで封印していた「竹島」を、日韓対立のシンボルにした大統領が金泳三だ。金泳三は韓国が経済危機（ＩＭＦ危機）に襲われると竹島にコンクリート埠頭を建造、「愛国反日」キャンペーンで政権の危機を回避しようとした。以後、韓国政治で最高権力者主導による「愛国反日」キャンペーンが常態化する。金泳三は、金大中（１９２５～２００９、第15代大統領）とともに軍事独裁政権の弾圧下の民主化運動の指導者だった政治家。気さくな人柄だった。就任前は、日本マスコミの特派員とも気軽に会い、私もほかの特派員たちと「日式」と呼ばれた日本の飲食店を模した店で、酒を酌み交わした。そうした機会には、

「私が今生きているのは日本のおかげ」

と吐露していた。韓国民主化を支援する日本世論の力が自分の命を守ったことをよく承知していた。

韓国取材を続けている先輩特派員の中には、そこにほれ込んだのか、「俺が金泳三を大統領にする」と豪語し、走り回る「大物」もいた。いかほどの尽力にもならなかったと推測するが、新聞記者の在り方としてはいかがなものかと驚いた。

それはともかく、就任前の金泳三の人となりを見ていただけに、竹島に手をつけた金泳三には失望した。慰安婦問題で金泳三は、「（慰安婦が要求している）カネは韓国が払う。だから日本は道義的な責任を認めてほしい」と水面下で約束し、日本側が応じて実現したのが「河野談話」だった。1960年代末、私自身がソウルでホームステイした当時、米軍基地村には駐韓米軍相手の韓国人慰安婦「洋公主」がいたし、日本軍相手の慰安婦だった女性の存在は隠し事でなく、「一財産残した人もいるし、今でも足を洗えない人もいる」程度の話題で、日本軍の女狩りなどの類いは聞いたこともなかった。金泳三ももちろん、慰安婦問題の実相を知っていたから足して二で割る提案をしたのだろう。

この時も、「社を挙げて慰安婦問題や慰安婦裁判に取り組もう。戦うぞ」と気勢をあげていた記者がいたものだ。偽善的な功名心を感じたものだが、守るべき節度を忘れた慰安婦報道が意図的な誤報ではないかとの世間の疑惑を招いた。報道機関として突きつけられた疑問を自らの力で最後の最後まで解明し、責任を示すのではなく、外部の有識者の「第三者委員会」に委ねたことが、読者の信頼喪失を招き、ほぼ30万部が一挙に消え巨大新聞崩壊の序章を刻んだと、私は理解している。

日本滞在中に韓国中央情報部によって拉致され、命の危険にさらされた金大中も日本世論に感謝している政治家の1人だった。ある朝、ふいに自宅を訪ねた。いわゆる「朝駆け」だ。事前に連絡しな

孫たちに囲まれるマツザワ夫妻（2017年）

かったのは、自宅の電話はすべて盗聴されており、約束をとっても自宅前の検問所で追い返される可能性が高かったからだが、突然の訪問に玄関框《かまち》に現れた金大中は、「（日本のメディアに）サービスしましょう」と応対してくれたものだ。特派員の中には、盲目的と言えるほどの「金大中ファン」がいた。しかし、私の知る限り金大中を大統領にしようと騒ぎ出すような特派員はいなかった。２人の脇の堅さの違いからだろう。

話を脇道から本道に戻そう。マツザワ自身にとって朝鮮戦争とは何だったのだろうか。

「自分がやるべきことが朝鮮にあったから朝鮮で戦った。それだけだ」

メモリアルデーの式典から戻り、たくさんの孫に囲まれたマツザワは淡々と語った。朝鮮の戦場で1年余り戦ったことで、マツザワは米国市民権を得た。帰還すると南カリフォルニア大学でビジネスを学んだ。

しかし米国人としてやるべきことのために米国将兵約14万人の血が流れ、しかも朝鮮半島は分断されたまま、世界は核を持つ北朝鮮の暴走を恐れている。休戦は間違った判断だったのだろうか。

「あの時にけじめをつけておくべきだったとまでは思わないが、南北朝鮮はちゃんとけじめをつけなければならない」とマツザワは続けた。それは今なのか。

「今だと言えるかどうかは難しいが……」

けじめをつける日が来なければならないと、彼は確信していた。

インタビュー後の2019年2月にマツザワは他界した。

ツナ缶の人工島、武士道を育む

第40師団224連隊医務中隊軍曹ミノル・トーナイ＝藤内稔は、52年1月31日に八戸のキャンプ・ホーガンを発ち、朝鮮半島に向かった。前年4月10日に米本土から八戸に送られた同師団の多くの兵士が8月に除隊時期を迎える中で、日本に駐屯しただけで戦地とは無縁に帰国させるのはいかがなものか、とのワシントンでの議論が第40師団朝鮮派兵の背景にあったようだ。八戸とは比べものにならない、凍るような仁川の光景にトーナイは、少年期を過ごしたコロラド州のアマチ日系人強制収容所の厳冬と荒涼とした灰色の空を思い出した。

リトル・トーキョーから南に約30キロ、ロス港東端にある人工島ターミナル・アイランドに漁網を引いて魚をさばく日本人像と鳥居のモニュメントができ上がったのは2002年。トーナイは、その日系島人が1980年に結成したターミナル・アイランダーズの初代会長だ。

日米開戦前は和歌山や静岡の日本人漁師と家族約3000人が暮らし、マグロ缶詰工場が島をぎっしり埋めていた。第1次世界大戦後、島の日本人漁師らが水揚げしたマグロの「CHICKEN OF

「THE SEA」缶詰が売り出され、米国人の食生活を変えた。人工島の水揚げ量はカリフォルニア州で一番となり、5月には鯉のぼりが舞い、神社や寺と教会だけでなく、床屋も産院も消防署まで、日本と変わらない活気にあふれた島だった。1929年生まれのトーナイは、西海岸日系社会の「幸福な日々」を知っている1人だ。ロスの日米文化会館理事長などを務め、2015年に旭日小綬章を受勲している。

父、源五郎の故郷は紀伊半島が太平洋に突き出した江住村（現・和歌山県西牟婁《にしむろ》郡すさみ町江住《えすみ》）。江戸時代からカツオ一本釣りが盛んな半農半漁の村だ。明治中期から海外移民が増え、大正期には2000人程度の村民の1割前後が米国に移民していた。源五郎がターミナル・アイランドに落ち着くまでの半生をトーナイが教えてくれた。

「実家は21代も続く、遠く神戸まで魚を卸すほどの大店《おおだな》でしたが、長男の父が中学に進学する頃に隣の漁村にコンクリートの桟橋が完成し、船が昔ほど寄らなくなりました。父は母方の3歳下の従兄と同じ神戸の学校に進みました。従兄は裁判官になるほど頭がよい人で、何かにつけ父は比べられ、面白くなかったようです。父の3歳下の妹の夫、岡三蔵がワシントン州ベリングハムでレストランを始めていました。10セントのシチューのほかにパン、コーヒー、パイを売る10セントミール店で大成功し、旅費は持つからこっちに来いと故郷の村の人を誘っていたので、父は19歳の1907年1月にシアトルに渡りました」

「1921年に結婚した13歳年下のよねは、新宮町（現・和歌山県新宮市）の校長の娘で師範学校卒でした。岡三蔵は日本人漁師の腕が頼りだったターミナル・アイランドの缶詰工場から誘われると、レストランをたたみ、たくさんの日本人漁師仲間を引き連れて島に移り、マグロを工場に卸すようになりました」

源五郎も岡三蔵と一緒に島に移った。メキシコ沖まで出掛け漁をするマグロ船乗りの実入りは良かった。若衆はドル札を握ってリトル・トーキョーの風俗街に繰り出した。源五郎は1926年頃に漁師をやめ、ロス市内のスーパーマーケットの中に八百屋を開き、12店のチェーン店を持つまでになった。3男2女の子宝にも恵まれた。夫婦は子どもたちに、いつも言い聞かせていた。

「平等になるためには誰よりも優れていないといけない」

トーナイが5歳の時に和歌山の祖父が危篤となった。一家揃ってロスから和歌山に戻り8カ月間を過ごした。男衆と女子どもとはちゃぶ台が別々でおかずまで違った。父や叔父のおかずは刺し身でも、女と子どもはおかゆだった。カリフォルニアの日本と実際の日本の違いに驚いた。

インテリ育ちの母は、トーナイが入学したターミナル・アイランドの小学校の白人の先生や校長とオペラを一緒に鑑賞に行くほど親しくなった。母は先生から、島では日本語の生活で、覚えるのが漁師の荒くれ英語だから教育上よくないと忠告された。トーナイが2年生になる夏、一家は対岸のサンペドロに移り、転校した。転校すると学年を1年生に繰り下げられた。英語がターミナル・アイランドなまりだったせいだ。10歳から土曜日にロスの南16キロのコンプトンの日本語補習学校「コンプトン学園」に通った。学園は1924年に開園し、日本的なしつけが厳しいことで知られていた。事業が成功した源五郎は、コンプトン学園に鯉が泳ぎ、滝が落ちる日本庭園を造園して寄付し、１９４１年にコンプトン学園から感謝のトロフィーを贈られている。しかし、トーナイはインタビューで一言も父の貢献に触れなかった。

「今でも私がきちんとした日本語を話すと褒《ほ》めていただけるのは、コンプトン学園のおかげです」とうれしげに話しただけだった。武士道の精神が己《おのれ》の矜持《きょうじ》だ。

真珠湾攻撃で日本人漁師の出漁が禁止になった。米海軍基地のすぐそばのターミナル・アイランドに出入りする日系漁船の無線がスパイ活動に使われると米当局は疑った。

22歳の時に日本軍に徴兵され台湾駐屯部隊に務めた源五郎は日本の在郷軍人だった。真珠湾攻撃直後に米連邦捜査局（ＦＢＩ）が父を尋問しに家に来た。

「翌年２月に父はＦＢＩに逮捕されて自宅から連行されました。父は自分の部屋でスーツにコート姿に着替えると、堂々とした姿で連れて行かれたことを覚えています」

トーナイの父ら、ＦＢＩが監視下に置いていたターミナル・アイランドの日本人漁師たち90人（一説には３３６人）が連行された。大黒柱がいなくなった日系人家族に退去命令が言い渡された。

中央アジアで出会ったカレイツイの映画監督はこう語った。

「私たちは一言でいえば、ソ連邦という大家の顔色をうかがって暮らす、下宿人なのです」

豊かな暮らし、自由、生きがい、冒険を求めて渡った新天地も、国家という巨大なる主人と無縁ではない。むしろ異邦人の下宿人だからこそより容赦なく忠誠の証しを求め、大津波のごとき渦巻きとともに下宿人の運命を一変させていく。カレイツイも日系米人も。

トーナイの家族は、ロス近郊のサンタアニタパーク競馬場に仮収容された。

「米国政府は、仮収容所は『反日的な米国人から日本人を守るため』と言っていました。高さ3メートルの鉄条網で囲まれ、監視塔の機関銃もサーチライトも内側に向けられていました。私はここで殺されると観念しました。元は馬小屋ですから、床の下には馬糞が残っていました。夏は湿った地面から臭いが立ち上り、とても住めるところではありませんでした」

機関銃の銃口がカリフォルニアの強い太陽に白く光っていた。9月27日に約1900キロ離れたアマチ日系人強制収容所に移送された。夏は43度、冬は零下12度の砂漠の地だ。

「バラックの壁は足で蹴れば穴があくほど粗末でした。ここでも軍警察は日系米人を守るために収容所に入れていると言っていました。一晩中サーチライトに照らされ、夜9時には軍警察が各戸を回って人数確認をしました。監視塔の銃もやはり私たちの方向に向けられていました。私はずっと不信感を抱いて暮らしました」

アマチ日系人強制収容所（1942年12月）
（アメリカ国立公文書記録管理局所蔵）

源五郎はクリスタルシティー敵性外国人抑留所（テキサス州）に収監された後、ツールレイク日系人強制収容所に送られ、1943年に家族の待つアマチ日系人強制収容所に移った。日本で「日系人強制収容施設」といえば、「戦時再定住局」（WRA）管理の全米10カ所、日系人12万余人が収容された「日系人強制収容所」を指す。実際には別に司法省や軍が設営管理する「敵性外国人抑留所」が19カ所以上あった。FBIと移民局が開戦前から作成したリストに載った日系社会で指導者クラスの日本語教師や新聞記者、医者や各県県人会会長、僧侶・宮司、会社経営者や農漁民リーダーなどが抑留された。敵性外国人抑留所は民間人捕虜収容所だといえるかもしれない。

一方、欧州戦線でアメリカの敵だった、120万人のドイツ系市民や数百万といわれるイタリア系米国人は、家族丸ごと強制収容所に追放される「罰」は受けなかった。また、多くが米国東海岸地域に居住し、公然とナチス支援行動をしていたドイツ系米国人の中で、逮捕され敵性外国人抑留所に送られた人数は、人口比にすると日系人よりはるかに少数だった。同年2月16日まで日系2192人、ドイツ系1393人、イタリア系264人（読売新聞社外報部訳編『拒否された個人の正義――日系米人強制収容の記録』三省堂、1983年）。しかも日系人は反米活動とほとんど無縁だった。米政府が日系人に人種差別だったと謝罪せざるを得なかった背景の一つだ。

日系人強制収容所には町のすべてがあった。キャフェテリアと呼ばれた商店も病院や消防署も警察も揃っていた。医者や収容所の会計係などになった収容者には月19ドル、看護婦や料理人、皿洗い、消防署員、警官だと月16ドルが米政府から支払われた。ほとんどの若者が442部隊に加わり働き手不足になると、子どもが穴埋めに駆り出された。子どもの給料は月12ドルだった。

トーナイも442部隊の活躍をニュースで知るたびに小躍りした。

「僕らのために手柄を立てている」

太平洋戦争で日本の敗北が避けられない中で広島、長崎に原爆が投下された。

「とんでもないことをするなと。原爆を小さな島に落として日本に原爆の威力を知らしめるだけでもよかったはずだと。そうすれば、あんなにも犠牲者を出さないですんだのに」

解放されてターミナル・アイランドに戻ると、缶詰工場、商店、神社、住宅、何もかも破壊されていた。元住民はトレーラーや教会で雨露をしのいだ。

「日系人強制収容所に隔離されている間に、お客さんの話し相手になりながら野菜を売っていたロスでの商売の仕方は変わっていました。今のスーパーマーケットと同じで、棚に野菜を並べておく商売になっていました。対面販売と比べて粗利がずうっと少なくなり、父がチェーン店をつくり直す時代ではなくなっていました」

源五郎は店をやり直すのを諦めた。

アマチ日系人強制収容所で知り合った友人の1人が、すでに紹介した米第7師団のロイ・シズカ・シラガの戦友、長津湖の戦闘で行方不明になったトオル・トム・タカイだ。

父親が和歌山県出身同士だった2人の仲は日系人強制収容所から解放された後も続いた。タカイは高校を卒業すると陸軍に志願した。札幌のキャンプ・クロフォードの第11空挺師団に配属され日本人女性の恋人ができた。欧州などの部隊の米兵と違い、日本人戦争花嫁は1924年の日本人移民を全面禁止にする移民法に阻まれ、進駐軍の米兵であっても日本人花嫁を入国させるのは難しかった。タカイは50年に米国に帰還、除隊した翌月、札幌の婚約者を連れて来るために再志願すると、空挺師団と交代で駐屯した第7師団に配属された。トーナイは述懐した。

「米国に戻ると、彼女から会いたい会いたい、一日も早く札幌に戻って来て、という手紙が何通も来ていたようです。今度行けば除隊するまでに彼女を連れて来られると彼は話していました。私は貨客船なら200ドルほどで日本まで行けるじゃないか、日本で売れそうなものをたくさん持って行き、帰りはアメリカでよく売れる日本の品を買い込めば船賃ぐらいは稼げる。その方法で彼女を連れて帰ってくるのが一番いいとアドバイスしました。彼はそうだな、考えてみると話していましたが。もっと強く勧めるべきでした」

タカイの血が湖上を染める約50日前の50年10月4日、「山形新聞」に「米国へ花嫁第一号」の記事が載った。

「アメリカへの入国禁止措置がとかれて山形からの花嫁第一号として市内〇〇町森田三津子(23)さんが六日羽田から空路桑港《そうこう》(筆者注/サンフランシスコ)に向かうべく三日午後七時半山形駅発列車で出発する」

森田三津子さんはどうして米国に向かうことができたのか。

日本人戦争花嫁を連れて帰れない日系米兵の切実な訴えを受け、米国内での最初のアジア系アメリカ人の人権団体である在米日系団体「日系アメリカ人市民同盟(JACL)反差別委員会」が「入国禁止は人種差別」だとして粘り強い運動を続けた結果、朝鮮戦争中の50年8月に米国移民法が改正、「52年3月19日までに米兵と結婚した日本人花嫁は米国に入国できる」となったからだ。52年からは結婚期間制限もなくなった。タカイも無事に生還さえすれば札幌の婚約者を連れて帰米できる状況に変わっていた。

婚約者は妊娠していた。男の子だった。タカイの兄が札幌に行き、母子は和歌山のタカイの実家に引き取られた。

ロス郊外エバーグリーン墓地にタカイは日系米兵の戦友とともに永遠に眠る。2017年のメモリアルデー。和歌山に移った婚約者や遺児の姿はもちろんなかった。芝に埋められた幅30センチほどの墓標をトーナイたちは見つめていた。カリフォルニアの初夏の陽がトーナイの眼鏡を射ると黙って晴れ渡った空に戻っていった。トーナイとタカイがいつまでも未来を語らい続けていた日々と変わらぬ群青色の空に。

カリフォルニア大学2年生のトーナイに朝鮮戦争勃発で徴兵令状が届いたのは50年秋だった。

「一生懸命戦えば死ぬでしょう。あなたは別の人とデートしてもいいよ」

日系2世の恋人に別れを告げた。彼女は何も言わずに黙ってうつむいていた。

「442部隊が手柄を立てたのは武士道の精神で戦ったからだ。その人たちに恥ずかしくないように戦わなければならない。戦場を恐れることはない」と、武士の流れをくむ自分自身を鼓舞した。入隊すると16歳の新兵がいた。その年齢でも兵舎に入れば、酒も煙草もバクチもできる。それを目当てに入隊した新兵たちだった。それもアメリカの現実だった。医務部隊に配属された時、トーナイは戦闘兵になりたいと抵抗した。武士として堂々と戦い死ぬのだ。友人のタカイのように。

しかし諭された。医務兵を殺せば助かるはずの負傷兵が死ぬ。だから医務兵は戦闘兵以上に敵から狙われて戦死している。戦場で戦友を救出する医務兵はより勇敢でなければならない存在だと。

医務兵は歩兵中隊ごとに4人ずつ配属された。救援ヘリで飛び降りたところが地雷原だった。地雷原を突破して戦傷兵の救援に向かった。無風でヘリが浮上しないところを狙われた。助からないと内心で諦めつつ戦場からヘリで野戦病院に運んだ何人もが命を取り留めた。

ヘリコプターが戦場で活用されるようになったのは朝鮮戦争からだ。51年春に国連軍はパラシュート降下作戦での戦傷兵収容で初めて大型ヘリコプターH19シコルスキーを使用した。以後、ヘリは空中機動作戦で大きな役割を果たす戦闘兵器となり、ベトナム戦争で威力をさらに発揮した。

一番ひどい戦傷は砲弾などを浴びた火傷だった。弾丸が音を立てて飛び交い、砲弾が炸裂する戦場で血まみれになり、体を震わせ怯えている負傷兵に、医務兵がまずするのは励ましだった。

「心配するな。これで戦闘から外れられるじゃないか。君は100万ドルのけがをしたんだ」

ひどいショックに取り乱す戦傷兵に軽いジョークはひとときの安堵感を与えたが、本当に幸運が待っていた負傷兵は多くなかった。

救護所のほうに武装兵が1人北から近づいてきた。通行証を出して「自分は韓国軍歩兵で部隊に戻る途中だ」と説明した。怪しんだ警備兵が対防諜部隊に引き渡した。北朝鮮の偽装兵だった。手榴弾で救護所を破壊し、機関銃で医務兵らを皆殺しにする命令を受けていたと自供した。敵が放置したようなタコつぼにゴミが放ってあった。燃やしてしまえとマッチをつけたら爆発した。ゴミの中に爆薬が仕込んであった。戦場とは何が起きるか分からないところで、敵はあざとく狡猾《こうかつ》で利口であることを片時も忘れてはならないと、トーナイは「鉄の三角地帯」での教訓を語った。

トーナイの部隊は52年8月、巨済島《コジェ》の捕虜収容所警備隊に編入された。その年5月7日、そこでは捕虜収容所長の米軍准将フランシス・ドッドが北朝鮮軍捕虜の捕虜になるという、前代未聞の暴動事件が起きた。なぜそんなことになったのか。

共産軍捕虜に対する米軍の認識が甘過ぎたからだ。米軍は捕虜兵がやらかすのは脱走ぐらいと見ていた。しかし北朝鮮軍は、優秀な共産党員に「捕虜収容所は戦場」と叩き込み、捕虜収容所で暴動を起こし米軍や韓国軍を襲撃する戦闘兵として特別訓練し、わざと米軍に投降させて国連軍捕虜収容所に送り込んでいた。

開戦した夏までは1000人にも満たなかった北朝鮮軍捕虜は仁川上陸作戦成功後に激増した。中共軍捕虜もあっという間に加わり、共産軍捕虜は13万人を超えた。予想外の事態に米軍は韓国南端、巨済島に51年1月から5万人収容の北朝鮮軍捕虜の収容所を建てた。しかし、約400平方キロの岩だらけの巨済島には住民約11万人に加え、すでに約10万人の避難民があふれていた。60棟以上の監房は鉄条網で仕切っているだけだった。過密の捕虜収容所で捕虜同士が連絡し合うのはたやすかった。隣接した集落には北朝鮮女工作員が避難民や売春婦になりすまして潜み、平壌などからの指令を偽装捕虜に伝えていた。捕虜たちは監房ごとに朝鮮労働党組織を結成し、政治的扇動戦闘班、分隊、中隊、大隊、連隊の軍組織を編成していた。女工作員が捕虜収容所の看護助手などに採用され、収容所の病院は偽装捕虜への指令などの交換所になっていたが、それすら米軍警備隊はつかんでいなかった。

北朝鮮軍捕虜の工作班は捕虜一人ひとりの思想動向を調査し、国連軍への協力者や国連軍の偽装

巨済島の捕虜収容所遺跡公園で再現展示されている北朝鮮軍捕虜暴動場面

捕虜を見つけ、監房で人民裁判を開いて撲殺した。韓国内で北朝鮮軍の兵隊狩りにあい無理やり兵士にされていたが、国連軍に捕まり、「反共捕虜」に変わっていた北朝鮮軍捕虜が、警備隊が巡回しない夜に殺された。52年2月の捕虜１５００人の暴動で、捕虜ら69人と米兵1人が死んだ。

鉄条網越しに捕虜代表と話し合っていたドッドが監房に引きずり込まれた事態が起きると、警備隊は多富洞戦闘で投降した北朝鮮軍大佐李学九《リハック》を反乱捕虜の説得役に選び、監房に送り込んだ。実は李学九こそ偽装捕虜の最高司令官だった。[18] 捕虜たちは米軍を挑発、赤旗を振り毛沢東・スターリンの肖像画と北朝鮮旗を掲げ、インターナショナルを高唱した。米軍は収容所の捕虜に外からの電燈で暗号を送っている工作員4人を逮捕した。監房を結び、収容所の外に延びる地下道を見つけ愕然とした。北との関係が疑われる売春婦２００人を韓国本土に連行した。

6月10日、米軍空挺部隊2個大隊が鎮圧を開始した。捕虜たちはナイフややりなどで抵抗し、監房にガソリンで火をつけて暴れた。攻撃計画書や脱走計画書、やり３０００本、ナイフ４５００丁、火炎瓶１０００本などが見つかった。鎮圧で捕虜31人が死亡、１３９人が負傷したとされているが、死亡者はみな反共捕虜で実際にはすでにリンチで殺されていたといわれる。

トーナイは、「暴動が頻発すれば、警備兵がさらに必要になります。その結果、国連軍の前線兵力が割かれて弱体化します。偽装捕虜を送り込む北の狙いはそこでした。共産軍の発想はすごいです」と説明した。53年1月25日には巨済島捕虜収容所を脱走した北朝鮮兵が対馬に現れ、5人が捕まった。

巨済島に配備されたトーナイの部隊の最初の作業は自分たちが使う便所づくりだった。作業員への指示ややりとりはここでも日本語だから、トーナイが捕虜の作業指揮をすることになった。捕虜のリーダーは〝班長〟と日本語で呼んでいた。作業に当たる捕虜が整列すると、〝班長〟格の男に「日本語が話せるか」と尋ねた。男は訳が分からず朝鮮語でわめいた。日本語ができないと判断すると隊列に向かい、「日本語がしゃべれる奴はいないか」と尋ねた。年かさの1人が手をあげた。「よし、君が班長だ」と命じるや、先ほどの男がものすごい剣幕で怒り始末に負えなくなった。男は将校だった。兵卒が班長に指名されたので怒り心頭に発したのだ。

作業の合間に日本語で朝鮮半島の情勢について話した。くだんの将校が日本語であれこれ尋ねてきた。日本語はペラペラだった。ひとしきり雑談すると、それからは上機嫌で作業するようになった。トーナイが日本語に堪能なことが分かると、捕虜たちが次第になじんできた。

「どうしてアメリカの兵隊になったのか」と聞いてくる捕虜がいた。

「（捕虜収容所の）飯がうまくない」と愚痴った捕虜もいた。

「ここでどんなご飯を食べているのか」と聞き返すと、「キムチと丼、野菜、飯」と答えた。

共産軍に捕らえられた国連軍将兵は北朝鮮と中国の国境沿いの捕虜収容所で飢え死んでいたが、

国連軍の捕虜収容所では北朝鮮兵が戦場で食べるものよりずっと上等な食事をしていたはずだ。

「じゃあ、いったい何を食べたいのだ」

「サシミ。それにもっと肉……」

「お前、捕虜じゃないのか」

さすがに兵士はきまりが悪そうに黙った。

日本語ときれいな英語を話す下働きの男は東京生まれ。日本の敗戦で韓国に帰国したものの日本語なまりの韓国語だと笑われると半泣きになった。日本に戻りたそうだった。北から南に逃げてきた作業員は日韓併合時代、中学校の先生だった。嫌いなはずの日本語で時折、うれしそうに話しに来た。

トーナイは軍用食糧を無駄にしないようにし、賄いの男たちにあげた。キッコーマン醤油を小さな瓶に分けてあげると大喜びだった。勝者のたしなみもまた武士道なのだ。日本語で話せたことで朝鮮人の心をほかの米兵よりは理解することができたと、トーナイはうれしかった。

トーナイは52年10月31日に米国に帰還した。メアリーが待っていた。夫人メアリーは２０１７年1月にすい臓がんで亡くなった。

密偵たちの情報戦、韓国軍を監視せよ

52年9月。朝鮮戦争勃発から2年と3カ月。朝鮮半島中部の高地群を奪い合う戦場にロスから日系米兵、第511陸軍情報中隊伍長トオル・イソベ（26歳）がやって来た。サンフランシスコ生まれ。静岡出身の父は1919年にカリフォルニア州オークランドで花農家をしていた伯母夫妻に声をかけられ渡米した。子宝に恵まれなかった伯母夫婦は、1928年に2歳のイソベを連れて日本に戻り、イソベは12歳まで静岡で育った。小学校の卒業式の直前に母が迎えに来た。

日米が開戦すると、静岡駐屯の歩兵第34連隊で兵役を終えていたイソベの父も敵性外国人抑留所に送られた。母子は衣類を詰め込んだ鞄一つでハートマウンテン日系人強制収容所に送られた。

陸軍情報部員当時のトオル・イソベ

ボランティアのトオル・イソベ

「日系人だからと強制収容所に入れるのは米国憲法に違反している人種差別以外の何ものでもないと分かっていた。しかし大統領令に対して自分たち日系人ができることは何もなかった」

ロスのリトル・トーキョーにある全米日系人博物館（ＪＡＮＭ）で、聞き取れないような低い声で語り始めた。イソベはそこで日系人の歴史を説明するボランティア活動を当時、続けていた。

「日本で育ったおかげで米軍では情報部となり前線の歩兵にならないですんだ。前線で戦っていたら生きてはいられなかっただろう」

と、つぶやいた。52年4月18日に陸軍に徴兵された。基礎訓練後、陸軍情報部（ＭＩＳ）員に選抜された。千葉県津田沼にあった情報部の学校で８週間、軍事知識を学ぶとＧＨＱの直属部隊、第５１１情報中隊「第11、12特殊部隊グループ」に配属された。同情報中隊は東京が本拠地の第５００情報旅団隷下で隊員60人の半分が日系米兵の独立部隊だった。任務は「戦略情報の収集」だった。

日本支配時代の大温泉地、釜山・東萊《トンネ》温泉の丸い大きな湯船がある旅館が部隊の宿舎だった。米軍は53年初め、春川に筋金入りの共産軍将兵を集めた捕虜収容所を設置、イソベは2カ月程度、旅館からそこに出掛けては彼らを再尋問した。

「日本の学徒兵出身の将校が北朝鮮軍にも混じっていました。日本の敗戦で満州に残った日本の関東軍の将校が、中共軍の参謀になっている事実も尋問でつかみました。30代の少佐で、北京の近くに家を与えられていましたよ」

「北朝鮮兵は、うわべでは忠誠心を持っているように振る舞っていましたが、口先だけで本心ではそうでないと分かりました。部隊丸ごと何十人、何百人単位で投降するケースが多かったからです」

と続けた。

53年1月29日、平壌南方を空爆していた沖縄の米空軍第19爆撃群第28飛行隊のB－29爆撃機1機が撃墜された。乗組員14人のうち、パラシュートで脱出した空軍上等兵でサンフランシスコ出身のヒデマロ・サイトウ・イシダ（20歳）ら5人が捕虜になった。父はロスの仏寺の僧侶、母が茶道師範という一家の長男だった。父母は太陽のように日が昇る子に育つようにとの願いを込めて「ヒデマロ」と名付けた。その願い通りにヒデマロは陽気な笑顔で周りをひきつける聡明な子に育った。

日系人強制収容所から解放されたが、父だけが日本への強制送還対象者にされた。その異議申し立て審判で13歳のヒデマロは陪審員に訴えた。

「私たち子どもはアメリカ市民で、アメリカは私たちの祖国です。だから私たち子どもは日本に送還されません。しかし、あなた方が父を日本に強制送還したら、誰が残された私たちの面倒を見るのですか。私たちには父が必要です」

陪審の結果、一家全員がカリフォルニアに戻った。

イシダたちが撃墜された場所近くの洞窟に捕らえられているとつかんだ米軍は、5月に救出作戦を敢行した。救出に向かったC47輸送機が洞窟近くに強行直陸するや、待ち伏せしていた北朝鮮軍の集中砲火を浴びて失敗した。イシダたちがどこに閉じ込められているかの情報は、北に送り込んだエージェント、コード名「グリーン・ドラゴン」からだった。そして米軍の救出作戦情報を北に教えたのも「グリーン・ドラゴン」だった。イソベの最も重要な任務が、こうした二重スパイの摘発と尋問だった。

「我々は韓国軍の情報部員ともともとは売春婦だった女と孤児をくっつけ、家族に偽装して北に送り込んでいました。彼らを『Line Crossers（ライン・クロッサーズ）』と呼んでいました」

と、イソベは朝鮮戦争での情報戦の一端を教えてくれた。国連軍が「ライン・クロッサーズ」の活用を始めたのは、釜山橋頭堡に追い詰められた50年夏から。北朝鮮軍の「白衣の兵士」やゲリラの襲撃に悩まされた米軍は密偵を紛れ込ませ、北朝鮮軍の偽装兵士やその動向をつかむようになった。仁川上陸後の米軍の北進を先導したのは、土地の情報に明るいライン・クロッサーズたちだった。

子どもやティーンエージャー、女性の密偵もいた。10代の密偵は学生服姿で北朝鮮の身分証明書を持って北に潜み、米軍の空爆目標である軍集結地や補給基地などの情報をつかむとイソベたちに伝えた。子どもが見聞きした情報も貴重だった。北朝鮮軍に正体を見破られて犠牲になったライン・クロッサーズも多かったが、米軍にも共産軍にも情報を売る二重スパイだったライン・クロッサーズも少なくなかった。そうした二重スパイを探り出す女密偵もいた。

ライン・クロッサーズのような闇の任務は、日本支配下時代に学校から社会まで日本語が「一級言語」として広く使われていた朝鮮社会の中でも、日本語も韓国語も自在に操る能力と敵にも味方にも溶け込んでいく柔軟性を得ていた人たちだからできる任務だったのだろうが、密偵への指示も、報告を受けるのも二重スパイへの尋問も日本語が中心だった。

「自分たち日系米兵が尋問を通じて集めた空軍の爆撃目標など、多岐にわたる重要情報が多数のアメリカ将兵の命を救っただけでなく、朝鮮戦争の休戦を引き出す大きな助けになったと思う」

とイソベは自負していた。朝鮮戦争休戦後に帰国したイソベは大学で学び、米国郵便公社に30年間勤めた。退職後は、朝鮮戦争を戦って退役した日系将兵の団体「Japanese American Korean War Veterans（JAKWV）」（1996年1月設立）の会長を務めた。2019年に永眠した。

第300機甲砲兵連隊第2大隊のショウゾウ・コガは52年4月、米国に帰還した。サンフランシスコのゴールデンゲートブリッジを「やっと帰れた」喜びに浸りながらくぐった。

「砲兵で大砲を撃っていたのは51年11月ぐらいまででした。砲兵は、8カ月間は山のてっぺんで大砲の後ろの幕舎で寝泊まりし、麓に下りられません。それで交代が早いんです。それからは郵便配達夫でした」

伝令の合間に大隊の郵便局で手紙を受け取り、各中隊に配った。「郵便兵は本当によい任務でした。故郷から届く手紙を配って歩くのだから、みんな喜んでくれます」

戦場で一番怖かったのは何かと尋ねた。

「共産軍の中に混じっている（旧日本軍出身の）日本人兵に攻められることでした。とてもかなわないと怯えていました」

伝令兼郵便兵に替わる直前の休暇で、熊本の母に会いに行った。戦場では日用品、歯磨き粉等が無料で配られた。戦場に店はないからだ。その分を兵士は節約できた。給料は、上等兵が12ドル、伍長は50ドルだった。除隊後、ボーナスを含めた給与をまとめてもらうと1200ドルになった。GIビルの生活支援は120ドルで、とにかく稼がなければと新聞の求人欄で見つけたロスのゼネラル・モーターズの乗用車シボレー工場の組立工に応募した。時給が3ドル。半年で2500ドル稼いだ。月15ドルを生活費や妹の女学校の学費として熊本に送った。1ドル360円の固定相場時代で、日本円にすると5400円。52年の日本の小学校教員の初任給が5850円だった。残りはせっせと貯金した。

兵隊の時は保険料の負担がなかった補償1万ドルの保険は除隊後も継続すると、保険料を年800ドル払わなければならなかったが、自分に万一のことがあった時の母と妹の生活を考え継続した。組立工として3年働き、5000ドルで土地を買い、8000ドルで家を建てた。55年にカリフォルニア大学に入り直し経理を学び、スペースシャトル用ロケットなどを製造する軍需工場に就職、原価計算を担当した。

メモリアルデーのショウゾウ・コガと妻裕子（2017年）

コガはその後、16歳下の裕子と結婚した。1960年に日系女性と結婚したが、25年後に離婚した。富山県高岡市出身で北日本放送のアナウンサーだった。

「アナウンサーは若い時だけの仕事です。小さな放送局では年を重ねると仕事の場もなくなります」と、コガの隣で裕子は朗らかに言った。

40歳を過ぎ、新しい仕事をしようとロスを何回か訪れているうちにコガと知り合った。

「よく働く真面目な人だなと思いましたので」と語る脇でコガがつぶやいた。

「今は金正恩がぎりぎりまでアメリカを脅している。向こうのほうが度胸が据わっている」

ソ連の独裁者であり朝鮮戦争開戦の黒幕だったスターリンが53年3月に死んだ。スターリンの死は朝鮮戦争を休戦へと進めた。

北からのソウル攻撃の要衝、驛谷川《ヨクゴクチョン》沿岸の高地争奪戦を10カ月にわたって続けてきた第45師団第１８０連隊第3大隊L中隊上等兵でハワイ島ヒロ出身のリチャード・カオル・ニレイ（22歳）が3月11日、戦死した。西部戦域で4月6日、20歳と4日の第1海兵師団第1海兵連隊第2大隊D中隊上等兵でハワイ・モロカイ島カウナカカイ出身のケネス・A・ミサキが哨戒中に敵と遭遇、戦死した。米国料理のポークチョップを思わせる眺めから「ポークチョップ高地」と呼ばれた板門店北東の高地２５５での激戦は続いた。戦闘で第7師団第31連隊第2大隊E中隊上等兵でホノルル出身のリチャード・ヨージ・ハヤカワ（22歳）が4月17日戦死した。朝奪い返した高地が夜にはまた奪われるポークチョップ高地の戦いを題材にした実話映画が１９５９年製作のアメリカ映画「勝利なき戦い」（原題 *Pork Chop Hill*）だ。

ロスから車で35分ほどのカリフォルニア州ノースリッジの自宅で85歳のビクター・ムロオカは、戦場で写した写真をテーブルに並べてインタビューを待っていてくれた。

カリフォルニア州のシエラネバダ山脈を越えたところにあるマンザナー日系人強制収容所からロスに戻り、トレーラーで生活した。トレーラー生活をようやく終えられるようになった頃に朝鮮戦争が勃発した。

「強制収容によって失われた生活はまだ戻っていませんでした。日系人の多くは韓国で起きた出来事を考える余裕はない日々でした」と、ムロオカは振り返った。

勃発から2週間後の高校卒業式で生徒代表のスピーチをした。カレッジスクールに進み、ビジネスコースの2年を終えた52年秋に徴兵された。

53年5月にポークチョップ高地の第7師団第17連隊第2大隊H中隊に送られた。軍事的優位を国際社会に印象づけて休戦に持ち込みたい共産軍が、熾烈な陣取り戦を仕掛けていた。ムロオカは陣地に着くや、砂袋の積み上げ作業を命じられた。3メートル近く砂袋を積み上げたところで敵の砲撃が始まり、戦闘は夜になるにつれ激しくなった。震えて砂袋の合間から様子をうかがった。

「それからもあっちに行けこっちに行けと命じられるまま動く毎日でした」

陣地に米部隊所属のカトゥーサ（韓国人兵）や労務者30人ぐらいがいた。カトゥーサらを束ねている韓国人軍曹は英語も日本語も上手だった。ムロオカは日本人に違いないと思ったが、「妻が日本生ま

第17歩兵連隊本部中隊駐屯地のビクター・ムロオカ

ビクター・ムロオカは勲章を見せてくれた

れなんだ」と教えてくれた。気さくな人柄で、話すうちに親近感が増した。戦闘の合間に塹壕で「支那の夜」の歌い方を伝授してくれた。部下には厳しかった。朝鮮戦争後に軍曹は日本に行ったと後に聞いた。

韓国兵は何も言わずにムロオカを眺めるだけだった。自分から「俺を嫌いか」と尋ねた。「日本人は嫌いだ。けれどあなたたちはアメリカ人だからＯＫだ」と返ってきたが、口ぶりから本当に日本嫌いなのがよく分かった。砲撃の合間に里の藁葺き屋根の家が立ち並ぶ一角に市場が立ち、賑わった。

滅共統一を叫ぶ李承晩への米国の信任は薄くなるばかりだった。すでに触れた「済州島事件」「国民保導連盟事件」などだけでなく、51年1月には戦時下の約50万人の民兵組織「国民防衛軍」が戦況の悪化で北朝鮮から撤退した際、9万人あまりが餓死・凍死する「国民防衛軍事件」が起きた。幹部がコメや軍需物資を横取りしていた。一部は李承晩の政治資金に流れていた。相次ぐ失政で国民の信を失い、自壊寸前だった李承晩は、52年5月、臨時政府が置かれた釜山に戒厳令を発布、憲兵隊が国会議員の乗ったバスを連行、逮捕するなどの強引な手段で7月に憲法を改正、大統領選出を国会での選出から国民の直接選挙制に変えて再選を果たした。韓国の自由と民主主義を守るために、米国の若者たちが血を流している中での李承晩の振る舞いに米国が深く失望したのは当然だ。

一方、板門店では53年6月8日、「捕虜交換協定」が締結された。翌9日の「東亜日報」は1面で「休戦事実上成立」と報じた。統一が果たせないままの休戦を「国民の失望は絶頂に」と2面で嘆いた。李承晩に失望したアイゼンハワーは、李承晩が米国に従わない時には国連軍が戒厳令を布告、軍政を宣言し、李承晩を排除すると決めていた(「エバーレディ(EVER READY)計画」)が、休戦協定が成立する土壇場で李承晩は反撃の奇策を放った。6月18日、6カ所の捕虜収容所から北朝鮮に帰還を望まない反共捕虜2万5000人をいきなり釈放して米国を揺さぶったのだ。アイゼンハワーは奇策に仰天した。

李承晩は「韓国を無視した休戦調印時　国連軍離脱辞さず」とUP通信記者に語り、さらに追い打ちした。李承晩とのせめぎ合いで米国は、休戦協定後の韓国民の不安を抑え、なだめるために韓国軍の作戦統制権を国連軍司令官兼在韓米軍司令官が握ったままで韓国軍が「北進統一」できないよう歯止めをしたうえで、有事に米軍が即介入するとの「米韓相互防衛条約」を約束した。「韓米防衛条約を引き出した反共捕虜の釈放」(「中央日報」2015年6月25日「時論」)と、韓国保守派は今も李承晩の奇策を高く評価する。李承晩が朝鮮戦争休戦後の韓国安全保障の基盤をつくったといわれるゆえんだ。

第40師団第223連隊第2大隊E中隊少尉でハワイ島ホノム出身のレイモンド・タツオ・ゴトウ(25歳)は6月19日にパンチボール戦域で戦死、後に銀星勲章が授与された。24日早朝、中共軍は狙撃稜線戦域などの米軍前哨陣地を襲撃した。この戦闘で第3師団第7連隊上等兵でマサチューセッツ州ネイティック出身のポール・アンソニー・エノ(20歳)が戦死した。

4回目の朝鮮戦争開戦の日となった6月25日。「京郷新聞」は1面に「今日は6・25！　民族自決で統一戦取」のスローガンを掲げた。「東亜日報」は「統一決意も新たに　今日は六・二五」を掲げた。韓国民の願望はなお北進統一であった。6月28日に第10憲兵隊軍曹でハワイ島パパイコウ出身のマサオ・タヤマ（20歳）が故郷で死亡した。原因はつかめなかった。
休戦協定調印を前に1メートルでも境界を押し広げるため、中共軍はポークチョップ高地の米軍第7師団の前哨陣地に7月6日から最後の大規模攻撃をかけた。第7師団第17連隊第2大隊E中隊上等兵でカリフォルニア州サンホアキン出身のアキラ・ウオタ（21歳）が7月8日、行方不明になった。米軍は4日間の戦闘後、ポークチョップから撤退した。犠牲を無視してポークチョップ高地を確保しようとする敵を相手に、これ以上の犠牲を増やす意味がないと判断したのだ。ポークチョップ高地南のオールド・バルディ（不毛高地）を抵抗線にした第45師団第179連隊第3大隊K中隊上等兵でサンフランシスコ出身のキヨシ・イシミズ（24歳）が21日戦死した。朝鮮戦争での最後の日系米兵戦死者だった。

53年7月27日午前10時、国連軍と中国軍の首席代表が板門店で休戦協定に署名した。勃発から3年1カ月2日18時間だった。

陸軍情報部の尋問官だったミヤモトは軍曹だった52年8月に選抜され戦場を離れ、ジョージア州の陸軍士官短期養成学校に入学して、職業軍人の道を歩み始めた。半年後に少尉に任官するとケンタッキー州の陸軍第11空挺師団小隊長に配属された。平時の軍勤務は退屈で朝鮮勤務を志願した。中部戦線の第2師団に送られ、すぐ陸軍情報部に転属してソウル勤務になった。38度線を挟んだ和解なき休戦の日、ミヤモトは最前線の韓国軍師団駐屯地に派遣されていた。「エバーレディ」に沿い韓国軍の動向を警戒した監視のためだった。

「韓国軍の指揮官が万が一にも休戦協定を無視して戦闘命令を下すような動きをしたら即刻、米軍司令部に連絡するのが任務でした。休戦協定に従わない前線の韓国軍部隊が出たら直ちに米軍に交代させる手はずになっていました」

「韓国軍の士気は高く、皆、声高く『プッチン（北進）』とお互いに唱えて敬礼していました」

米軍が韓国軍に銃を向ける事態になりかねない緊迫下でミヤモトは、英語が通じない韓国軍指揮官と日本語でサシで話し、腹のうちを読み取り説得できる強みを持っていた。

米軍を退役して久しいミヤモトに、休戦協定の日の感慨を尋ねた。

「休戦協定成立は、私にはただのニュースでしかなかったです」

解放された反共捕虜を迎える群衆

李承晩が画策した米韓相互防衛条約は8月8日ソウルで仮調印された（締結は53年10月1日）。

「李承晩の反共捕虜釈放は当時の情勢の中で正しい判断だったと思う」とミヤモトは語った。

約32万人の将兵を派遣した米国は3万3629人の戦死者、10万3184人の戦傷者、7140人の戦争捕虜、消息不明389人を含む11777人が戦闘中行方不明となる犠牲を払った（*Americans of Japanese Ancestry in the Korean War*）。休戦協定後に日系米兵4人が戦傷死などで世を去った。54年7月7日に空軍第8戦闘爆撃航空団中尉でカリフォルニア州チノ出身のレイ・イトウ（24歳）。同年9月26日、第7基地郵便局上等兵でサンフランシスコ出身のマイケル・ススム・サトウ（21歳）。57年1月29日に第2師団第27連隊G中隊上等兵でハワイ・カウアイ島出身のジョージ・テルミ・ツジ（30歳）。ツジは51年3月9日に戦傷を負い、名誉戦傷章を授与された。59年6月17日に陸軍軍曹所属部隊でホノルル出身のトーマス・T・アサト（41歳）。以上が追跡できた日系米将兵の戦死・行方不明者256人だ。内訳は陸軍246人、海兵隊6人、空軍4人。部隊別ではハワイが本拠地の第24師団第5連隊戦闘団26人、第2師団第23連隊20人、第7師団第32連隊と第24師団第19連隊の各14人、第3師団第15連隊13人、第7師団第31連隊12人、第3師団第7連隊11人など。出身州別では、ハワイ出身202人、カリフォルニア41人、その他12人、不明1人だった。

老境で慰安婦像と闘う

海兵隊を除隊したロバート・ミツル・ワダは建築家を目指しロスのシティカレッジに通った。サンディエゴの日本人会のピクニックで知り合ったシャーリー・シノブ・ハマグチと53年4月に再婚した。独学と南カリフォルニア大学の特別講座を続け、1960年にカリフォルニア州の公認測量士免許を得た。日系米人で最初に合格した2人の1人だった。自前のオフィスを持ち順風な人生の中、2002年にシノブと離婚した。最初の妻イッコと親友ボブへの悔いが消えなかった。自分だけが生きているわだかまりから結婚生活49年の間、妻シノブとの衝突が絶えなかった。

退役後、戦場で経験しためまいの発作が何度も再発し、大声で叫び声をあげた。749高地の塹壕で突き飛ばされてヘルメットをなくし、砲火にさらされた恐怖が夢の中で繰り返された。恐怖は生々しかった。夢で再現される緊張と恐怖、不安で心臓まひが起きかねないと怯えた。

感情を失い心が壊れてぐちゃぐちゃになった。ヒロシ・ミヤモトと同じく、ワダも戦場での体験を話すことで朝鮮戦争のPTSDを乗り越えた。安息の老境を迎えた2013年、ワダは予想外の闘いに立ちあがることになった。

韓国系団体などが反日運動の象徴であるソウルの日本大使館前にある慰安婦像をワダの暮らすフラートン市近くのブエナパーク市内に建てる運動を始めたのだ。町の住民8万人のうち1割が韓国系。市長も韓国系で提案が市議会を通りそうになった。

ワダは日系人を代表して慰安婦像建立に反対する手紙を議会に送った。手紙でこう訴えた。

「私は米国日系社会を守るため慰安婦像建設に反対します。像はブエナパーク市にとっても、米国のどこにおいても有益であるとは思えません。これは日本と韓国の問題であり、日本を先祖に持つ米国人の問題でも、朝鮮戦争に参戦し、我々の国(米国)を愛し、韓国の人々の自由のために戦い死んでいった多くの日系米将兵の問題でもありません。慰安婦像建設は米国内の人種間対立を激しくするだけです」

最中に韓国系市長が2004年からの5年間、偽の運転免許証を使い、偽造した他人名義の社会保障ナンバーを4州で登録して使っていた容疑などで訴追されたことが判明した。判決は6年間の収監だった。公職者の立場を悪用し韓国人の不法移民に関わった疑いも明らかになった。さらに市長自身が正規の移民であるかも怪しくなり、同市の慰安婦像設置運動は下火になった。

ところが翌年、今度はフラートン市で設置運動が始まった。ワダは再び反対運動を始めた。

「この時は、慰安婦像設置の不当さを叫ぶだけではなく、像に登って遊んだ子どもがけがをしたらどうするのだ。建てるのならそうした事故にも備えて多額の保険をかけるべきと主張しました。慰安婦像を建立しようとしていた韓国系団体は多額の費用負担を嫌い、申請を取り下げました」とワダは説明した。その年11月、市内のサニーヒルズ高校のWEBサイト「THE ACCOLADE（栄誉）」に韓国系生徒が書いたと思われる「韓国人の若者は慰安婦像建立のために戦う」と題した記事が載った。

「日系人たちは戦時下の性奴隷問題の罪を認めたくないから、慰安婦像の建設に反対している」と主張していた。ワダは、「日系米人は第2次世界大戦の間、日系人強制収容所に連行されており、そんな問題に関わる余地さえなかった」ことや、「朝鮮戦争ではあなた方の祖父母、両親たちのために戦ってきた」ことをつけ加えた反論をこのサイトに載せた。ほどなくして高校生の記事は消えた。

「こうした韓国系団体の狙いは、米国の中で日系社会をおとしめ、自分たちが優位に立つことです。米国の韓国系団体の背後には共産党の中国系団体がいます」とワダは主張した。

ワダの反対活動にもかかわらず、米国内で最初の慰安婦像が2013年7月にロスの北、韓国系住民が5％を占めるグレンデール市の公園に設置された。公園に行くと100万～150万人といわれるアルメニア人がトルコ人に虐殺されて100年の記念行事の最中だった。グレンデールは虐殺を逃れ米国に渡ったアルメニア人が多く暮らしている街なのだ。

ソ連崩壊直前、南コーカサスの民族紛争を取材した時の記憶がよみがえった。アゼルバイジャン内務省軍に殺された十数人の若者たちの死体を並べたアルメニアの村で、男が自分たちの村が襲われた時の蛮行を生々しく、1時間近く語った。メモを取り続けた私は、最後にその出来事はいつ起きたのかと尋ねた。１００年前のその日の出来事だった。

私が床に並べられた若者たちが死んだ日の出来事を知りたいのだと尋ね直したその時、周りにいた村人たちが一斉に復讐を誓う雄叫びをあげた。男は満足げに村人たちを眺めていた。遠い出来事が実際の体験から離れ観念の中で伝えられる中で、誤った事実、つくられた事柄、偏った空想までもが事実となって膨らみ、復讐の憎しみをふくらませるのだ。韓国社会の中で語られる「日帝」の物語、とりわけ「慰安婦」に絡むストーリーも日本支配時代を知らない世代の〝無知〟がもたらす、同じ構造があるだろう。アルメニアとアゼルバイジャンの紛争は２０２０年に再燃し今もくすぶる。空想の中で増幅した怨念、憎悪が歴史認識というのなら、それほどの愚行と危険なものはない。

「虐殺された記憶」を消すまいとするアルメニア系住人に、韓国人反日活動家といえる「韓国挺身隊問題対策協議会（挺対協。現・日本軍性奴隷制問題解決のための正義記憶連帯）」前代表で元国会議員の尹美香《ユンミヒャン》たちが「女狩り」とか「性奴隷」とかのおぞましい言葉で「偽りの人道」を吹き込み、像設置を推進するのはたやすいことだったに違いない。

２０１０年頃、グレンデール市は韓国の金浦市と姉妹都市になった。慰安婦像ができた当時、市会議員5人のうち2人がアルメニア系議員だった。月刊『新潮45』２０１７年6月号で早稲田大学教授有馬哲夫(当時)は、ナチスのユダヤ人強制収容所が実はドイツ兵の「慰安所」の役割を果たしていた事実から、米国政府などは、旧日本軍慰安所をも同様施設と誤解して挺対協などの「慰安所はナチスと同じ」との主張が信憑《しんぴょう》性を持って受け入れられたと分析している。

ユダヤ人女性の収容者を愛人にしていた親衛隊将校が登場する映画を見たことがある。日本であまり知られていないそうした事柄は、欧米では常識に近いのかもしれない。

公園に立ち寄る観光客の多くが慰安婦像に近寄っていた。像の脇にある「私は日本軍の性奴隷でした」「1932年から1945年の間に日本帝国軍によって強制的に性的奴隷状態にされた(朝鮮人女性ら)20万人以上」などの説明文を読んでいた白人男性に声をかけた。70歳でサンフランシスコから公園の隣にある「ネオンアート博物館」を見に来たそうだ。慰安婦像から何を感じたかと尋ねた。「私は新聞や本などを通じ、日本のことを少しは知っているほうだ。日本だけでなく米国も(戦争で)ひどいことをしてきた。そうした記録は明らかにされないものだ。だから日本は素直に認めるべきだ」と彼は答えた。コンピューターの仕事をしてきたそうだ。ベトナムのソンミ村事件などと慰安婦像が重なっているのかもしれない。誤解や錯覚、空想が、偽りの人権活動家の嘘を事実にし、善良な誤解ほど事実を理解させるのが難しい。善意の人々のもろさと米国社会の日本への無知につけ入る韓国「人権」団体のしたたか

慰安婦像を見つめる家族連れ（グレンデール市、2017年）

な戦略を恐ろしく思った。

それ以後もご承知の通り、米国内で慰安婦像は設置された。インタビューした朝鮮戦争退役日系米人は、口を揃えて慰安婦問題を米国社会に持ち込む動きを批判した。みなが朝鮮戦争で身を売る女たちの実際を知っていた。


海兵隊のワダが、初めての最前線を陣地の裏から眺めると、長い前線に沿うように掘っ立て小屋が建っていた。小屋の前には韓国兵20~30人ぐらいが並び、何かの順番待ちをしているようだった。

「あそこで何をしているのですか。お祈りですか」

と大尉に尋ねた。大尉はちらっと眺めると、

「小屋の中には女が1人か2人いるはずだよ」

と教えてくれた。予想外のことだった。

「大尉をジープに乗せて韓国軍の部隊で待機しているときでした。韓国兵から『近くに看護婦が来ているから見に行こう』と誘われました。後をついて行くと刈り入れが済んだ畑のようなところに出ました。月明かりの下で30~40人の韓国軍の男の尻が上がったり下がったりしているのにびっくりしました。どんな〝看護婦〟が来ているのかは一目瞭然でした。畑に30歳ぐらいの韓国人の女が立っていました」

仕切っている女は日本語そのまま「オヤカタ」と呼ばれた。オヤカタは〝看護婦〟を連れて前線を回った。時には自分も体を売ったが、軍とのコネで売春以外の商売を始めるやり手の女衒《ぜげん》もいた。第

521情報小隊に転属したウエマツの目撃談を紹介する。

「韓国軍の宿営地に行くと慰安婦用に長さ20フィート、幅10フィートぐらいの大型幕舎があった。中には20代のチマ・チョゴリを来た女が数人いて20〜30人の韓国兵を相手にしていた」

「戦場の性」は極限状態の中での事柄だから、それぞれの軍の状況や考え方の違いがはっきりと表れる一つだろう。医務兵のトーナイは韓国軍前線部隊に軍用トラックで向かう途中、野原で韓国兵が3列になって並んでいるのを目撃した。運転兵が「何の列だろう」と降りて様子を見に行った。列の先には女3人がごろりと寝ていて兵隊を相手にしていた。女は軍から配給された慰安婦だった。韓国軍はドラム缶に入れた慰安婦を「補給品」と称して最前線の部隊に軍用トラックで届けていた。

野戦病院のそばでも女たちは周りの土饅頭《まんじゅう》の墓のそばに毛布やゴザを敷き、泥のついた体で米兵の相手をしていた。女は日本語の「パンスケ」とそのままで呼ばれていた。軍隊が恐れるのが性病で兵力が消耗することだ。医務兵が性病防止のコンドームを配っても性病にかかる兵が出た。「日本の女の肌のほうがきれいだと、休暇になるとみんな日本に行った」とトーナイは語った。

米軍は将兵にほぼ半年ごとに5日間の保養休暇を与えていた。順番が来ると大方が給料で貯めた400ドルほどをポケットに日本に向かった。小倉行きか東京行きの飛行機便があった。到着すると新品の制服が渡され高級ステーキが振る舞われた。コンドームが山積みされた箱が出口に置いてあった。先の第5連隊戦闘団伍長のラリー・ヨシキ・ヤマグチは、こう回想している。

「3、4人の仲間とタクシーで出掛けた。どこへ行くつもりなんだと彼らに尋ねると、お前が行くところについて行くと言うんだ。私は少し日本語が話せた。ほかの戦友は全然だめだったからべったり俺にくっついてきた」

「タクシー運転手に俺たちがどこに行きたいか分かっているだろうとさえ言えば、楽しい時間を過ごせる芸者ハウスに連れて行ってくれた。運転手が女の子をてきぱきと並ばせ俺たちが相手を選び、それぞれ個室で楽しんだ。日本食の店も彼が世話してくれたよ」

「うまい食べ物を食べて散髪をした。床屋では温かいタオルを顔にあてがわれたね。あれはとても気持ちがよかった」

『値段の明治・大正・昭和風俗史』シリーズ（朝日新聞出版）によれば、東京・吉原での1950年の揚げ代（一晩）は1200円、東京の平均理髪料金は60円だった。韓国に戻る輸送機に乗る時、ポケットに15セント残っていた。

「米軍は、定期的な休暇の際に後方の遊興地で勝手に遊ばせリフレッシュさせて戦場に戻した。日本軍には戦場でそうした休暇を与えるという発想がなかったから、米軍のような休暇制度をつくらず、女を連れて歩いたのだろう。韓国軍も日本軍のやり方を引き継いで慰安婦を連れて歩いていた」と砲兵のコガは説明した。朝鮮戦争は戦域が限定され、そばに日本という遊興地があったから定期的な休暇制度にしたのであって、米軍がいつもそうしているわけではないと元米将校の1人は話した。韓国軍が日本軍方式をもとに韓国軍式に変え、トラックに慰安婦を乗せて配り、戦場の性管理をしたのも戦域が広大でなかったから可能だった。

米軍は朝鮮半島での勤務期間が通算で36点になった兵を交代させた。前線勤務は1カ月4点、6カ月で24点。前線以外は月2点だった。前線にずうっといると9カ月で任務完了になり、志願兵は日本などでの後方勤務になった。その結果、50年7月から10カ月経った51年春から帰還兵が急増していた。兵士交代制はベテランの兵を少なくしたが、これも戦域が限定されていたから可能だった。同時に米軍には起こり得る第3次世界大戦に備え、実戦経験を積んだ兵を増やしておくとの計算があった。朝鮮戦争で冷戦が熱戦に変わり拡大することを覚悟していたということだ。

日本でも米軍基地周辺にはどこでもパンスケ村があった。52年12月27日の「読売新聞」の「春を売る女の実態」は、全国に56万人の売春婦がいて、これは売春可能年齢15～40歳の女子人口からみると56人に1人の割合になる、売春街は連合軍基地所在地と密接な関係があると報じている。

「(八戸でも)女たちはみな、『私の故郷は広島。原爆でやられて食べるものさえなくなったからこっちに流れてきた』と言っていました。米兵は、『あれはメイク・ストーリー』と分かっていても黙って聞いていましたよ」とは、医務兵トーナイの記憶だ。

慰安婦問題で、韓国人元慰安婦は日本軍に無理やり連れ去られて売春婦にされたと盛んに吹聴していたものだ。身を売る女性たちの半生のつらさは生易しいものでないのは当然なだけに、こうした女性たちの身世打鈴《シンセターリョン》(韓国語で身の上話の意味)にある程度の「メイク・ストーリー」がつきものなのも仕方のない話だろう。

国連軍の宿営地となった戦場の村の住民は売春婦たちに好意的だった。米兵らに暴行され、村にいられなくなり、売春婦に転落した女性たちが少なくなかった。逆説的だが、村の売春婦たちの存在

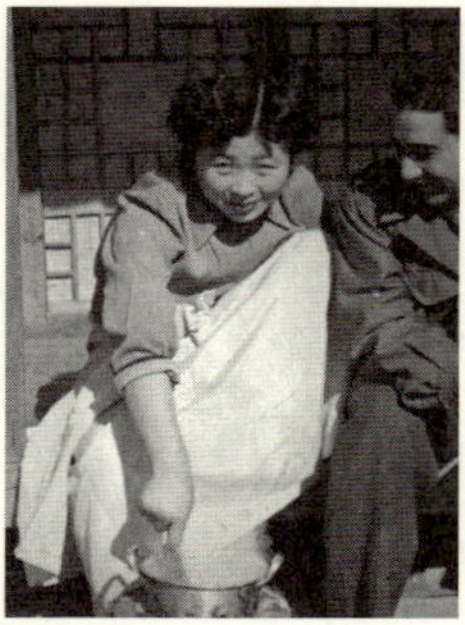

米兵とほほえむ慰安婦（釜山）

前線の米軍駐屯地まで慰安婦はやってきた

が国連軍の強姦被害から村の女性たちを多少でも守ったからだ。占領下の日本でも同様だ。敗戦直後、日本人の娘の身を守るために日本政府が特殊慰安施設協会をつくり、短期間だが「米軍用慰安所」を運営したことはよく知られている。旧日本軍慰安所も戦場での強姦防止策という一つの側面があった。この事例も戦争の最大の被害者は常に女と子どもである事実を物語る。

韓国では朝鮮戦争休戦後、パンパンたちは各地の米軍基地街で米兵専門売春婦になり体を売った。ドル稼ぎの先兵として「洋公主」（米兵相手のお姫様）とおだてられ、韓国人相手の娼婦とは区別された。性病にかかると窓に鉄格子がついた「モンキーハウス」に強制収容され治療を受けた。戦場のパンパンたちがどうであったかは知らないが、休戦後の韓国人慰安婦「洋公主」は白人相手と黒人相手に分かれていた。70年代前後からの在韓米軍の撤退で「洋公主」たちの〝需要〟が減った。新需要として〝開拓〟したのが、日本の男相手の「妓生パーティー」だ。

それはともかく、在米韓国人の慰安婦像建立運動について日系米兵退役兵はおしなべて人権を騙《かた》って日本をおとしめようとする運動だと憤慨していた。一方で在米韓国系団体などは、移民国家の米国にこうした手法で民族的な対立を持ち込むことがどんなに危険かを理解しておらず、頓着もしていないようだ。韓国系団体が米国に平気で民族対立感情を持ち込むことができるのは、同じアジア系であっても日系社会と韓国系社会の歴史的な形成過程がまるで違うことがあるからだろう。

合衆国、米国で暮らす韓国民の頸木《くびき》

日本人の米国との関わりは1840年代にジョン万次郎が日本人として初めて米国に上陸したことから始まり、1868年にはハワイのサトウキビ農園に初めて日本人移民が向かった。一方、朝鮮人の米国移民は1903年1月、121人が仁川から日本船でハワイに渡ったのが最初だ(仁川「韓国移民史博物館」資料)。ハワイの日本人移民はこの年すでに18万人に達していたが、日本が朝鮮を併合した1910年までにハワイに渡った朝鮮人は7415人だった。うち約2000人がその後カリフォルニアなどの米本土に移った。日韓併合後の日本は朝鮮人が米国に移住するのを許さなかった。米国内で反日独立運動が広がるのを懸念したからだ。1919年には朝鮮人少年だけの韓人ボーイスカウトが結成され、式典で星条旗と太極旗を掲げた。解放された45年当時、在米朝鮮人はハワイ6500人、米本土3000人だった。朝鮮戦争での韓国系米兵の戦死者は7人であることからも当時の状況が分かるだろう。全員がハワイ出身だ。

すでに紹介したが、在米日系団体「日系アメリカ人市民同盟（JACL）反差別委員会」の運動で朝鮮戦争中に日本人花嫁の米国入国が可能となり、59年末までに4万～5万人の日本人戦争花嫁が渡米した。同時に韓国人戦争花嫁も入国を認められるようになり、65年までに1万7000人が渡米して在米韓国系社会の芽となった。多くは元「洋公主」だった。洋公主と米兵との混血児約5000人も〝孤児輸出〟され米国人家庭の養子になった。血の純潔を好む韓国社会は外国兵と韓国女性の結婚や混血児に否定的で、混血児輸出も厄介者払いとドル稼ぎが目的だった。元洋公主らの4割は離婚して、米国で今約5万人といわれる韓国女性売春シンジケートの下地となった。

ベトナム戦争で韓国軍が米軍とともに戦ったことで韓国人移民枠が65年以後年2万人に拡大したことや韓国の経済成長が重なり、1990年の在米韓国人は約80万人に急増した。2010年米国国勢調査で韓国系米国人は約170万人。130万人の日系人を凌駕《りょうが》している。アジア系としては中国系、フィリピン系、インド系、ベトナム系、韓国系、日系の順だ。

日系と韓国系の大きな違いは、日系移民は「出稼ぎ労働者」として渡米し、農園や単純労働から生活基盤を築き、結果的に移民になったが、韓国人移民の中核は、70年、80年代の「漢江の奇跡」の果実は得たが軍事独裁政権の韓国を嫌ったインテリ層や中産階級層であることだ。最初から生活基盤を韓国から米国に変えるために渡米した。学歴は高く、英語にも堪能。蓄えた全財産を懐にして新天地に向かった。大都市の黒人やヒスパニック住民が暮らす貧困地域の食材店などを買い取り、異なるルーツを持つ住民への差別感情を隠さず、軋轢《あつれき》を意に介さず富を蓄積した。1992年4月の「ロス暴動」で韓国人商店は暴徒に襲われ、韓国人商店主は屋上から暴徒に向かって銃を撃って被害を防いだ。以後、韓国系コミュニティーは同じ被害を防ぐためにも米国政治での発言力強化に力を注いできた。

そうした形成史を持つ米国の韓国系社会は、李承晩同様に日韓併合時代の実体験を持つ韓国系米国人が本国よりもっと少ない。加えて、自由平等を掲げる米国社会が非白人の移民や市民をどのように扱ってきたか、中国系移民が排斥され日系人が強制収容されたような実体験はない。「後発者利益」は享受しているが、生身の米国社会と向き合ってきた日は浅い。逆説的な意味での〝幸福〟が、民族対立を生みかねない「反日プロパガンダ」を平気で持ち込む素地をもたらしていると言える。

日系人社会とのさらなる差異が、在米韓国人と本国の政治勢力との間の強固な結び付きだ。反政府民主化運動指導者の金大中と米国内の強い支持勢力の存在が一例だ。全斗煥《チョンドゥファン》軍事政権（１９８０〜１９８８）が、米国留学という「島流し」を条件に反政府学生運動リーダーらを放免したことも絡んでいる。この結果、米国で北朝鮮系や左派活動家網が活発化するという現象が広がった。こうした祖国との結び付きの強さは、「自分たちは米国の中の韓国人だ」との意識を高め、本国の反日急進左派団体や左派政権、さらに親北組織との強い連携関係の土壌と攻撃性を支えている。

２０２３年11月に尹錫悦大統領夫人金建希《キムゴンヒ》がクリスチャン・ディオールのバッグを受け取っている場面の盗撮映像が流れ、韓国社会が大揺れし、５カ月後の総選挙で与党「国民の力」が大敗した要因の一つとなった。バッグを渡して盗撮したのは米国内の親北組織活動家の韓国人牧師だった。米国で慰安婦像を推進した尹美香は２０２３年９月には東京で北朝鮮支持の在日本朝鮮人総連合会（朝鮮総連）の関東大震災追悼行事に出席（聯合ニュース）するなど、親北性向の行動があらわだ。夫は北朝鮮が絡むスパイ事件で逮捕された人物。親北団体のいわば海外交差点の一つが米国であり、韓国内反日団体が最初に海外慰安婦像建立を進めた訳が透けて見える。

尹美香は慰安婦運動で集めた寄付金のうち約８０００万ウォンを自分のヨガ教室受講料やマッサージ費用に私的に流用、横領した罪で、２０２４年11月の二審で懲役１年６カ月、執行猶予３年の判決を申し渡されている。およそ人権活動家とは思えない所業だが、「朝鮮日報」は慰安婦運動を「(国内の日韓の)歴史問題ビジネス疑惑の代表事例」と指摘している(「韓国でビジネス化した歴史問題」２０２３年５月24日３面)。それにしても、こうした人物が反日運動を操り、韓国国会議員に当選(２０２０年「共に民主党」、その後無所属)していることは、朝鮮戦争以後の社会混乱に乗じて親北朝鮮勢力がどれほど韓国内に根を張ったかを実感させるではないか。

米国で日系人が無意識にとる行動があると、ショウゾウ・コガの妻の裕子が教えてくれた。スーパーマーケットのカート置き場にある真新しいカートを使うのを、日系人はためらうそうだ。目立ちたくないからだ。「古いカートで店内を歩いていれば誰からも気に留められない」ほうを日系人は選ぶ。米国社会で生きるための反射的防御本能といえる。韓国系米国人は、躊躇せずに新品のカートに手を伸ばすに違いない。

日系米国人の中に、慰安婦設置運動を支持する若者がいるのは事実だと、陸軍情報部だったミヤモトは語った。日系人強制収容所問題と日本軍慰安所の誇張されたイメージをだぶらせているような日系人の意見が２０１７年９月、米国内の日系新聞に載った。ミヤモトは反論した。

（設置運動支持の日系人の主張は）一部の慰安婦が慰安婦として働くだろうと言われなかったと述べている米国の『日本軍捕虜尋問報告№.49』（米国戦時情報局心理作戦班作成「ビルマのミッチーナで米軍に捕らえられ尋問を受けた慰安婦に関する報告書」1944年10月1日）に基づいているとしている。だが報告書は女性たちが売春婦であると明確に述べている。娘たちを売春宿に出して貸付金を返済することは当時の韓国と日本では日常のことで拉致ではなかった。さらに慰安婦が20万人という数字はどこから来たものなのか。20万人を証明する文書を私は見たことはない」

「売春目的の非自発的な女性の募集は連合国によって戦争犯罪と見なされた。また日本軍は慰安婦の不本意な募集を容認しなかった。（略）米国による（太平洋）戦争犯罪裁判で不本意な売春に関わる記録はグアムで女性2人に売春を強要した日本人民間人についてしかない。（朝鮮人女性）20万人もの拉致があったとしたら同種の数千もの戦争犯罪裁判があったはずだ」

ミヤモトはさらに、「1945年11月15日付の『ATIS調査報告書120号』（連合軍最高司令官総司令部翻訳通訳班作成）と先の『日本軍捕虜尋問報告№.49』によれば、慰安婦の所得は月額750円。一方でイェール大学調査では、当時の東京の繊維工場労働者の月収は20円。そのうえ慰安婦は監視下に置かれておらず、自由に買い物に出掛け客を拒否することが許され、レクリエーションなどにも行って兵隊からプレゼントをもらい、プロポーズされ、実際に結婚していると記述されているが、拉致、強姦、残虐行為についての言及はない」と指摘している。

ミヤモトは「アメリカ人はアメリカ人の言うことしか信用しない」とインタビューで断言した。これも、つまりは米国の「アメリカン・ファースト」の一断面と言えることだが、ミヤモトはアメリカ人としての自分の主張をまとめた*Wartime Military Records on Comfort Women*(https://www.amazon.com/Wartime-Military-Records-Comfort-Women-ebook/dp/B01NC0KEB4)を2017年に出版した。2018年8月24日の産経新聞海外向けサイト「Japan Forward」で「慰安婦像は韓国人を助けない。恥だ」と訴えた。「(慰安婦支援団体の)活動家が主張するように、何十万人もの朝鮮人女性が家から組織的にかどわかされたとしたら、その家の父や祖父、兄弟、叔父らが大規模に抵抗した形跡があるはずではないか。軍事占領下の国であれば、恐怖に直面した人たちの沈黙は理解し得ることだ。しかし当時の朝鮮は占領下ではなかった。併合期における朝鮮は日本の一部だった」

ミヤモトは、「併合期にはたくさんの朝鮮人が(日本の)警官や将兵となり、将校や将軍にもなり日本兵を指揮した。朝鮮皇帝高宗の孫、李鍝は日本軍の中佐だった(死後、大佐)。李鍝が広島の原爆で殺された時、彼の補佐官であった将校は、王子を守ることができなかったことで責任を感じ、自殺した。朝鮮を『残忍な奴隷植民地』とみていた人間がする行為だろうか」「拉致されたと証言した元慰安婦でさえ、両親らがそれに抵抗したという話はしていない」とも主張し、慰安婦や支援団体の主張は米軍文書などの内容にそぐわないと断じている。

私見をつけ加えると、軍慰安所以前に日本の炭鉱では朝鮮人労働者の〝慰労〟のために炭鉱慰安所を設けていた。朝鮮人慰安婦を管理したほとんどが朝鮮人女衒で、炭鉱慰安所の延長線上に軍慰安所ができたのが、慰安婦といわれる女性に関わる時間的な推移だ。また、最初に元慰安婦だったと主張した金学順《キムハクスン》(1924〜1997)は、軍慰安所から朝鮮人行商と簡単に駆け落ちしたと証言していた。駆け落ちできる「強制収容施設」がどこにあるだろうか。

ミヤモトの朝鮮戦争以後を手短に紹介しよう。休戦後、54年秋に二度目の韓国勤務を終え、別府の米軍187落下傘部隊に異動。56年、アラバマ州にある陸軍飛行学校に入学。卒業後、メリーランド州の第2装甲騎兵連隊。57年、アラバマ州陸軍飛行学校で再度ヘリ訓練、ワシントン州第4歩兵師団に転属。ネブラスカ州立大学で教育学学士号を取得。

東西冷戦下の61年「ベルリン危機」勃発でドイツに派遣。62年陸軍飛行学校教官。66年ベトナム戦線派遣。67年参謀大学入学、武装ヘリ訓練教官。69年から台湾の米軍軍事顧問。71年、ベトナムの国軍猛虎師団米軍連絡将校。72年、アラバマ州立トロイ大学大学院で教育学修士号を取得。台湾陸軍省統合作戦教育コーディネーター。75年、在日米軍で日米協同作戦計画コーディネーター。79年帰米、中佐で退役。退役後は中近東で民間企業のプロジェクトマネジャーを務め、在米日系企業の米法人社長に就任。フェイスブックではもっと端的にこう諭している。

「朝鮮人は第一級の戦闘員で臆病者などではない。日本軍が何十万人もの若い朝鮮女性をさらっている時に朝鮮の男たちが見て見ぬ振りをしていたなどと言うのは彼らに対する侮辱である」

米軍と韓国軍だけでなく台湾軍、南ベトナム軍、自衛隊とアジアの部隊を見つめてきた米軍人から発せられる言葉には説得力がある。「手遅れになる前に韓国人は目を覚ますべきだ。日本は韓国の敵ではない。韓国人の最も危険な敵は自分自身である」とミヤモトは訴えている。

アイダホ州のミニドカ日系人強制収容所（42年8月開設。9397人収容）に送られた日系2世、神学者小平尚道（1912～2005）は、日系人強制収容の不当性を強く批判しているが、同時に「強制収容所ではあるが、ナチスのそれとははっきり違う。これはいわばアメリカ式強制収容所である。ナチス収容所はユダヤ人を殺戮するための収容所であったが、アメリカ式収容所は、戦争の間、日本人を隔離する収容所であった」（『アメリカ強制収容所　戦争と日系人』玉川大学出版部、１９８０年）と指摘している。ナチスのユダヤ人強制収容所と日系人収容所を区別する小平尚道の冷静さは、「日本はナチス」と叫ぶ韓国の反日運動とは対極にある。北朝鮮国内政治犯強制収容所で「過去50年余で数十万人が死亡したとみられ、現在も8万から12万人が拘束されている」（２０１４年、国連の北朝鮮における人権に関する調査委員会報告）金王朝の非道を、同民族でありながら見て見ぬ振りをしてきた潜在的な後ろめたさが日本糾弾の裏にあると感じるのは私だけだろうか。

臨津閣《イムジンガク》に吹く風

第２次世界大戦や朝鮮戦争、ベトナム戦争を戦った日系米兵たちの存在を知らせる活動を、日系退役軍人たちが始めたのは80年代中盤からだった。第２次世界大戦終結から40年、朝鮮戦争休戦からは30年が過ぎていた。

「着のみ着のまま強制収容所から出た日系人たちは、米国で生き残るために必死で、第２次世界大戦や朝鮮戦争の戦場から戻った以後も、過去を振り返る余裕はなかったのです」

とトーナイは説明した。１９８７年、ベトナム戦争の日系退役軍人たちがロスの日米文化会館脇の広場に戦死者１１６人の慰霊碑を建てる計画をつくり、８年後の11月に「ベトナム戦争日系米兵戦没者慰霊碑」が完成した。米国人として戦った共通体験を持つ日系人の活動がようやく始まったのは、公民権運動が定着する一方で、日系人強制収容所ですべてを失った日系人社会がやっと落ち着きのある日々を得たことを意味していた。

ベトナム戦争の慰霊碑建立の動きに刺激され、朝鮮戦争を戦った日系退役軍人の間でも会設立の機運が高まった。１９９６年1月に28人で退役者の会「Japanese American Korean War Veterans（ＪＡＫＷＶ）」が創立され、ワダが初代会長に選ばれた。副会長がトーナイとウエマツだった。9カ月で15万ドルの建立基金が集まり、日系社会を驚かせた。翌年5月24日にベトナム戦争日系米兵戦没者慰霊碑と同じ広場に幅10メートルほど、高さが2メートル前後の「朝鮮戦争日系戦没者慰霊碑」が建立され、除幕式が行われた。式にはダニエル・Ｋ・イノウエやロサンゼルス市長などが参列した。

ウエマツを中心にして刊行された*Americans of Japanese Ancestry in the Korean War*の巻頭でワダは綴っている。

――第２次世界大戦で日系米国人の兄たちは米国への忠誠を日系人部隊「第１００歩兵大隊」「第４４２連隊戦闘団」「米陸軍情報部（ＭＩＳ）部隊」で証明することを求められ、兄たちは苦難と偏見のみならず肉親を日系人強制収容所に幽閉した国家に自らの生命を捧げる不条理にもかかわらず、忠誠心、

ロスの慰霊碑建立に尽力したトーナイ（2017年）

勇敢、そして「Go For Broke（当たって砕けろ）」精神によって、日系米国人は真正の米国人であり、そうであるために自らが喜んで犠牲になることを示した。

第2次世界大戦から5年、平和が続く1950年6月25日土曜日。我々米国人がほとんど知らない国であった韓国で、突然新しい戦争が火を噴いた。その戦争は恐るべき中国共産軍との戦いの前奏曲でもあった。日系米国人は再び、自分たちが生まれた国への忠誠心を証明するために歩み出た。第2次世界大戦の間、日系人強制収容所に幽閉された若者たちは、兄たちのように日系人部隊として独立して戦ったのではなかったが、兄たちと同様に勇敢で英雄的であることを戦場で示したのだ――。

2025年1月、ロスで最初にインタビューした退役兵の一人、ハルミ・ベーコン・サカタニから「ビッグニュースがある」とのメールが送られてきた。同月3日に米国大統領ジョー・バイデンが1951年5月の中共軍5月大攻勢による寒渓嶺《ハンゲリョン》での戦闘で18日に戦死したワタル・ナカムラなど米兵4人の武勲をたたえ、米軍最高の栄誉、名誉勲章を授与すると発表したのだ。ヒロシ・ミヤムラに続く日系米兵2人目の栄誉だ。米陸軍ホームページによるとこの日、午前4時半ごろワタル・ナカムラは、志願して小隊と戦闘指揮所間の通信線を単身で修復しようとしていて、敵に奪われた前線陣地に接近し、攻撃された。ナカムラはひるまず、カービン銃と銃剣、手榴弾だけで敵の機関銃を制圧、2陣地を奪った。銃弾を打ち尽くし一度は撤退したが、途中で味方の補給を受けて引き返し、バンカーを奪い、さらに別のバンカーを攻撃中、敵の手榴弾で戦死した。死から74年後のナカムラの栄誉を伝えた「星条旗新聞」は、３５００人を超える名誉勲章授与者のうち、アフリカ系は94人、ヒスパニック系59人、日系を含むアジア太平洋諸島系は35人にすぎないと指摘している。ハルミ・ベーコン・サカタニは、「もうＪＡＫＷＶの仲間は数人になった。遺族の所在をつかむのも大変になった」と教えてくれた。

２０１７年6月。ロスでのインタビューを終えた私は、38度線を望む韓国・坡州《パジュ》市の臨津閣《イムジンガク》の屋上で、38度線を行き来する風に吹かれていた。日本への帰途に立ち寄ったのだ。インタビューの合間にトーナイから、「臨津閣の一角にも日系米兵の慰霊碑があります。できたのは２００１年5月です。私が坡州《パジュ》市の建立許可をもらいました」と教えてもらったからだ。

名誉勲章のワタル・ナカムラ（米陸軍ホームページより）

新聞記者時代には国連軍や韓国文化公報部のバスで臨津閣から「自由の橋」を通って臨津江を渡り、板門店を何度も往復した。秋には道路の両側の原野でコスモスが風に吹かれ体をねじらせるように揺れて咲いていた。バスから眺めるたびに分断の国に身を置く寂寥感に包まれたものだ。

「ロスでの慰霊碑除幕式に韓国の副領事が来てくれました。その時に韓国にも慰霊碑を建てたいと話しました」とトーナイは苦労話を語った。領事の伝手《つて》で韓国軍将校の協力が得られ、トーナイは訪韓して建立の許可を得たそうだ。脇から「横やりがちょっと入ったけど韓国軍

工兵隊だったハルミ・ベーコン・サカタニ（95歳）。今はJAKWVの仲間をまとめる

臨津閣の日系米兵戦死者慰霊塔

将校が助けてくれた」と経緯を知る退役会の１人がつけ加えた。

臨津閣は狭い。すぐに日系米兵慰霊碑を見つけられると思って出掛けた。ソウルから電車で坡州に行き、バスから降りたところの板門店観光案内板に慰霊碑の場所の標示はなく、案内所で尋ねても無駄だった。「板門店」と韓国語や英語で刺しゅうされた帽子の土産が並んでいる店の若い女店員も知らなかった。

「日系米兵の慰霊碑を訪ねてくる人はいないのですか」と聞いた。笑顔を見せて、そうよと、目で答えた。

駐車場の裏手の丘に巨大な米軍参戦碑のある広場がある。そこらだろうと目星をつけて登った。辺りにそれらしい碑は見つからなかった。参戦碑をもう一度仰ぎ、雑木林の青葉を揺らして抜けてくる風の方に目を向けた。道端の木陰に高さ2メートルには届かない黒い御影石の碑が佇んでいた。

星条旗が左に太極旗が右に刻まれていた。

〈1950年から1953年の朝鮮戦争に参戦し、韓国の自由守護のために高貴な命を差し出した日系米国軍将兵に捧げる〉と英文で書いてあった。韓国語の方は最後が「霊をたたえる」だった。英語と韓国語では使う言葉が違うのだったが、日本語の説明はなく、

KAZUYUKI　AKAZAWA

FRANKLIN　N.　IZUNO

と名前が並んでいた。

写真を何枚か撮り終えた時に韓国人の男性が通りかかった。

「日本人の血が流れる日系米兵が、朝鮮戦争を戦ったことを知っていますか」と尋ねた。

彼は黙って首を横に振った。年齢を尋ねた。65歳だった。

碑をもう一度眺めた。小走りに土産物屋の女店員が丘の坂を上がってきた。

「場所が分かったから、教えてあげようと思って、あちこち探したの。良かった。見つかったのね」

と、大きく息を吐くと慰霊碑をちらっと眺め、急いで丘を下っていった。日系遺族の誰かが慰霊に来たと思い、心当たりを探してくれたのだろう。道を尋ねて知らないと答えた人が、わざわざ手間をかけて調べたうえに教えてあげようと追いかけてくるようなことは、韓国ではまず経験しないことだった。

かつて日本が支配した朝鮮で自由のために戦い、血を流し、命を失った米兵たちの記録を書き上げようと思った。

静かな初夏の昼だった。

註

1 ハワイで編成され、太平洋戦争ではニューギニアなど南方戦線で日本軍と戦い、第1騎兵師団とともに先陣を切ってレイテ島東海岸に上陸した歩兵師団。ルソン島で終戦を迎えた後、山口、九州地区に進駐した。２００６年10月1日解散。

2 参加国は米国のほか、英、仏、蘭、加、比、トルコ、ベルギー、ルクセンブルク、ギリシャ、オーストラリア、ニュージーランド、コロンビア、タイ、エチオピア、南アフリカ連邦。

3 第2次世界大戦下の１９４４年制定。軍務を終了した退役兵が大学進学を含め、生活全般で手厚い支援を受けることを保証した制度。

4 米兵が使った朝鮮人を蔑称した言葉。差別は重なり合い、繰り返される。乗り越える道は事実に基づく相互理解、共感しかない。

5 南時旭「韓国進歩勢力の研究」によると、ソ連の指示で１９４６年11月23日、朝鮮共産党、朝鮮人民党、南朝鮮新民党が統合して発足した革命的左翼政党。朝鮮戦争開始前の１９５０年4月に北朝鮮労働党と合併して朝鮮労働党になった。北朝鮮に渡った元南労党幹部の多くは金日成によって米国のスパイとされ、粛清された。

6 １９５４年9月の鎮圧までに28万人の島民のうち、8万人が虐殺され、数万人が日本に密航した（伊藤亜人ほか監修『朝鮮を知る辞典』平凡社、１９８６年、１５５頁）。鎮圧までに国防警備隊や右派島民ら５８００人が共産ゲリラに殺されたとの主張もある。

7 KATUSA（カトゥーサ）＝ Korean Augmentation to the United States Army の略。米陸軍韓国人部隊で米軍指揮下で運用され、韓国国防省や韓国軍の指揮は受けない。

8 １９１７年沿海州生まれ、元北朝鮮金策軍官学校長、１９５８年ソ連に戻る、２００９年没。

9 １９１７年沿海州生まれ。１９５９年、ソ連に帰国。１９９６年没。

10 小此木政夫『朝鮮分断の起源』（慶應義塾大学出版会、２０１８年）によると、金日成は極東ソ連軍総司令部によって平壌市衛戍司令部副司令官に指名されて帰国、平壌で活発に活動していた。

11 おそらくプルコギ料理。

12 １９１８年、沿海州生まれ。強制移住でカザフスタンへ。朝鮮戦争開戦で朝鮮人民軍総参謀部兵器総局副局長。その後文化宣伝省第一副相。２０１３年没。

13 平安北道の南部。平壌の北約80キロにある郡。清川江北岸にある北朝鮮核開発の最初の拠点。もともとは穀倉地帯で、寧辺農業学校があった。絹織物の生産地としても有名。

14 咸鏡南道の長津郡にある湖。長津湖は日本支配時代の１９３０年代、鴨緑江の支流、長津江（チャンジンガン）上流の狼林山脈につくられた人造湖。朝鮮窒素肥料（現在のチッソ）が33年に湖水を長津江の反対側に通すトンネルを造り、その水で32万キロワットを発電する水力発電所を建設、興南の巨大化学コンビナート全体を支えた。

15 就寝時刻に兵がベッドにいるかどうか点検することを指す。

16 深さ2メートルほどの丸穴を石やコンクリートで固めて雑音を防いで、反響音などにより集音しやすくし、接近してきた敵を探知する哨戒所。

17 板門店の西、沙川江に架かる約50メートルの「沙川橋」のこと。南北をつなぐ唯一の通路で、捕虜がこの橋を渡った後は二度と戻ることができないことから「帰らざる橋」と呼ばれるようになった。

18 李学九は金日成の無謀な攻撃に反発、上官を撃ち投降したのであって、本来の偽装捕虜ではないとの説もある。

主な参考文献

今野敏彦、藤崎康夫編『移民史3　アメリカ・カナダ編』新泉社、１９８６年
大谷勲『ロサンゼルス市日本人町――四人の女の物語』角川書店、１９８４年
大谷勲『夏の肖像』潮書房光人新社、１９８６年
韓国国防軍史研究所編『韓国戦争　第1～6巻』かや書房、２０００～２０１０年
小此木政夫『朝鮮分断の起源――独立と統一の相克』慶應義塾大学出版会、２０１８年
佐々木春隆『朝鮮戦争　韓国篇　上・中・下』原書房、１９７６～１９７７年
朱建栄『毛沢東の朝鮮戦争――中国が鴨緑江を渡るまで』岩波書店、１９９１年
新城道彦『朝鮮半島の歴史――政争と外患の六百年』新潮社、２０２３年
田中恒夫『図説　朝鮮戦争』河出書房新社、２０１１年
野崎京子『強制収容とアイデンティティ・シフト――日系2世・3世の「日本」と「アメリカ」』世界思想社、２００７年
白善燁『若き将軍の朝鮮戦争――白善燁回顧録』草思社、２０００年
前川惠司『なぜ韓国なるほど韓国――知っておきたい隣人の「情緒」と「正義」』ＰＨＰ研究所、１９９７年
前川惠司『帰郷――満州建国大学朝鮮人学徒　青春と戦争』三一書房、２００８年
前川惠司『交わらないから面白い日韓の常識』祥伝社、２０１６年
民族問題研究会編『朝鮮戦争史――現代史の再発掘』コリア評論社、１９６７年
尹景徹『分断後の韓国政治　１９４５～１９８６』木鐸社、１９８６年
読売新聞社外報部訳編『拒否された個人の正義――日系米人強制収容の記録』三省堂、１９８３年

陸戦史研究普及会編『陸戦史集　朝鮮戦争1～10』原書房、１９６６～１９７３年
吉田茂『回想十年　第三巻』東京白川書院、１９８３年
鶴見俊輔、加藤典洋、黒川創『日米交換船』新潮社、２００６年
歴史群像編集部『新・歴史群像シリーズ⑧　朝鮮戦争――38度線・破壊と激闘の１０００日』学習研究社、２００７年
グレゴリー・ヘンダーソン（鈴木沙雄・大塚喬重訳）『朝鮮の政治社会』サイマル出版会、１９７３年
ホン・ソンチョル『遊郭の歴史』ソウル・ペーパーロード、２００７年
Bevin Alexander, *KOREA : The First War We Lost*, Hippocrene Books Inc,1991.
Louis Baldovi, *A Foxhole View: Personal Accounts of Hawaii's Korean War Veterans*, University of Hawaii Press, 2002.
James Brady, *The Marines of Autumn: A Novel of the Korean War*, St. Martin's Griffin, 2001.
Max Hastings, *The Korean War*, Simon & Schuster,1988.
Vincent H. Okamoto, *Forged in Fire: The Saga of Hershey & Joe*, Nikkei Writers Guild, Division of Japanese American Living Legacy, 2012.
Archie Miyamoto, *Wartime Military Records on Comfort Women*, Michael Yon, 2018.
Robert M. Wada et al., *From INTERNMENT,to KOREA,to SOLITUDE*, BookSurge,2009.

おわりに

拙書は、日本にルーツを持ち、人種差別と偏見の中で米国への忠誠を誓い、75年前に勃発した朝鮮戦争で自由を守るために血を流した日系米兵たちの生と死を伝えようとするものだ。書き始めた時は、インクの匂いを放つ出版された拙書を抱えてすぐにロサンゼルスを再訪、戦地から戻った帰還兵のように、この本に登場した、体験を語っていただいた朝鮮戦争退役者の皆さんとにぎやかなビールパーティーを開くつもりだった。だが出版まで、紆余曲折を重ね8年がかかった。前述したが、JAKWVのハルミ・ベーコン・サカタニさんの話では多くの方がすでに鬼籍に入られてしまった。出版が遅れに遅れたことを本当に申し訳なく思っている。

長い記者生活の中で幸運なことに、「在日韓国・朝鮮人」「ソ連支配下の朝鮮人(カレイツイ)」と、朝鮮半島の激動と日本との関わりの中で、大きな力に翻弄されながらも異民族の国で逞しく生きた人々の姿を、長い間を置きながら書き残すことができた。拙書の主人公である日系米兵も異国の多人種国家米国で、日本と朝鮮半島の現代史の激動に投げ込まれた人々だ。私は、こうした人々から強く生きることとは何かを感じ、自分自身も支えられてきた気持ちがする。刷り上がりを待つ今の正直な気持ちは、なかなかゴールに達しない、長い胸のつかえともどかしさにようやくピリオドを打つ安堵感、最後の一枚のシャッターを押し終え、ぱっとカメラの裏ブタを空けてフイルムを抜き取った時のような開放感だ。

ところで、私たちの世代にとって朝鮮戦争は幼年期のかすかな記憶が残る出来事であり、物心ついてからは、朝鮮半島での「冷戦」がいつ日本を巻き込んだ世界大戦の「熱戦」に変ってもおかしくない不安感をもたらしていた。その感覚が、評価はさまざまだが、私たちの世代が〝主役〟となった日本の反戦運動を支えた。個人的に言えばフリーカメラマンだった頃は、いつかは当時のベトナム戦争の戦場でシャッターを押すことになるのが当然の時代だった。今の若者たちにとってはほぼ死語であろう「冷戦」が、多くの人々の人生に影響を与えたことは、これからの世界を担う若者たちには心にとめておいてほしい一つだ。

冷戦のさなかの1971年初春、米国の駐韓米軍削減計画で韓国から撤退する部隊を米空軍基地で取材した。帰還兵が乗り込むバスの前には大きな丸いコーヒーサーバーを置いたテーブルが用意されていた。とても寒い日だった。バスが出発したあと、知り合いになった中年の韓国人記者が冷えた手をこすりながら温かいコーヒーを一杯いただこうとした。間髪を置かず、テーブルの前にいた白人の若い女性が

「アメリカ兵のためのコーヒーよ。あんたたちにあげるものではない！」

と、金切り声をあげた。韓国人記者の1人が、びっくりしながらもすかさず、

「ここは韓国なんだ。アメリカじゃない。韓国人の国なんだ」

とひるまずに言い返して、紙コップにコーヒーを注ぐと私の分も注いでくれた。若かった私は、もの

ものしい米軍基地内での突然の出来事に仰天はしたが、軍事独裁政権に抵抗し続ける韓国の新聞記者の反骨とか、気概とかを一瞬、肌で感じた。

インバウンドで賑わう渋谷で、米国人らしい観光客の男が禁止されている路上での立ち飲みをこれ見よがしにしている様子を昨年、日本のテレビニュースで見た。放送記者が、「路上飲酒は禁止されているのを知っていますか」と尋ねると、4、5人のグループの1人が、

「俺が法律だ。その証拠にこうして飲んでいるのだ」

と言い放ち平然と飲み続ける映像に、かつての在韓米軍空軍基地の出来事を思い出した。米国の多くの州でも路上飲酒は禁止で、この観光客が侮辱しているのは普通の在日外国人を含めた日本社会なのだ。だが、この放送記者には、世界の最貧国で米国の支援なしには国を守れなかった当時の韓国の新聞記者が見せた気骨はなかったようだ。「ここは日本で、あなたが法律ではない」と諭すことも、「あなたは米国のどこの州の人間で名前は何というのか」と尋ねるシーンもなかった。

今、日本の報道メディアが読者や視聴者の信頼を失い、部数などを減らし、その一方で不確かなSNS情報などが跋扈できる理由の一つに、大マスコミの記者から素朴な正義感が希薄になっている、報道者としての矜持が失われているのでは、と世間が感じていることもあるのではないか。「安いから日本に来る」観光客が、日本各地で「観光公害」を平気で蔓延させているのも、「おもてなし」礼賛の一方、無礼をはっきりと叱らないマスコミの姿勢があると感じるのは私一人だろうか。こうした有様のどこが観光大国だろうか。これでは売るものがなくなった乞食の物乞いと同じではない

だろうか。私は個人的には、日本は少子化で外国からの移民や労働者をさらに受け入れざるを得なくなると考えている。が、移民受け入れに反対する知人は予想外に多い。その時、日本社会は秩序と安定を守る社会を維持できるのか、という不安が強いからだ。不安感をもたらしている要因の一つに、マスコミの現況がある気がする。

「韓国の1年は世界の10年」といわれるほど変化の激しい韓国現代史で、朝鮮戦争は第2次世界大戦終了後の「冷戦」固定化の先駆けとなった戦争だった。それから37年を経た１９８７年の民主化による韓国独裁政権の終焉《しゅうえん》は、ベルリンの壁崩壊へと流れる「冷戦」解体の先駆けであった。その37年後の２０２４年に起きたのが「大統領尹錫悦のクーデター」だ。李氏朝鮮時代の党争さながらに分裂した「国民情緒」が大統領尹錫悦を直撃し、韓国政治を揺るがし、かくして「大統領のクーデター」という異常事態を生み、「大統領弾劾」裁判に至っている。

韓国の大マスコミも信頼を失い、極端な立場のユーチューブニュースが勢いを増し、国民情緒の対立をさらに先鋭化させている。こうしたメディアの状況と政治の混乱は韓国だけではないようだ。米国のトランプ政権も、見方はさまざまだろうが、選挙に勝利した「上からの狂乱」政権と言えなくもない。トランプ大統領は前回大統領選挙で「不正選挙」を訴えた。尹錫悦大統領も、「選挙不正」を「大統領のクーデター」の正当性の根拠にしている。同じだ。再び37年後の状況は何の前触れなのか。

韓国軍はベトナム戦争以後、実戦経験がない。一方、朝鮮戦争以来、大規模な実戦体験がなかった北朝鮮は２０２４年、ウクライナの戦場に1万を超える北朝鮮兵を送った。報道で知る限り、戦法は軽装備で執拗に突撃を繰り返す朝鮮戦争時と変わらない。ウクライナ戦争が続く限り、金正恩は大量派兵をやめず、ドローン戦争下での突撃戦法を磨いた「生き残り」をどんどん増やそうとするだろう。帰還した北朝鮮兵が、軍事ライン一帯で国内対立やまない韓国軍と対峙する時、金王朝の野望に再び火がつかないか。杞憂《きゆう》であることを祈る。私たちの子どもや孫たちが戦火に怯える日が来てはならない。

末尾となってしまったが、本書出版の機会を与えてくれた公益財団法人新聞通信調査会（西沢豊理事長）ならびに同調査会出版補助事業審査委員会（委員長＝有山輝雄東京経済大学名誉教授）には心から感謝を捧げたい。また、かつて日本が支配した朝鮮半島で民主主義の大義を掲げて戦った若き日系米兵への、この鎮魂の書を、「祖国」日本の人々に一人でも多く読んでもらおうと、あたかも〝戦友〟のごとく、本文は無論、巻末の細かな人名表の編集まで努力を惜しまなかった、同調査会の倉沢章夫編集委員、時事通信出版局の舟川修一編集委員、フリー編集者の桑原奈穂子さんのことを知ったのはとてもうれしいことだった。

２０２５年３月

前川　惠司

SGT Itsuo Yoneshige
Unit unavailable
Hawaii

PFC Kanji Yoshida
38th Inf Rgt, 2nd Inf Div
Hawaii

PFC Elmer Jiro Yoshihara
HQ, Hq Co, 27th Inf Rgt, 25th Inf Div
Olympia, WA

PFC Toshiharu Yoshikawa
21st Inf Rgt, 24th Inf Div
Hawaii

PFC Tatsu Yoshino
23rd Inf Rgt, 2nd Inf Div
Hilo, Hawaii, HI

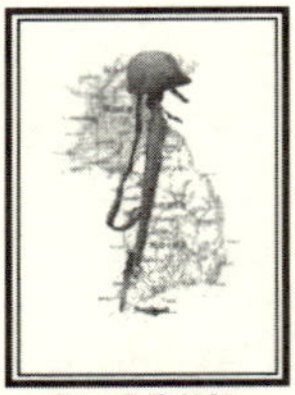

Shigeo G. Yoshioka
Unit unavailable
Hawaii

CPL Don Ron Yumori
223rd Inf Rgt, 40th Inf Div
Los Angeles, CA

SGT Clarence Halona Aki
555th Field Artillery Batt
Lahaina, Maui, HI

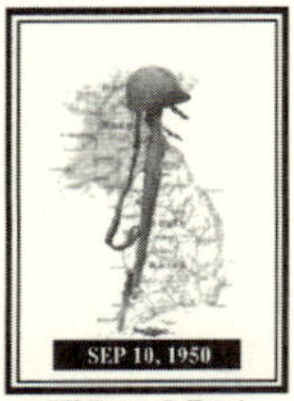

PFS Herman B. Kamai
19th Inf. Rgt, 24th Inf Div
Oahu, HI

＊本文に掲載している出所を明記していない写真は、リチャード・トクジ・イセリ、トオル・イソベ、ショウイチ・コガ、ディーン・マツザワ、ヒロシ・ミヤムラ、ビクター・ムラオカ、ノリオ・ウエマツ、ロバート・ミツル・ワダ、前川惠司撮影、およびJAKWV提供

SGT Alfred Seichi Uyehara
K Co, 5th Inf Rgt, RCT
Lahaina, Maui, HI

PVT Takeo Uyehara
38th Inf Rgt, 2nd Inf Div
Waipahu, Oahu, HI

SGT Andrew Ryuichi Watada
7th Inf Rgt, 3rd Inf Div
Fort Lupton, CO

SFC Richard M. Watanabe
21st Inf Rgt, 24th Inf Div
Hawaii

CPL Muneo Yaka
F Co, 31st Inf Rgt, 7th Inf Div
Kapaa, Kauai, HI

SFC Nobuji "Guts" Yamagata
E Co, 5th Cav Rgt (Inf), 1st Cav Div
Kealakekua, Kauai, HI

PFC Tsugio Yamaguchi
31st Inf Rgt, 7th Inf Div
Kauai, HI

PFC Yeiji Yamaguchi
8th Cav Rgt (Inf), 1st Cav Div
Honolulu, Oahu, HI

A1C Timothy Shito Yamakawa
37th Bmb Sq (LNI), 17th Bmb Wg (L)
Wahiawa, Oahu, HI

CPL Taketo Yamane
L Co, 23rd Inf Rgt, 2nd Inf Div
Kapaa, Kauai, HI

CPL Harold Satoshi Yamasaki
G Co, 27th Inf Rgt, 25th Inf Div
Ewa, Oahu, HI

PFC Joichi Yamashita
C Co, 15th Inf Rgt, 3rd Inf Div
Long Beach, CA

PFC Gary Kaname Yasunaka
I Co, 19th Inf Rgt, 24th Inf Div
Volcano, Hawaii, HI

CPL Thomas Hisao Yokomichi
2nd Arty Bn, HQ & HQ Bty, 2nd Inf Div
Honolulu, Oahu, HI

PVT Tetsumi Yokooji
7th Cav Rgt (Inf), 1st Cav Div
Kailua, Oahu, HI

CPL Katashi Yokotake
31st Inf Rgt, 7th Inf Div
Wiamea, Kauai, HI

SGT Casey N. Torikawa
90th Arty Bn, 25th Inf Div
Hawaii

CPL George Jr. Toro
F Company, 5th Regimental
Combat Team, Oahu, HI

PVT Sadato Tosaki
Unit unavailable
Honolulu, Oahu, HI

CPL Jack Shose Tsuboi
Hq & Svc Co, 89th Tank Bn (M),
25th Inf Div Oakland, CA

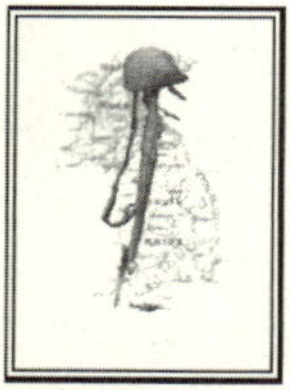
George Terumi Tsuji
Unit unavailable
Kauai, HI

SGT Sueo Tsunoda
5th Inf Rgt, RCT
Hawaii

SGT Harry N. Tsuruoka
Unit unavailable
Ewa, Oahu, HI

PVT Noboru Uehara
5th Inf Rgt, RCT
Hawaii

SGT Seiho Uejo
38th Inf Rgt, 2nd Inf Div
Hawaii

SGT Mitsuo Uemura
532nd Sig Co Construction
Hawaii

CPL Yukio Ujimori
8th Cav Rgt (Inf), 1st Cav Div
Hawaii

CPL Archie M. Uno
38th Inf Rgt, 2nd Inf Div
Los Angeles, CA

PVT Akira Uota
E Co, 17th Inf Rgt, 7th Inf Div
Fresno, CA

CPL Paul Konomu Ura
L Co, 179th Inf Rgt, 45th Inf Div
Kurtistown, Hawaii, HI

PFC Takaya "Dixon" Uragami
F Co, 8th Cav Rgt (Inf), 1st Cav Div
Long Beach, CA

PVT Robert Torao Uyeda
8th Cav Rgt (Inf), 1st Cav Div
Honolulu, Oahu, HI

PFC Ben Mitsugi Takamoto
I Co, 38th Inf Rgt, 2nd Inf Div
Sacramento, CA

PFC Nobuyuki Takeshita
5th Inf Rgt, RCT
Keokea, Maui, HI

CPL Harry Fumio Takeuchi
Hq Bty, 57th Fld Art, 7th Inf Div
Papaaloa, Hawaii, HI

SGT Charles Y. Tamaru
19th Inf Rgt, 24th Inf Div
Hawaii

PVT Kaname Richard Tamashiro
I Co, 180th Inf Rgt, 45th Inf Div
Hawaii

SFC Akira Tamura
Headquarter, 24th Infantry Div
Los Angeles, CA

PVT Osamu Tamura
35th Inf Rgt, 25th Inf Div
Redondo Beach, CA

PFC George Hiroshi Tanonaka
34th Inf Rgt, 24th Inf Div
Hawaii

PFC Kiyoshi Tanouye
L Co, 5th Cav Rgt (Inf), 1st Cav Div
Hawaii

PVT Yukiwo Tanouye
K Co, 35th Inf Rgt, 25th Inf Div
Gardena, CA

SFC Masao Tayama
10 POW Service Unit
Papaikou, Hawaii

SGT Shinji Tengan
15th Inf Rgt, 3rd Inf Div
Puunene, Maui, HI

PVT Yoshikio Tengan
Unit unavailable
Hawaii

PFC Richard Rikio Tokunaga
31st Inf Rgt, 7th Inf Div
Kapea, Kauai, HI

PFC Daniel Takashi Toma
E Co, 7th Mar Rgt, 1st Marine Div
Waipahu, Oahu, HI

PFC Haruo Tomita
35th Inf Rgt, 25th Inf Div
Pueblo, CO

PFC Shingo Shimabukuro
23rd Inf Rgt, 2nd Inf Div
Hawaii

PFC Calvin Shimata
5th Cav Rgt (Inf), 1st Cav Div
San Francisco, CA

CPL Kenneth Kazuo Shimogawa
I Co, 5th Inf Rgt, RCT
Kalaheo, Kauai, HI

PFC Toshio Shimonoya
23rd Inf Rgt, 2nd Inf Div
Honolulu, Oahu, HI

SGT Robert M. Shinde
15th Qm Co, 1st Cav Div
Los Angeles, CA

PVT Nobuo Shishido
180th Inf Rgt, 45th Inf Div
Maui, HI

PFC Takashi Shishido
34th Inf Rgt, 24th Inf Div
Hawaii

PVT Herbert H. Suzuki
34th Inf Rgt, 24th Inf Div
Kapehu, Hawaii, HI

CPL Horace S. Tabusa
34th Inf Rgt, 24th Inf Div
Honolulu, Oahu, HI

SFC Charles Satoru Tahara
MIS, ATIS
Honolulu, Oahu, HI

PFC Theodore Shigeo Takafuji
B Co, 32nd Inf Rgt, 7th Inf Div
Aiea, Oahu, HI

1LT Sam Osamu Takahara
Hq Co, 34th Inf Rgt, 24th Inf Div
Lompoc, CA

SGT George Kaoro Takahashi
HHC, 7th Cav Rgt (Inf), 1st Cav Div
Hanford, CA

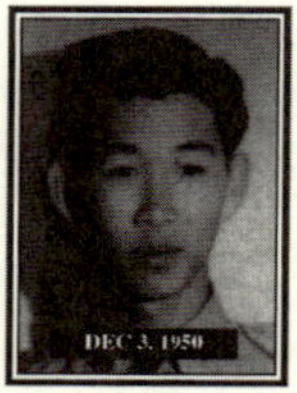

CPL Richard Masao Takahashi
I Co, 31st Inf Rgt, 7th Inf Div
Honolulu, Oahu, HI

CPL Tohoru Tom Takai
31st Inf Rgt, 7th Inf Div
Los Angeles, CA

PVT Herbert Takayoshi Takamatsu
L Co, 35th Inf Rgt, 25th Inf Div
Hawaii

Masaaki Saito
Unit unavailable
Honolulu, Oahu, HI

PVT Masaya Saito
D Co, 35th Inf Rgt, 25th Inf Div
Hawaii

PFC Tsugio Saito
34th Inf Rgt, 24th Inf Div
Kaneohe, Oahu, HI

PFC Allen Tomeo Sakamoto
F Co, 31st Inf Rgt, 7th Inf Div
Honolulu, Oahu, HI

PFC James Noboru Sakamoto
5th Inf Rgt, RCT
Haiku, Maui, HI

PVT Kenneth Masami Sakamoto
984th Eng FM, 5th Inf Rgt, RCT
Lawai, Kauai, HI

CPL Minoru Sasaki
Hq Bty, 77th Arty Bn, 1st Cav Div
Oakland, CA

PFC Takeshi "Take" Sasaki
F Co, 2nd Bn, 7th Inf Rgt, 3rd Inf Div
Lihue, Kauai, HI

PFC Michael Susumu Sato
7th Base Post Office Type V
San Francisco, CA

PFC Shoji Sato
2nd Bn, 7th Rgt, 1st Marine Div
Ewa, Oahu, HI

PFC Henry Tomozen "Tomo" Senaha
23rd Inf Rgt, 2nd Inf Div
Ewa, Oahu, HI

CPL Hiroshi Shibao
H Co, 19th Inf Rgt, 27th Inf Div
Los Angeles, CA

CPL Nobumi Shibao
15th Inf Rgt, 3rd Inf Div
Maui, HI

PFC Lawrence Y. Shima
L Co, 3rd Bn, 23rd Inf Rgt, 2nd Inf Div
Eleele, Kauai, HI

SGT Robert Shimabukuro
15th Inf Rgt, 3rd Inf Div
Hawaii

PFC Suetoshi Ogata
L Co, 23rd Inf Rgt, 2nd Inf Div
Hilo, Hawaii, HI

PFC Takeo Ogusuku
32nd Inf Rgt, 7th Inf Div
Waipahu, Oahu, HI

PFC Arthur Ichiro Okamura
A Co, 5th Inf Rgt, RCT
Honolulu, Oahu, HI

PVT Togo Okamura
7th Inf Rgt, 3rd Inf Div
San Francisco, CA

PFC Hisao Okimoto
9th Inf Rgt, 2nd Inf Div
Honolulu, Oahu, HI

PFC Clifford Hifuto Okinaga
15th Inf Rgt, 3rd Inf Div
Kealakekua, Hawaii, HI

PFC Hiroshi Oku
9th Inf Rgt, 2nd Inf Div
Maui, HI

SGT Jitsuo Ono
15th Inf Rgt, 3rd Inf Div
Hawaii

PVT Milton Tsutomu Onomura
I Co, 32nd Inf Rgt, 7th Inf Div
Hawaii

Alfred E. Oshiro
Unit unavailable
Hawaii

PVT Edward Oshiro
A Co, 70th Tank Bn, 1st Cav Div
Los Angeles, CA

SFC Paul H. Oshiro
17th Inf Rgt, 7th Inf Div
Ewa, Oahu, HI

SGT Mitsuyuki Ota
19th Inf Rgt, 24th Inf Div
Kauai, HI

CPL Thomas Nobuto Otaguro
5th Inf Rgt, RCT
Hawaii

1LT Bill Masayuki Otomo
E Co, 27th Inf Rgt, 25th Inf Div
Los Angeles, CA

SGT Frederick Nobutoshi Pestana
E Co, 21st Inf Rgt, 25th Inf Div
Honolulu, Oahu, HI

PFC Satoshi Nakasato
34th Inf Rgt, 24th Inf Div
Honolulu, Oahu, HI

PVT Yeichi Nakasato
K Co, 8th Cav Rgt (Inf), 1st Cav Div
Hawaii

1LT Roy Tatsuo Nakashima
B Bty, 555th FA Bn, 5th RCT
Honolulu, Oahu, HI

PFC Shinichi Nakata
38th Inf Rgt, 2nd Inf Div
Hawaii

PFC Seinojo R. Nakatani
5th Inf Rgt, RCT
Hawaii

PFC Raymond Junichi Namba
23rd Inf Rgt, 2nd Inf Div
Honolulu, Oahu, HI

CPL Lawrence Yukio Nihei
HQ, Hq Co, 31st Inf Rgt, 7th Inf Div
Hilo, Hawaii, HI

PFC Richard Ko Nirei
180th Inf Rgt, 45th Inf Div
Hilo, Hawaii, HI

PFC Richard K. Nishida
35th Inf Rgt, 25th Inf Div
Hawaii

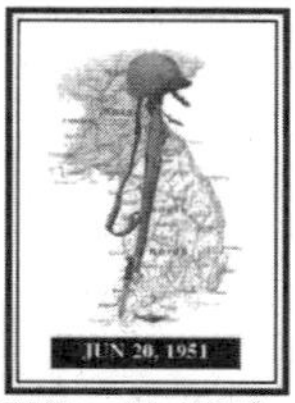

SFC Warren Takaaki Nishihara
10th HQ, HQ Co, X Corps
Los Angeles, CA

CPL Charles Nishimura
5th Inf Rgt, RCT
Hawaii

SFC Kenichi Nishiyama
Unit unavailable
Hawaii

CPL Frederick Motohisa Nitta
K Co, 35th Inf Rgt, 25th Inf Div
Honolulu, Oahu, HI

PFC Daniel J. Niwa
5th Inf Rgt, RCT
Cook County, IL

PFC Tadashi Obana
19th Inf Rgt, 24th Inf Div
Filmore, CA

PVT Neil Norio Ogasawara
K Co, 32nd Inf Rgt, 2nd Inf Div
Honolulu, Oahu, HI

PFC James M. Morisako
E Co, 279th Inf Rgt, 45th Inf Div
Honolulu, Oahu, HI

CPL Eiji Morishige
7th Cav Rgt (Inf), 1st Cav Div
Honolulu, Oahu, HI

PVT Tetsuo Moriuchi
38th Inf Rgt, 2nd Inf Div
Los Angeles, CA

PFC Koichi Moriwaki
19th Inf Rgt, 24th Inf Div
Kurtistown, Hawaii, HI

PFC Fumio Moriyama
H Co, 38th Inf Rgt, 2nd Inf Div
Hawaii

CPL Haruo Moriyasu
7th Inf Rgt, 3rd Inf Div
Aiea, Oahu, HI

PFC Shizuo Motoyama
G-2, IPW Tm, Hq 2nd Div, 2nd Inf Div
Lodi, CA

SGT Tadao Murakami
35th Inf Rgt, 25th Inf Div
Kauai, HI

PFC Tsukasa Muraoka
35th Inf Rgt, 25th Inf Div
Hawaii

PFC Yukio Murata
223rd Inf Rgt, 40th Inf Div
Hawaii

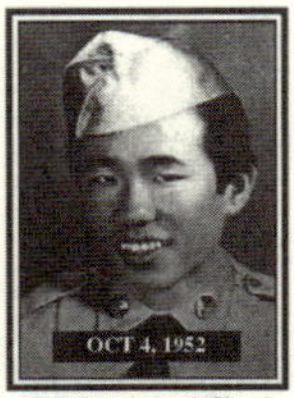

PVT Ernest Atsushi Nagai
27th Inf Rgt, 25th Inf Div
Hilo, Hawaii, HI

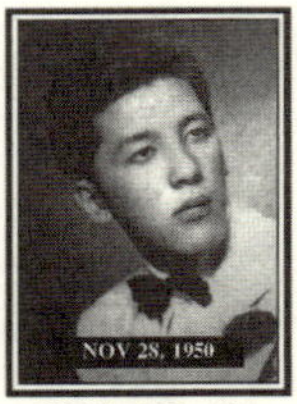

CPL Hiroshi Nagamine
35th Inf Rgt, 25th Inf Div
Waikapu, Maui, HI

CPL Hideo Nakama
27th Inf Rgt, 25th Inf Div
Hawaii

PVT Seiso Nakama
5th Inf Rgt, RCT
Hawaii

PFC Noboru Nakamura
23rd Inf Rgt, 2nd Inf Div
Paia, Maui, HI

PFC Wataru Nakamura
I Co, 38th Inf Rgt, 2nd Inf Div
Los Angeles, CA

SGT Jimmie Harumi Mayemura
Raider Plt, 27th Inf Rgt, 25th Inf Div
Los Angeles, CA

PFC George Yoshikazu Minakata
38th Inf Rgt, 2nd Inf Div
Seabrook, NJ

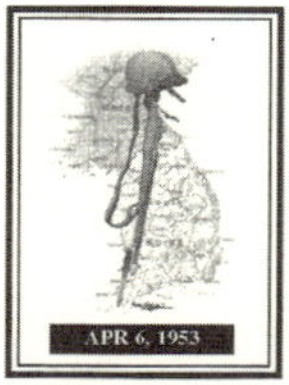

PFC Kenneth A. Misaki
1st Mar Rgt, 1st Marine Div
Kaunakakai, Molokai, HI

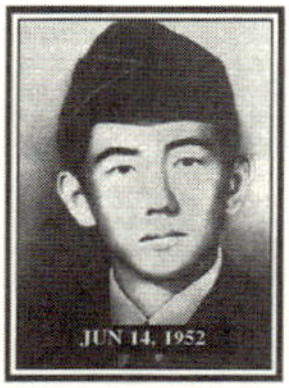

PVT Alan Tadashi Miyahira
180th Inf Rgt, 45th Inf Div
Maui, HI

SGT Samuel Sadao Miyahira
H Co. 5th Inf Rgt, RCT
Honolulu, Oahu, HI

PFC Donald S. Miyajima
9th Inf Rgt, 2nd Inf Div
Hawaii

PVT Robert K. Miyamoto
15th Inf Rgt, 3rd Inf Div
Hawaii

PVT Ichiro Roy Miyasaki
K Co. 180th Inf Rgt, 45th Inf Div
Sugar City, ID

CPL Wilbert Yoshitaka Miyasato
5th Inf Rgt, RCT
Kunia, Oahu, HI

PFC Daniel T. Miyashiro
Hvy Mrt Co, 19th Inf Rgt, 24th Inf Div
Koloa, Kauai, HI

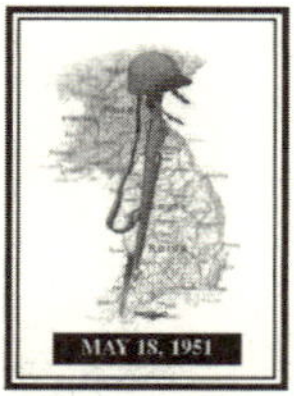

PFC Tamotsu Miyashiro
23rd Inf Rgt, 2nd Inf Div
Hawaii

CPL Tomoyoshi Miyashiro
5th Inf Rgt, RCT
Koloa, Kauai, HI

CPL Harry Yukito Miyata
8th Inf Co, Airborne, Ranger
Hawaii

CPL Shigeo Miyazaki
G Co, 229th Sig Co (Opn), 8th Army
Waialua, Oahu, HI

PFC Tsunematsu Mizusawa
9th Inf Rgt, 2nd Inf Div
Hawaii

CPL Akeji Morinaga
19th Inf Rgt, 24th Inf Div
Maui, HI

CPL Masaru Kumashiro
L Co, 35th Inf Rgt, 25th Inf Div
Honolulu, Oahu, HI

Moses Elia Kuni

SFC Minoru Kunieda
17th Inf Rgt, 7th Inf Div
Hilo, Hawaii, HI

PFC Susumu Kurosawa
21st Inf Rgt, 24th Inf Div
Hawaii

SGT Shigetoshi Kusuda
34th Inf Rgt, 24th Inf Div
Alameda, CA

PFC Kiyomitsu Kutsunai
23rd Inf Rgt, 2nd Inf Div
Lanai City, Lanai, HI

PFC Shoso "Pepe" Kuwahara
5th Inf Rgt, RCT, w/ 24th Inf Div
Gardena, CA

CPL Lawrence Kenjiro Machida
34th Inf Rgt, 24th Inf Div
Hawaii

PFC Hanford K. Maeda
3rd Eng Bn (C), 24th Inf Div
Hawaii

PVT Haruo Maeda
34th Inf Rgt, 24th Inf Div
Hawaii

PVT Ralph Shoichi Masatsugu
5th Cav Rgt (Inf), 1st Cav Div
Waialua, Oahu, HI

PFC Heishin Matsuda
15th Inf Rgt, 3rd Inf Div
Kapaau, Hawaii, HI

SGT Holly Tadao Matsuda
24th Inf Div
Los Angeles, CA

PFC Kumaji Matsuda
3rd Eng Bn (C), 24th Inf Div
Hawaii

SGT Joseph Junichi Matsunaga
Hq Co, 8th Cav Rgt (Inf), 1st Cav Div
Hawaii

CPL Jun Matsushige
223rd Inf Rgt, 40th Inf Div
Ninole, Hawaii, HI

PVT William Masato Kawashima
H Co, 9th Inf Rgt, 2nd Inf Div
Honolulu, Oahu, HI

PFC Minoru Kaya
34th Inf Rgt, 24th Inf Div
Wailuku Maui, HI

PFC Masayuki Kihara
7th Inf Rgt, 3rd Inf Div
Hawaii

PFC Seiki Kimura
15th Inf Rgt, 3rd Inf Div
Kauai, HI

PVT Richard Sadaichi Kinoshita
C Co, 19th Inf Rgt, 24th Inf Div
Honolulu, Oahu, HI

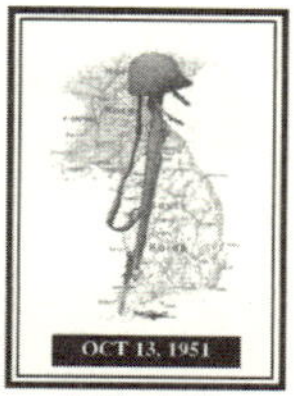

PVT Hiroshi Kiriu
5th Inf Rgt, RCT
Hawaii

SGT Tetsuo "Tets" Kiyohiro
B Co, 38th Inf Rgt, 2nd Inf Div
Ewa, Oahu, HI

SGT Robert Shinyei Kobashigawa
E Co, 15th Inf Rgt, 3rd Inf Div
Honolulu, Oahu, HI

PFC Takashi Kochi
5th Inf Rgt, RCT
Hawaii

PVT Satoru Kojiri
F Co, 179th Inf Rgt, 45th Inf Div
Makaweli, Kauai, HI

PVT Ken Katsuyoshi Kondo
7 Cav Rgt (Inf), 1st Cav Div
Sacramento, CA

CPL Richard Yasuyuki Kono
1st Marine Div
Honolulu, Oahu, HI

PFC Muneo Koshimizu
7th Cav Rgt (Inf), 1st Cav Div
Pearl City, Oahu, HI

PFC Sueo Koyanagi
I Co, 2nd Bn, 31st Inf Rgt, 7th Inf Div
Waihee, Maui, HI

PFC Arthur Masaru Kozuki
Mar Det, MD, USS Boxer, USN
Honolulu, Oahu, HI

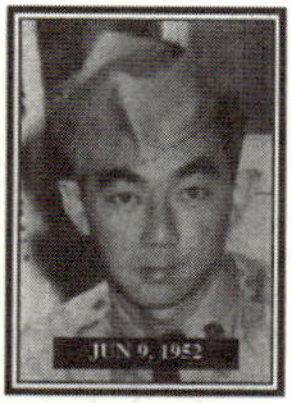

PVT George Mitsunobu Kumakura
180th Inf Rgt, 45th Inf Div
Lihue, Kauai, HI

PFC Robert Shigeo Ishimoto
L Co, 7th Inf Rgt, 3rd Inf Div
Honolulu, Oahu, HI

1LT Ray Ito
8th Fighter Bomber Wing
Chino, CA

PFC Yukinobu Ito
160th Inf Rgt, 40th Inf Div
Hawaii

SGT Yeikichi B Itokazu
35th Inf Rgt, 25th Inf Div
Hawaii

PFC Osamu Iwami
F Co, 2nd Bn, 5th Inf Rgt, RCT
Wailuku, Maui, HI

PFC Shogo Iwatsuru
C Co, 23rd Inf Rgt, 2nd Inf Div
Elk Grove, CA

CPL Isamu Izu
Hq Co, 21st Inf Rgt, 24th Inf Div
Hawaii

A3C Franklin Naruaki Izuo
5th Air Force, Korea
Honolulu, Oahu, HI

PVT Fred Toshiharu Kanekura
A Bty, 8th FA Bn, 25th Inf Div
Hawaii

SFC David T. Kaneshiro
555 Arty Bn Rgt, RCT
Hawaii

PFC Harry Y. Kaneshiro
32nd Inf Rgt, 7th Inf Div
Hawaii

CPL Hayato Kaneshiro
23rd Inf Rgt, 2nd Inf Div
Eleele, Kauai, HI

PFC Jack Seiji Kaneshiro
M Co, 34th Inf Rgt, 24th Inf Div
Kauai, HI

PFC Masayoshi Kawahara
38th Inf Rgt, 2nd Inf Div
Hawaii

PFC Suyeo Kawahara
7th Inf Rgt, 3rd Inf Div
Hawaii

PFC Masami Kawamura
23rd Inf Rgt, 2nd Inf Div
Hawaii

PVT Edward Kenichi Hirakawa
34th Inf Rgt, 24th Inf Div
Waialua, Oahu, HI

PFC Rin Hiraoka
Hq Bty, 57th FA Bn, 7th Inf Div
Paauilo, Hawaii, HI

CPL Louis Mitsuru Hirata
3rd Eng Bn (C), 24th Inf Div
Los Angeles, CA

CPL Jiro Hirokane
3rd Div HQ, 3rd Inf Div
Hawaii

SGT Jack A. Hiwatashi
32nd Inf Rgt, 7th Inf Div
Kahului, Maui, HI

PVT Shigeo Hiyane
9th Inf Rgt, 2nd Inf Div
Kapaa, Kauai, HI

PVT Tomio Honda
23rd Inf Rgt, 2nd Inf Div
Los Angeles, CA

PVT Tamiya Ikeda
C Co, 8th Cav Rgt, 1st Cav Div
Sacramento, CA

SGT Yoshio Ikeda
5th Inf Rgt, RCT
Makawao, Maui, HI

PFC Mark Masashi Inokuchi
E Co, 7th Cav Rgt (Inf), 1st Cav Div
Chicago, IL

MSG Edward Maximin Ishibashi
K Co, 23rd Inf Rgt, 2nd Inf Div
Honolulu, Oahu, HI

A1C Hidemaro Saito Ishida
28th Bomb Sqdn, 19th Bomb Grp
San Francisco, CA

CPL Mitsuyoshi Ishida
K Co, 31st Inf Rgt, 7th Inf Div
Kola, Kauai, HI

PFC Wallace K. Ishikawa
34th Inf Rgt, 24th Inf Div
Honolulu, Oahu, HI

PFC Kiyoshi Ishimizu
179th Inf Rgt, 45th Inf Div
San Francisco, CA

SGT Albert Akira Ishimoto
5th Inf Rgt, RCT
Honolulu, Oahu, HI

2LT Raymond T. Goto
223rd Inf Rgt, 40th Inf Div
Honomu, Hawaii, HI

PFC Satoshi Goto
5th Inf Rgt, RCT
Hawaii

CPL Masao Goya
19th Inf Rgt, 24th Inf Div
Hawaii

PFC Gilbert Masanori Gushiken
Hq Co, 34th Inf Rgt, 24th Inf Div
Koloa, Kauai, HI

PFC Yoshinobu "Nobu" Gusukuma
F Co, 279th Inf Rgt, 45th Inf Div
Kaneohe, Oahu, HI

CPL Hiroshi Hagino
7th Inf Div
Hilo, Hawaii, HI

PVT Yoshio Hagiwara
15th Inf Rgt, 3rd Inf Div
Hawaii

PFC Mitsuo Hamada
15th Inf Rgt, 3rd Inf Div
Puuene, Maui, HI

PFC Patrick K. Hamada Jr.
17th Inf Rgt, 7th Inf Div
Kauai, HI

PFC Kenichi Hamaguchi
B Co, 5th Inf Rgt, RCT
Los Angeles, CA

PFC Rodney Noriyuki Hamaguchi
52nd Fld Arty Bn, 24th Inf Div
Honolulu, Oahu, HI

PFC Richard Y. Hayakawa
31st Inf Rgt, 7th Inf Div
Hawaii, HI

PFC Sadayasu Higa
5th Cav Rgt (Inf), 1st Cav Div
Hawaii, HI

CPL Yutaka Higa
19th Inf Rgt, 24th Inf Div
Hawaii

PFC Walter Wataru Higashida
Med Co, 9th Inf Rgt, 2nd Inf Div
Hawaii

PFC Aranari Arthur Hiraga
32nd Inf Rgt, 7th Inf Div
San Gabriel, CA

JAN 3, 1951

CPL Harry M. Chinen
G Co, 21st Inf Rgt, 24th Inf Div
Hawaii

OCT 10, 1951

PFC Hachiro "Bob" Endo
23rd Inf Rgt, 2nd Inf Div
Oakland, CA

JUN 24, 1950

PFC Paul A. Eno
7th Inf Rgt, 3rd Inf Div
Middlesex County, MA

APR 26, 1951

PFC Henry P. Enoka
7th Inf Rgt, 3rd Inf Div
Hawaii

AUG 13, 1950

PVT John Shigeru Eshima
D Co, 7th Cav Rgt (Inf), 1st Cav Div
Honolulu, Oahu, HI

OCT 4, 1951

PVT Samuel "Sammy" Akira Fujii
F Co, 7th Cav Rgt (Inf), 1st Cav Div
Gardena, CA

FEB 15, 1951

PFC Junichi Fujimoto
L Co, 5th Cav Rgt (Inf), 1st Cav Div
Honolulu, Oahu, HI

NOV 21, 1951

CPL Hitoshi "Wimpy" Fujita
B Co, 17th Inf Rgt, 7th Inf Div
Makaweli, Kauai, HI

AUG 29, 1950

PFC Takeshi Fujita
5th Inf Rgt, RCT, w/24th Inf Div
Eleele, Kauai, HI

AUG 12, 1950

SGT Haruo Fukamizu
C Co, 5th Inf Rgt, RCT
Hawaii

NOV 29, 1950

PFC Ralph T. Fukumoto
15th Inf Rgt, 3rd Inf Div
Hawaii

MAY 18, 1951

PFC Yoshimi Fukumoto
23rd Inf Rgt, 2nd Inf Div
Hilo, Hawaii, HI

DEC 14, 1952

SGT Thomas Yoshito Funakoshi
38th Inf Rgt, 2nd Inf Div
Wahiawa, Oahu, HI

JUL 25, 1950

SGT Isaac Furukawa
C Co, 8th Cav Rgt, 1st Cav Div
Sunnyside, WA

MAR 7, 1951

PVT Seiken Ganeku
23rd Inf Rgt, 2nd Inf Div
Hawaii

JUL 23, 1950

PFC Mitsuru Goto
545th MP Co, 1st Cav Div
Denver, CO

朝鮮戦争における日系米将兵
名誉ギャラリー

出典）*Americans of Japanese Ancestry in the Korean War*（発行：JAKWV）, Gallery of Honor
＊階級などの注記が本文と異なる場合があります。

PVT Kazuaki "Katan" Akazawa
9th Inf Rgt, 2nd Inf Div
Hanapepe, Kauai, HI

SGT Yutaka Jack Amano
48th Art Bn, 7th Inf Div
San Diego, CA

CPL Tatsuo Arai
19th Inf Rgt, 24th Inf Div
Hawaii

PFC James Seifuku Arakaki
1st Marine Division
Honolulu, Oahu

PVT Seichi Arakaki
7th Inf Rgt, 3rd Inf Div
Hawaii

PVT Wilfred H Arakawa
7th Inf Rgt, 3rd Inf Div
Hawaii

PFC Hiroshi Asada
27th Inf Rgt, 25th Inf Div
Hawaii

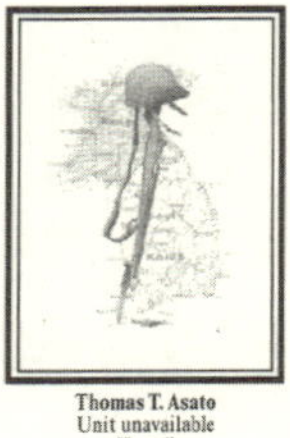
Thomas T. Asato
Unit unavailable
Hawaii

Sugiyama, Shigeki Jim（シゲキ・ジム・スギヤマ）…… 128
Tadaki, Tomio（トミオ・タダキ）…… 228
Takahashi, Gene（ジーン・タカハシ）…… 114
Takanomiya, Allen（アレン・タカノミヤ）…… 215
Tamae, goichi（ゴイチ・タマエ）…… 222
Tashiro, Kenneth Aijiro（ケネス・アイジロウ・タシロ）…… 031
Tonai, Minoru（ミノル・トーナイ＝藤内稔）…… 281
Uematsu, Norio（ノリオ・ウエマツ＝上松則夫）…… 143, 207, 313
Wada, Jack Junkichi（ジャック・ジュンキチ・ワダ）…… 165
Wada, Ted Teruo（テッド・テルオ・ワダ）…… 165
Wada, Henry Takashi（ヘンリー・タカシ・ワダ）…… 165
Wada, Robert Mitsuru（ロバート・ミツル・ワダ）…… 163
Yamaguchi, Larry Yoshiki（ラリー・ヨシキ・ヤマグチ）…… 055, 137
Yoshizawa, Arnold Rikio（アーノルド・リキオ・ヨシザワ）…… 086, 146

Yoshida, Kanji（カンジ・ヨシダ）…… 162
Yoshihara, Elmer Jiro（エルマー・ジロー・ヨシハラ）…… 065
Yoshikawa, Toshiharu（トシハル・ヨシカワ）…… 058
Yoshino, Tatsuo（タツオ・ヨシノ）…… 194
Yoshioka Shigeo Gilbert（シゲオ・ギルバート・ヨシオカ）…… 208
Yumori, Don Ron（ダン・ロン・ユモリ＝湯森團）…… 204

＊　＊　＊

Aki, Clarence Halona（クラレンス・ハロナ・アキ）…… 061
Kamai, Herman B.（ハーマン・B・カマイ）…… 068

（256名）

【帰還軍人】

Akune, Shiro（シロウ・アクネ＝阿久根四郎）…… 188
Arakaki, Henry T.（ヘンリー・T・アラカキ）…… 228
Arakawa, Jack Chuichi（ジャック・チュウイチ・アラカワ）…… 098, 262
Hashimoto, Gary（ゲイリー・ハシモト）…… 202
Hidano, Joy Fumio（ジョイ・フミオ・ヒダノ）…… 084
Hirai, Jack Yoshinobu（ジャック・ヨシノブ・ヒライ）…… 137
Iseri, Richard Tokuji（リチャード・トクジ・イセリ＝井芹徳次）…… 016, 087
Isobe, Toru（トオル・イソベ）…… 295
Koga, Shozo（ショウゾウ・コガ＝古賀昭三）…… 158, 299
Matsuzawa, Dean（ディーン・マツザワ＝松沢伝）…… 273
Miyamoto, Atsushi Arch（アツシ・アーチ・ミヤモト＝宮本篤）…… 266
Miyamura, Hiroshi（ヒロシ・ミヤムラ＝宮村浩）…… 241
Miyashiro, Yaichi（ヤイチ・ミヤシロ）…… 031
Morita, Hisashi（ヒサシ・モリタ）…… 161, 256
Murakami, Clayton H.（クレイトン・H・ムラカミ）…… 208
Murooka, Victor（ビクター・ムロオカ）…… 301
Sakatani, Harumi Bacon（ハルミ・ベーコン・サカタニ）…… 326, 333
Shinagawa, Susumu（ススム・シナガワ）…… 222, 268
Shiraga, Roy Shizuka（ロイ・シズカ・シラガ）…… 070, 287

Toro Jr., George（ジョージ・トロ・ジュニア）…… 062
Tosaki, Sadato（サダト・トサキ）…… 068
Tsuboi, Jack Shoso（ジャック・ショーゾー・ツボイ）…… 203
Tsuji, George Terumi（ジョージ・テルミ・ツジ）…… 307
Tsunoda, Sueo（スエオ・ツノダ）…… 162
Tsuruoka, Harry N.（ハリー・ノブユキ・ツルオカ）…… 217
Uehara, Noboru（ノボル・ウエハラ）…… 148
Uejo, Seiho（セイホ・ウエジョウ）…… 196
Uemura, Mitsuo（ミツオ・ウエムラ）…… 112
Ujimori, Yukio（ユキオ・ウジモリ）…… 086
Uno, Archie Mitsuaki（アーチー・ミツアキ・ウノ）…… 162
Uota, Akira（アキラ・ウオタ）…… 305
Ura, Paul Konomu（ポール・コノム・ウラ）…… 212
Uragami, Takaya Dixon（タカヤ・ディクソン・ウラガミ＝浦上隆也）…… 201
Uyeda, Robert Torao（ロバート・トラオ・ウエダ）…… 141
Uyehara, Alfred Seichi（アルフレッド・セーイチ・ウエハラ）…… 117
Uyehara, Takeo（タケオ・ウエハラ）…… 190
Watada, Andrew Ryuichi（アンドリュー・リュウイチ・ワタダ）…… 137
Watanabe, Richard M.（リチャード・M・ワタナベ）…… 022
Yaka, Muneo（ムネオ・ヤカ）…… 214
Yamagata, Nobuji（ノブジ・ヤマガタ）…… 199
Yamaguchi, Tsugio（ツギオ・ヤマグチ）…… 214
Yamaguchi, Yeiji（エイジ・ヤマグチ）…… 186
Yamakawa, Timothy Shito（ティモシー・シト・ヤマカワ）…… 215
Yamane, Taketo（タケト・ヤマネ）…… 196
Yamasaki, Harold Satoshi（ハロルド・サトシ・ヤマサキ）…… 137
Yamashita, Joichi（ジョイチ・ヤマシタ）…… 218
Yasunaka, Gary Kaname（ゲイリー・カナメ・ヤスナカ）…… 148
Yokomichi, Thomas Hisao（トーマス・ヒサオ・ヨコミチ）…… 190
Yokooji, Tetsumi（テツミ・ヨコオオジ）…… 195
Yokotake, Katashi（カタシ・ヨコタケ）…… 212
Yoneshige, Itsuo（イツオ・ヨネシゲ）…… 214

Shimata, Calvin Tsuneo（カルヴィン・ツネオ・シマタ）······ 200
Shimogawa, Kenneth Kazuo（ケネス・カズオ・シモガワ）······ 086
Shimonoya, Toshio（トシオ・シモノヤ）······ 194
Shinde, Robert Minoru（ロバート ミノル・シンデ）······ 053
Shishido, Nobuo（ノブオ・シシド）······ 210
Shishido, Takashi（タカシ・シシド）······ 058
Suzuki, Herbert Hideaki（ハーバート・ヒデアキ・スズキ）······ 058
Tabusa, Horace S.（ホーラス・S・タブサ）······ 052
Tahara, Charles Satoru（チャールズ・サトル・タハラ）······ 073
Takafuji, Theodore Shigeo（セオドア・シゲオ・タカフジ）······ 124
Takahara, Sam Osamu（サム・オサム・タカハラ）······ 052
Takahashi, George Kaoru（ジョージ・カオル・タカハシ）······ 068
Takahashi, Richard Masao（リチャード・マサオ・タカハシ）······ 124
Takai, Tohoru Tom（トオル・トム・タカイ）······ 121
Takamatsu, Herbert Takayoshi（ハーバート・タカヨシ・タカマツ）······ 192
Takamoto, Ben Mitsugi（ベン・ミツギ・タカモト）······ 186
Takeshita, Nobuyuki（ノブユキ・タケシタ）······ 186
Takeuchi, Harry Fumio（ハリー・フミオ・タケウチ）······ 124
Tamaru, Charles Y.（チャールズ・ユウジ・タマル）······ 111
Tamashiro, Kaname Richard（カナメ・リチャード・タマシロ）······ 211
Tamura, Akira（アキラ・タムラ）······ 052
Tamura, Osamu（オサム・タムラ）······ 192
Tanonaka, George Hiroshi（ジョージ・ヒロシ・タノナカ）······ 051
Tanouye, Kiyoshi（キヨシ・タノウエ）······ 141
Tanouye, Yukiwo（ユキオ・タノウエ）······ 192
Tayama, Masao（マサオ・タヤマ）······ 304
Tengan, Shinji（シンジ・テンガン）······ 212
Tengan, Yoshikio（ヨシキオ・テンガン）······ 204
Tokunaga, Richard Rikio（リチャード・リキオ・トクナガ）······ 214
Toma, Daniel Takashi（ダニエル・タカシ・トマ）······ 215
Tomita, Haruo（ハルオ・トミタ）······ 054
Torikawa, Casey Nobuo（ケイシー・ノブオ・トリカワ）······ 054

Ogata, Suetoshi（スエトシ・オガタ）…… 194
Ogusuku, Takeo（タケオ・オグスク）…… 187
Okamura, Arthur Ichiro（アーサー・イチロー・オカムラ）…… 198
Okamura, Togo（トゴ・オカムラ）…… 201
Okimoto, Hisao（ヒサオ・オキモト）…… 195
Okinaga, Clifford Hifuto（クリフォード・ヒフト・オキナガ）…… 213
Oku, Hiroshi（ヒロシ・オク）…… 196
Ono, Jitsuo（ジツオ・オノ）…… 201
Onomura, Milton Tsutomu（ミルトン・ツトム・オノムラ）…… 211
Oshiro Alfred E.（アルフレッド・E・オーシロ）…… 219
Oshiro, Edward（エドワード・オーシロ）…… 201
Oshiro, Paul Hideo（ポール・ヒデオ・オーシロ）…… 187
Ota, Mitsuyuki（ミツユキ・オオタ）…… 030
Otaguro, Thomas Nobuto（トーマス・ノブト・オタグロ）…… 062
Otomo, Bill Masayuki（ビル・マサユキ・オートモ）…… 139
Pestana, Frederick Nobutoshi（フレデリック・ノブトシ・ペスタナ）…… 140
Saito, Masaaki（マサアキ・サイトウ）…… 054
Saito, Masaya（マサヤ・サイトウ）…… 062
Saito, Tsugio（ツギオ・サイトウ）…… 022
Sakamoto, Allen Tomeo（アレン・トメオ・サカモト）…… 214
Sakamoto, James Noboru（ジェームス・ノボル・サカモト）…… 061
Sakamoto, Kenneth Masami（ケネス・マサミ・サカモト）…… 215
Sasaki, Minoru（ミノル・ササキ）…… 097
Sasaki, Takeshi（タケシ・ササキ）…… 213
Sato, Michael Susumu（マイケル・ススム・サトウ）…… 307
Sato, Shoji（ショージ・サトウ）…… 214
Senaha, Henry Tomozen（ヘンリー・トモゼン・セナハ）…… 195
Shibao, Hiroshi（ヒロシ・シバオ）…… 052
Shibao, Nobumi（ノブミ・シバオ）…… 217
Shima, Lawrence Yoneo（ローレンス・ヨネオ・シマ）…… 146
Shimabukuro, Robert Junichi（ロバート・ジュンイチ・シマブクロ）…… 213
Shimabukuro, Shingo E.（シンゴ・E・シマブクロ）…… 140

Morisako, James Mitsuru（ジェームズ・ミツル・モリサコ）…… 213
Morishige, Eiji（エイジ・モリシゲ）…… 139
Moriuchi, Tetsuo（テツオ・モリウチ）…… 187
Moriwaki, Koichi（コウイチ・モリワキ）…… 086
Moriyama, Fumio（フミオ・モリヤマ）…… 161
Moriyasu, Haruo（ハルオ・モリヤス）…… 162
Motoyama, Shizuo（シズオ・モトヤマ）…… 118
Murakami, Tadao（タダオ・ムラカミ）…… 142
Muraoka, Tsukasa（ツカサ・ムラオカ）…… 211
Murata, Yukio（ユキオ・ムラタ）…… 218
Nagai, Ernest Atsushi（アーネスト・アツシ・ナガイ）…… 214
Nagamine, Hiroshi（ヒロシ・ナガミネ）…… 117
Nakama, Hideo（ヒデオ・ナカマ）…… 046
Nakama, Seiso（セイゾー・ナカマ）…… 061
Nakamura, Noboru（ノボル・ナカムラ）…… 194
Nakamura, Wataru（ワタル・ナカムラ）…… 161, 326
Nakasato, Satoshi（サトシ・ナカサト）…… 052
Nakasato, Yeichi（エーイチ・ナカサト＝中里栄一）…… 112
Nakashima, Roy Tatsuo（ロイ・タツオ・ナカシマ）…… 147
Nakata, Shinichi（シンイチ・ナカタ）…… 162
Nakatani, Seinojo R.（セイノジョウ・R・ナカタニ）…… 062
Namba, Raymond Junichi（レイモンド・ジュンイチ・ナンバ）…… 196
Nihei, Lawrence Yukio（ローレンス・ユキオ・ニヘイ）…… 123
Nirei, Richard K.（リチャード・カオル・ニレイ）…… 301
Nishida, Richard K.（リチャード・K・ニシダ）…… 139
Nishihara, Warren Takaaki（ウォーレン・タカアキ・ニシハラ）…… 185
Nishimura, Charles Kiyoshi（チャールズ・キヨシ・ニシムラ）…… 061
Nishiyama, Kenichi（ケンイチ・ニシヤマ）…… 200
Nitta, Frederick Motohisa（フレデリック・モトヒサ・ニッタ）…… 192
Niwa, Daniel John（ダニエル・ジョン・ニワ）…… 198
Obana, Tadashi（タダシ・オバナ）…… 198
Ogasawara, Neil Norio（ニール・ノリオ・オガサワラ）…… 214

Kumashiro, Masaru（マサル・クマシロ）…… 192
Kuni, Moses Elia（モーゼス・エリア・クニ）…… 086
Kunieda, Minoru（ミノル・クニエダ）…… 141
Kurosawa, Susumu（ススム・クロサワ）…… 023
Kusuda, Shigetoshi（シゲトシ・クスダ）…… 058
Kutsunai, Kiyomitsu（キヨミツ・クツナイ）…… 148
Kuwahara, Shoso（ショーゾー・クワハラ）…… 198
Machida, Lawrence K.（ローレンス・ケアロ・マチダ）…… 068
Maeda, Hanford Kenji（ハンフォード・ケンジ・マエダ）…… 054
Maeda, Haruo（ハルオ・マエダ）…… 054
Masatsugu, Ralph Shoichi（ラルフ・ショーイチ・マサツグ）…… 201
Matsuda, Heishin（ヘイシン・マツダ）…… 148
Matsuda, Holly Tadao（ホリー・タダオ・マツダ）…… 054
Matsuda, Kumaji Ronald（クマジ・ロナルド・マツダ）…… 052
Matsunaga, Joseph Junichi（ジョゼフ・ジュンイチ・マツナガ）…… 111
Matsushige, Jun（ジュン・マツシゲ）…… 217
Mayemura, Jimmie Harumi（ジミー・ハルミ・マエムラ）…… 201
Minakata, George Yoshikazu（ジョージ・ヨシカズ・ミナカタ）…… 140
Misaki, Kenneth A.（ケネス・A・ミサキ）…… 301
Miyahira, Alan Tadashi（アラン・タダシ・ミヤヒラ）…… 211
Miyahira, Samuel Sadao（サミュエル・サダオ・ミヤヒラ）…… 147
Miyajima, Donald S.（ドナルド・S・ミヤジマ）…… 065
Miyamoto, Robert K.（ロバート・K・ミヤモト）…… 186
Miyasaki, Ichiro Roy（イチロー・ロイ・ミヤサキ）…… 209
Miyasato, Wilbert Yoshitaka（ウィルバート・ヨシタカ・ミヤサト）…… 198
Miyashiro, Daniel T.（ダニエル・T・ミヤシロ）…… 030
Miyashiro, Tamotsu（タモツ・ミヤシロ）…… 161
Miyashiro, Tomoyoshi（トモヨシ・ミヤシロ）…… 030
Miyata, Harry Yukito（ハリー・ユキト・ミヤタ）…… 114
Miyazaki, Shigeo（シゲオ・ミヤザキ）…… 117
Mizusawa, Tsunematsu（ツネマツ・ミズサワ）…… 188
Morinaga, Akeji（アケジ・モリナガ）…… 068

Ishimoto, Robert Shigeo（ロバート・シゲオ・イシモト） 142
Ito, Ray（レイ・イトウ） 306
Ito, Yukinobu（ユキノブ・イトウ） 215
Itokazu, Yeikichi Balbino（エイキチ・バルビノ・イトカズ） 146
Iwami, Osamu（オサム・イワミ） 060
Iwatsuru, Shogo（ショーゴ・イワツル） 188
Izu, Isamu（イサム・イズ） 023
Izuo, Franklin Naruaki（フランクリン・ナルアキ・イズオ） 218
Kanekura, Fred Toshiharu（フレッド・トシハル・カネクラ） 057
Kaneshiro, David T.（デビッド・T・カネシロ） 060
Kaneshiro, Harry Yeiji（ハリー・エイジ・カネシロ） 204
Kaneshiro, Hayato（ハヤト・カネシロ） 195
Kaneshiro, Jack Seiji（ジャック・セイジ・カネシロ） 052
Kawahara, Masayoshi（マサヨシ・カワハラ） 196
Kawahara, Suyeo（スエオ・カワハラ） 212
Kawamura, Masami（マサミ・カワムラ） 196
Kawashima, William Masato（ウィリアム・マサト・カワシマ） 194
Kaya, Minoru（ミノル・カヤ） 052
Kihara, Masayuki（マサユキ・キハラ） 213
Kimura, Seiki（セイキ・キムラ） 198
Kinoshita, Richard Sadaichi（リチャード・サダイチ・キノシタ） 198
Kiriu, Hiroshi（ヒロシ・キリュウ） 198
Kiyohiro, Tetsuo（テツオ・キヨヒロ） 196
Kobashigawa, Robert Shinyei（ロバート・シンエイ・コバシガワ） 198
Kochi, Takashi（タカシ・コーチ） 162
Kojiri, Satoru（サトル・コジリ） 212
Kondo, Ken Katsuyoshi（ケン・カツヨシ・コンドウ） 064
Kono, Richard Yasuyuki（リチャード・ヤスユキ・コウノ） 212
Koshimizu, Muneo（ムネオ・コシミズ） 199
Koyanagi, Sueo（スエオ・コヤナギ） 214
Kozuki, Arthur Masaru（アーサー・マサル・コズキ） 212
Kumakura, George Mitsunobu（ジョージ・ミツノブ・クマクラ） 209

Goto, Raymond Tatsuo（レイモンド・タツオ・ゴトウ）…… 304
Goto, Satoshi（サトシ・ゴトウ）…… 062
Goya, Masao（マサオ・ゴヤ）…… 142
Gushiken, Gilbert Masanori（ギルバート・マサノリ・グシケン）…… 047
Gusukuma, Yoshinobu（ヨシノブ・グスクマ）…… 212
Hagino, Hiroshi（ヒロシ・ハギノ）…… 200
Hagiwara, Yoshio（ヨシオ・ハギワラ）…… 139
Hamada, Mitsuo（ミツオ・ハマダ）…… 122
Hamada Jr., Patrick Kenichi（パトリック・ケンイチ・ハマダ・ジュニア）…… 187
Hamaguchi, Kenichi（ケンイチ・ハマグチ＝濱口謙一）…… 061
Hamaguchi, Rodney Noriyuki（ロドニー・ノリユキ・ハマグチ）…… 022
Hayakawa, Richard Yoji（リチャード・ヨージ・ハヤカワ）…… 301
Higa, Sadayasu（サダヤス・ヒガ）…… 200
Higa, Yutaka（ユタカ・ヒガ）…… 198
Higashida, Walter Wataru（ウォルター・ワタル・ヒガシダ）…… 195
Hiraga, Aranari Arthur（アラナリ・アーサー・ヒラガ）…… 204
Hirakawa, Edward Kenichi（エドワード・ケンイチ・ヒラカワ）…… 052
Hiraoka, Rin（リン・ヒラオカ）…… 124
Hirata, Louis Mitsuru（ルイス・ミツル・ヒラタ）…… 058
Hirokane, Jiro（ジロー・ヒロカネ）…… 200
Hiwatashi, Jack Akira（ジャック・アキラ・ヒワタシ）…… 202
Hiyane, Shigeo（シゲオ・ヒヤネ）…… 188
Honda, Tomio（トミオ・ホンダ）…… 195
Ikeda, Tamiya（タミヤ・イケダ）…… 201
Ikeda, Yoshio（ヨシオ・イケダ）…… 061
Inokuchi, Mark Masashi（マーク・マサシ・イノクチ）…… 142
Ishibashi, Edward M.（エドワード・M・イシバシ）…… 197
Ishida, Hidemaro Saito（ヒデマロ・サイトウ・イシダ）…… 297
Ishida, Mitsuyoshi（ミツヨシ・イシダ）…… 125
Ishikawa, Wallace Kiyomi（ウォレス・キヨミ・イシカワ）…… 052
Ishimizu, Kiyoshi（キヨシ・イシミズ）…… 305
Ishimoto, Albert Akira（アルバート・アキラ・イシモト）…… 060

朝鮮戦争における日系米将兵

＊アルファベット順、数字は本文での主な掲載頁。
＊米国公文書館、米軍関係サイト資料によるもので作成、表記などが日系米兵朝鮮戦争退役軍人会によるものと異なっている場合もあります。

【戦死者・行方不明者（＊写真354〜338頁参照）】

Akazawa, Kazuaki（カズアキ・アカザワ）…… 194
Amano, Yutaka Jack（ユタカ・ジャック・アマノ）…… 125
Arai, Tatsuo（タツオ・アライ）…… 198
Arakaki, James Seifuku（ジェームズ・セイフク・アラカキ）…… 219
Arakaki, Seichi（セイイチ・アラカキ）…… 213
Arakawa, Wilfred Hideto（ウィルフレッド・ヒデト・アラカワ）…… 213
Asada, Hiroshi（ヒロシ・アサダ）…… 137
Asato, Thomas T.（トーマス・T・アサト）…… 307
Chinen, Harry Makoto（ハリー・マコト・チネン）…… 136
Endo, Hachiro Bob（ハチロー・ボブ・エンドー）…… 196
Eno Paul A.（ポール・アンソニー・エノ）…… 304
Enoka, Henry P.（ヘンリー・P・エノカ）…… 148
Eshima, John Shigeru（ジョン・シゲル・エシマ）…… 064
Fujii, Samuel Akira（サミュエル・アキラ・フジイ）…… 199
Fujimoto, Junichi（ジュンイチ・フジモト）…… 141
Fujita, Hitoshi（ヒトシ・フジタ）…… 201
Fujita, Takeshi（タケシ・フジタ）…… 062
Fukamizu, Haruo（ハルオ・フカミズ）…… 061
Fukumoto, Ralph T.（ラルフ・タカヒロ・フクモト）…… 122
Fukumoto, Yoshimi（ヨシミ・フクモト）…… 161
Funakoshi, Thomas Yoshito（トーマス・ヨシト・フナコシ）…… 218
Furukawa, Isaac（イッサク・フルカワ）…… 053
Ganeku, Seiken（セイケン・ガネク）…… 142
Goto, Mitsuru（ミツル・ゴトウ）…… 053

【著者紹介】

前川 惠司（まえかわ・けいじ）

1946年東京生まれ、1971年慶應義塾大学卒、同年在京新聞社入社。出版写真部、地方支局員、週刊誌編集部、外報部、ソウル特派員、シンガポール現地法人社長などを経て2001年定年退職。慶應大学在学中からフリー報道写真家として、毎日新聞、アサヒグラフ、週刊朝日、週刊新潮などに、1960年代末から70年代初頭の若者の群像をテーマにした作品を発表。代表作に「買って下さい私の詩集」（アサヒカメラ年鑑）など。著書に『韓国・朝鮮人／在日を生きる』（創樹社、1981年）、『韓国・朝鮮人』（講談社文庫版、1987年）、『なぜだ韓国なるほど韓国知っておきたい隣人の「情緒」と「正義」』（PHP新書、1997年）、『帰郷　満州建国大学朝鮮人学徒　青春と戦争』（三一書房、2008年）、『夜明けのあかり：千ウォンからの挑戦』（共訳、三一書房、2008年）、『夢見た祖国（北朝鮮）は地獄だった』（高木書房、2012年）、『朝日新聞元ソウル特派員が見た「慰安婦虚報」の真実』（小学館、2014年）、『交わらないから面白い日韓の常識』（祥伝社新書、2016年）、『実物大の朝鮮報道50年——異形の韓国、歪む日韓』（新聞通信調査会、2020年）。

知《し》られざる朝鮮戦争《ちょうせんせんそう》——日系米兵《にっけいべいへい》に捧《ささ》げるレクイエム

発行日　2025年3月31日
著　者　前川 惠司
発行者　西沢 豊
発行所　公益財団法人新聞通信調査会

〒100-0011 東京都千代田区内幸町 2-2-1
日本プレスセンタービル1階
電話 03-3593-1081（代表）
URL: https://www.chosakai.gr.jp/
ISBN978-4-907087-44-9　C0031

公益財団法人新聞通信調査会　2024年度出版補助対象書籍

編集：公益財団法人新聞通信調査会　倉沢章夫
編集協力：時事通信出版局　舟川修一・桑原奈穂子
装幀・本文デザイン：鈴木美里
印刷・製本：太平印刷社

■ 新聞通信調査会の出版補助事業――これまでの選定作品 ■

新聞記者とニュースルーム――一五〇年の闘いと、妥協
木下浩一 著
◆四六判 四六七頁 二二〇〇円(税込)

満洲国における宣撫活動のメディア史
――満鉄・関東軍による農村部多民族支配のための文化的工作
王 楽 著
◆四六判 三三五頁 二二〇〇円(税込)

文化交流は人に始まり、人に終わる――私の国際文化会館物語
加藤幹雄 著
◆四六判 二七七頁 一九八〇円(税込)

実物大の朝鮮報道50年――異形の韓国、歪む日韓
前川惠司 著
◆四六判 四九七頁 二二〇〇円(税込)

松方三郎とその時代
田邊 純 著
◆四六判 四四五頁 二七五〇円(税込)

NPOメディアが切り開くジャーナリズム――「パナマ文書」報道の真相
立岩陽一郎 著
◆四六判変形 二八九頁 一三二〇円(税込)

コレクティヴ・ジャーナリズム――中国に見るネットメディアの新たな可能性
章 蓉 著
◆A5判 二九一頁 一九八〇円(税込)